2021
中国医疗器械蓝皮书
——医疗器械深化改革发展报告

中国医疗器械蓝皮书编委会　组织编写

中国健康传媒集团

中国医药科技出版社

图书在版编目（CIP）数据

2021中国医疗器械蓝皮书：医疗器械深化改革发展报告 / 中国医疗器械蓝皮书编委会组织编写 . — 北京：中国医药科技出版社，2023.4
ISBN 978-7-5214-3786-7

Ⅰ . ① 2⋯　Ⅱ . ① 中⋯　Ⅲ . ① 医疗器械—制造工业—经济发展—研究报告—中国—2021　Ⅳ . ① F426.44

中国国家版本馆 CIP 数据核字（2023）第 038666 号

美术编辑　陈君杞
版式设计　也　在

出版　**中国健康传媒集团** ｜ 中国医药科技出版社
地址　北京市海淀区文慧园北路甲 22 号
邮编　100082
电话　发行：010-62227427　邮购：010-62236938
网址　www.cmstp.com
规格　710×1000mm $\frac{1}{16}$
印张　22
字数　357 千字
版次　2023 年 4 月第 1 版
印次　2023 年 4 月第 1 次印刷
印刷　三河市万龙印装有限公司
经销　全国各地新华书店
书号　ISBN 978-7-5214-3786-7
定价　**180.00 元**

获取新书信息、投稿、为图书纠错，请扫码联系我们。

前　言

人民健康是"国之大者"，高端医疗器械是"国之重器"。"大国重器"并不只是强调"大"，而是强调关键核心技术。党的十八大以来，药品监管部门认真贯彻落实习近平总书记关于药品监管工作的重要指示批示精神，坚持以人民为中心的发展思想，紧紧围绕"创新、质量、效率、体系和能力"五大主题，以坚韧不拔的毅力，持续深化医疗器械审评审批制度改革创新，向医疗器械监管工作的科学化、法治化、国际化和现代化迈出坚实步伐，鼓励支持产业创新发展高质量发展的医疗器械产业生态建设结出丰硕成果。

2021 年，监管部门坚持立法先行，新修订《医疗器械监督管理条例》发布实施，配套规章制度逐步完善，法规体系建设取得新成绩；服务防疫大局，有序开展应急审评审批，推进防疫用械标准化建设，保障防疫用械质量安全，应急审评审批和质量安全监管做出新贡献；深化改革创新，推进创新审批、智慧审评、注册人制度、重点区域改革试点、临床试验管理等，推动产业高质量发展迈出新步伐；突出风险治理，推进一类产品备案清理，持续深入风险隐患排查治理，强化丰富体系检查、质量抽检、不良事件监测、网络销售监测等风险治理手段，严厉打击违法违规行为，医疗器械质量安全实现新提升；强化基础建设，持续健全标准体系，有效推进分类命名、唯一标识工作，开展监管科学研究，夯实监管根基取得新成效；狠抓能力建设，提升省级审评审批能力，提高检查员素质，推进分中心建设，提升信息化水平，深入国际交流合作，监管能力建设实现新突破。

《2021 中国医疗器械蓝皮书——医疗器械深化改革发展报告》即将付梓。该书汇集了多位专家学者、监管工作者发表于《中国食品药品监管》杂志上的理论研究及重大实践探索，系统梳理了一年来监管部门发布的条例法规等；重点展示了医疗器械审评审批改革历程和成果，涉及法规体系建设、标准和分类命名以及唯一标识工作、风险治理、监管科学研究、国际交流合作等各项监管重点工作的建设情况；同时以点带面用数据分析展现了在政策指导下产业的蓬勃发展发展和创新力。

当前，我国医疗器械产业进入"黄金发展期"，审评审批制度改革创新进入"纵深推进期"，监管能力建设进入"全面加强期"，质量监管进入"风险高压期"。医疗器械的安全、可及乃至产业的发展需要监管部门、产业界、学术界等共同的努力。"士既多读书，必求读书而有用。"愿各界有识之士亦能将自身经验总结、发表，更广泛的参与到蓝皮书的编写中来，为我国医疗器械监管工作建言献策，共促我国医疗器械产业高质量发展，为人民健康保驾护航。

本书编委会

2023 年 3 月

目 录

第二章 医疗器械上市后监管

第三章　监管科学研究

第四章　国际医疗器械监管比较

第五章 医疗器械产业发展及创新力

附录 重要法规文件 / 335

引言

中国现代医疗器械监管的
国际化起源与发展

2021 年 3 月 18 日，国务院公布了新修订的《医疗器械监督管理条例》（简称新《条例》），这是我国医疗器械监管史上又一个新的里程碑。从 2000 年我国公布第一部《医疗器械监督管理条例》（简称《条例》），到本次新《条例》公布，我国以《条例》为最高层次法规而实施的医疗器械监督管理，已经走过了 21 年的历程。21 年来，中国的医疗器械监管不断进步和发展，为保障人民的健康和生命安全做出了贡献，也得到越来越多国际监管同行的赞扬和认可。但是，还是常听到有人问，中国的医疗器械监管与国际发达国家的做法是否一致？中国采用的是否是自己的模式？在这里要回答的是，我国现代医疗器械监管，从一开始走的就是国际化道路，并在与中国的具体情况相结合的实践中不断发展到今天。

一、起源的国际化

20 世纪 80 年代末期，当时的医药行业管理部门是国家医药管理局。根据国务院的授权，国家医药管理局负责药品、医疗器械工业生产与市场流通的统一管理。但是，由于医疗器械所涉及专业领域的多样性以及中国当时医疗器械生产水平还很落后，尚未形成统一的行业，此前相当一段时间，我国的医疗器械生产与市场管理都是分散在当时不同的工业管理部门进行的。当时的国家医药管理局内部，只有与药品相关的司，而没有专门负责医疗器械的司。20 世纪 80 年代末期，为了承担对医疗器械实行统一管理的职能，筹备成立医疗器械司，又考虑到缺乏医疗器械管理经验的事实，国家医药管理局决定派遣医疗器械管理考察团，赴发达国家学习取经。从 1988 年到 1996 年，国家医药管理局每年多次派出医疗器械考察团，赴美国、欧洲、加拿大、澳大利亚、日本等发达国家和地区，考察了解其对医疗器械实行监管的历史、体制、模式、技术手段和具体法律法规。其中最主要的是考察了解美国和欧盟的做法与法规，连续几年多次前往美国食品药品监督管理局（Food and Drug Administration，FDA）总部和位于比利时首都布鲁塞尔的欧共体（后改为欧盟）总部，与负责医疗器械监管的高级官员和技术人员进行座谈，听取讲解，反复提问。除了 FDA 和欧盟总部，也访问了 FDA 的一些地区机构、医疗器械检测实验室，英国、法国、德国、意大利等欧盟成员国的医药管理部门和医疗器械检测、认证机构，以及位于这些欧洲国家的欧盟医疗器械公告机构。

通过上述考察学习，国家医药管理局对以美国、欧盟为代表的发达国家的医疗器械监管历史、体制和法规有了一定了解。

1. 发达国家对医疗器械进行监管，有监管机构、监管法规和技术支撑机构，有医疗器械定义，有基于风险等级的医疗器械管理分类，有对中、高风险医疗器械的上市前审查和准入许可（对低风险的医疗器械只进行登记管理），有上市后的监督管理。

2. 美国对医疗器械进行监管的政府机构是 FDA 及其器械与放射卫生中心（CDRH）。法规依托是《联邦食品、药品与化妆品法案》《医疗器械修正案》和《医疗器械安全法》。基于风险等级的管理分类为第一类（低风险）、第二类（中风险）和第三类（高风险）三个类别。对中、高风险医疗器械的上市前许可程序是 510（K）和 PMA。上市后监管的主要执行机构是 FDA 大区与地区驻在机构。

3. 欧盟对医疗器械进行监管的统一机构是卫生与消费者总司（后多次变更）。法规依托是三个指令，即《医疗器械指令》《有源植入医疗器械指令》和《体外诊断医疗器械指令》（后缩改为两个法规，即《医疗器械法规》和《体外诊断医疗器械法规》）。基于风险等级的管理分类为第一类（低风险）、第二 A 类（中风险）、第二 B 类（中高风险）和第三类（高风险）四个类别。对中、高风险医疗器械的上市前许可程序是由位于不同成员国的欧盟医疗器械公告机构执行的 CE 标志许可程序。上市后监管的主要执行机构是欧盟各成员国医疗器械主管部门。

二、法规的诞生

1990 年，国家医药管理局向国务院报告了医疗器械立法计划，并在整理归纳发达国家监管体制、法规和经验的基础上，着手起草我国的医疗器械行政监督管理法规。1992 年，医疗器械法规项目被列入国务院立法计划。1993 年，国家医药管理局将初稿上报国务院。1994 年，国家医药管理局成立了医疗器械行政监督司。至此，我国初步完成了对医疗器械实行统一管理的准备工作。研究起草我国医疗器械行政监督管理法规时的主要思路是：借鉴发达国家的医疗器械监管体制、法规和经验，结合我国当时的国情，充分利用国内已有的行政管理资源和技术机构，建立起尽可能与国际通行做法一致以方便国际交流合作，又符合我国实际情况以能够稳妥起步实施的管理制度。

当时我国的医疗器械市场管理情况是：国家医药管理局已于 90 年代初期开始由科技教育司对境内新研制的医疗器械实行新产品鉴定方式的准入管理，但对进口医疗器械，根据医疗卫生机构的需要，采购进口时，除了海关依据、经贸部门的相关规定履行进境手续管理以外，尚无国家统一的上市前技术审查和市场准入审批管理。也就是说，当时已在我国市场上销售并在医疗单位使用的医疗器械，除了占比极小的实行新产品鉴定式准入管理的境内医疗器械以外，对于绝大部分医疗器械，都没有国家主管部门统一建立的安全性与有效性技术档案，无法保障公众的安全和利益，使用中发生问题也难以追踪责任。根据这种情况，国家医药管理局决定首先建立起国家统一的医疗器械市场准入制度，对进入我国市场的医疗器械实行注册批准。待绝大部分在用医疗器械都已有注册资料可查，有了开展上市后监督检查的行政和技术依据时，再强化上市后的管理措施。

初稿上报国务院后，由于当时的部门体制尚未理顺，同时国务院法制办考虑到我国此前尚无医疗器械行政监督管理经验，送审稿中制定的管理措施和拟建立的管理制度是否符合中国国情并切实可行，尚无先例可循，认为暂不宜发布国务院法规，可先由国家医药管理局以部门规章的形式发布为宜。1996 年，国家医药管理局发布了《医疗器械产品临床试用暂行规定》和《医疗器械产品注册管理办法》（国家医药管理局第 16 号令，简称《办法》）。《办法》规定自 1997 年 1 月 1 日起，"进入中国市场的任何一种医疗器械产品，须由产品生产者或其委托代理人向中国政府医疗器械行政监督管理部门提出产品注册申请"。后对进口医疗器械延期至 1998 年开始实行。

1998 年，随着改革开放的进程，我国从计划经济体制逐步向市场经济体制转变，国务院进行政府机构改革，撤销了实行行业管理的国家医药管理局，成立了以市场监督为主的国家药品监督管理局，建立了走向现代化的药品（包括医疗器械）监督管理体制。同时，国务院法制办重新启动了医疗器械法规的制定工作。

国家药品监督管理局成立后，在继续依据《办法》实行医疗器械注册制度的同时，根据《办法》实施以后取得的效果、经验和发现的问题，重新起草法规条文，在保留原注册制度基本框架的基础上，完善了上市后监督等内容，重新上报国务院法制办。2000 年 1 月，国务院发布了《医疗器械监督管理条例》，于 2000 年 4 月 1 日开始正式实施。这是我国第一部以国务院层次发布的医疗器械监督管理法规，体现了党中央、国务院对广大人民健康和生命安全的极大关心，对加强医疗器械监督管理的高度重视，以及坚持改革开放，积极吸取发达国家对医疗器械实施监督管理的成功经验的政策。它标志着我国医疗器械监督管理走向法制化的崭新阶段，标志着我国医疗器械市场向规范、有序的方向迈进。以《条例》为上位法，国家药品监督管理局又修改完善了《办法》条文，重新发布了《医疗器械注册管理办法》（国家药品监督管理局第 16 号令），制定发布了《医疗器械生产企业监督管理办法》《医疗器械经营企业监督管理办法》等部门规章。

三、接轨与特色

我国的医疗器械监管法规充分借鉴了发达国家的成功监管经验和通行做法。虽然在细节要求上，各国都有不一致之处，但在总体设置和框架安排上，我国与发达国家的做法是基本一致的。例如，医疗器械定义、基于风险等级的管理分类和对高风险产品的技术审查要求等，都与发达国家的规定基本一致。以前中国按照国内体现重视程度以第一为最重要的传统优先顺序，把风险等级最高的医疗器械称为第一类，风险等级最低的称为第三类。为了能够与国际规定一致，从 1996 年的《办法》开始就特意将分类顺序调整为第一类 – 低风险，第二类 – 中风险，第三类 – 高风险三个类别。考虑到中国当时行政监督和技术资源等方面的状况，《办法》中也有一些与国际做法不同，体现中国条件的规定。当时外资企业以及办理进口产品注册的企业反应最强烈的主要有 2 个方面的问题：①强制性标准的要求；②全性能检测的要求。此外，还有一点与发达国家做法不一致的是对境内第二类医疗器械的分散注册规定。无论美国还是欧盟，医疗器械上市前都是实行与监管市场范围一致的全境统一审批，以对所有生产者公平一致。例如美国，上市前审批都由 FDA 的 CDRH 统一进行，FDA 大区与地区办事处只有市场监督查处的职能，不负责上市前审批。这样，上市前统一审批与在美国全境销售使用的市场范围是一致的。欧盟是按照产品技术类别的不同，由具有相应技术资质的公告机构代表欧盟实施上市前的 CE 审批，而不是按照成员国划分审批各自范围的医疗器械。每个公告机构都可审批来自欧盟全境的医疗器械，取得 CE 标志的医疗器械都可在欧盟全境销售使用，统一审批与销售使用的市场范围同样是一致的。而我国，由各省主管部门分别审批各自范围内企业生产的第二类医疗器械，批准后可以在全国销售使用，则不是审批与销售使用市场范围一致的全境统一审批安排；在各地医疗器械产业发展水平不一致以及促进本地经济发展等因素作用下，特别是在我国地方药监部门属于地方政府的组成部分而非国家药监局直属机构的政府体制状况下，可能带来客观上全国范围内个别第二类医疗器械市场准入标准不完全一致的隐患。

四、国际交流合作

前面谈过，中国现代医疗器械监督管理的起源即是走的国际化道路。监管体制和法规建立以后，监管部门始终没有停止与国际监管同行的交流与合作。一是与各国监管部门及其技术机构的双边对口交流与合作，二是参与国际医疗器械监管与法规协调组织和有关技术机构的会议和活动。

从 20 世纪 80 年代末为制定中国的医疗器械监管法规到发达国家考察开始，到《条例》诞生后及至今天，我国药监部门没有中断与各国监管部门之间的联系与合作。特别是与美国 FDA，我们邀请其官员或医疗器械技术审评专家来华讲课，或我们派人到 FDA 考察交流，去 CDRH 学习培训等不同类型的合作项目，几乎每年不断。去欧盟各国及加拿大、澳大利亚、日本等发达国家考察交流或邀请来华交流的项目也每年都有安排。从 20 世纪 90 年代到 21 世纪 10 年代期间，国家药监部门分别多次组织国内不同医疗器械检测中心、认证中心和不同省份医疗器械监管部门的代表和技术人员到美欧考察学习，开拓眼界，派出了数十个考察团组，以期扩大我国医疗器械技术机构和地方监管人员的国际化视野，提高医疗器械监管和技术监督水平。

参与国际医疗器械监管与法规协调活动方面，我国监管部门经历了被动参加、积极参与、主动作为三个阶段。从 20 世纪末期到 2006 年前后，基本为被动参加阶段。这一阶段国际上积极开展活动的是医疗器械监管全球协调组织（GHTF），曾多次邀请我国医疗器械监管部门派人列席该组织的年度大会和有关专业工作组的会议。该组织从成立开始即只有美国、欧盟、加拿大、澳大利亚和日本 5 个国家（地区）为其正式成员，从不吸收其他国家，却在一次有我国代表列席旁听的大会上强烈呼吁作为亚洲乃至全球大国的中国参加该组织，成为该组织的正式成员国。但鉴于我国监管部门当时的人力、财力资源等方面情况，尚不具备履行正式成员国义务的条件；不要说派出足够的人员参与各工作组的活动，就连 GHTF 大会我们都不能保证每次都派代表列席旁听，当时只能谢绝了该组织的邀请。但随着我国改革开放的进程、经济规模的不断发展和综合国力的不断壮大，我们理应体现出大国的担当，努力提高我国在国际活动中的话语权。2007 年前后，我国医疗器械监管部门在国际医疗器械监管协调活动中进入了积极参与阶段。首先正式加入了亚洲医疗器械监管协调工作机构（AHWP），并成为其第 13 届轮值主席国。经国务院批准，国家局于 2013 年 3 月正式加入国际医疗器械监管机构论坛（IMDRF），成为管理委员会成员，并于 2018 年作为轮值主席国在我国成功主办了该组织一年两次的大会。我国监管部门的代表积极参加该组织各工作组的活动，牵头成立医疗器械临床评价工作组并制定发布了《临床评价》《临床试验》等 4 个 IMDRF 技术文件，积极在我国医疗器械监管实践中实施 IMDRF 推广的唯一标识（UDI）技术措施，成为 IMDRF 监管协调活动中的重要角色。国家药监局还成立了医疗器械国际监管法规研究组，推动 IMDRF 等国际协调成果在中国的转化，据统计在前期 IMDRF 发布的 36 项技术文件中，中国已经全面实施或部分实施 33 项。此外，我国监管部门还曾派代表担任全球医疗器械命名机构（GMDN）的理事，连续几年参加该机构的工作。除了积极参与以外，2010 年，我国医疗器械监管部门的国际交流机构创办了每年一届的中国医疗器械监督管理国际会议，国家药监局及其与医疗器械监管相关的各部门领导每年都在会议上宣讲中国的医疗器械监管政策、法规和新的做法，与参会的各国代表对话交流。包括美国、欧盟等发达国家和地区在内的各国医疗器械监管部门、技术机构、行业协会、学术团体和医疗器械生产、流通企业的技术、法规专家等踊跃参加，会议规模已经发展到数千人，成为当前世界上规模最大的专门以医疗器械监管交流活动为主题的国际会议。从发起至今已经主办了 12 届。这一大型国际活动充分向世界表明了，今天的中国医疗器械监管部门已经不止是积极参与国际监管协调活动，而是主动作为，积极引领各国医疗器械监管部门开展国际交流活动。

五、监管的发展与新《条例》

从 2000 年的《条例》到今天的新《条例》，我国的医疗器械监督管理法规在不断总结实践经验、结合中国实际情况、吸收国外先进理念的思想指导下经过了几次修订，不断发展完善。新《条例》体现了与以往不同的新特色。

最大的特点是鼓励创新与发展。2017 年 10 月，中共中央办公厅、国务院办公厅印发了《关于深化审评审批制度改革鼓励药品医疗器械创新的意见》（简称《意见》）。新《条例》即是在《意见》精神的指导下，为落实中央、国务院对药品医疗器械审评审批制度改革作出的重大决策部署，从制度层面进一步促进行业创新，更好地满足人民群众对高质量医疗器械的期待而进行的修订。监管的目的是保证医疗器械的安全有效，保障人民群众的健康和生命安全。只有科学监管才能正确地把握和处理所涉及的诸多关系。首先是安全与发展的辩证统一关系：没有安全的发展不是真正的发展，没有发展的安全不是持久的安全。同样重要的是放活与严管的关系：只有进一步落实"放管服"要求，有效地激发市场创新活力，才能长远地提升医疗器械质量和效能，达到监管的真正目的。新《条例》明确了国家制定医疗器械产业规划和政策，将医疗器械创新纳入发展重点，对创新医疗器械予以优先审评审批，支持创新医疗器械临床推广和使用，推动医疗器械产业的高质量发展。

另一个特点是强调了基于全生命周期的风险管理。在国际医疗器械监管协调机构的文件中，《医疗器械安全与性能基本原则》（简称《安全与性能基本原则》）早以被发达国家在监管操作中普遍采用。《安全与性能基本原则》所确立的是医疗器械的设计制造者对医疗器械的全生命周期负责。医疗器械在其全生命周期各阶段的安全与性能表现以及预设用途的实现，都是由其设计制造者注入的，而不是由其生命周期下游各阶段的经手人所决定的。需知如果种植的不是苹果，吃果人是无法吃出苹果的味道的。因此，《安全与性能基本原则》中对医疗器械全生命周期的所有要求，都是对设计制造者提出的。全生命周期监管不等同于对医疗器械市场各阶段相对人的分段监管。新《条例》虽没有引用《安全与性能基本原则》，但提出了我国医疗器械监督管理的基本原则，通过落实注册人与备案人的责任，明确注册人与备案人应当加强医疗器械全生命周期质量管理，对研制、生产、经营、使用全过程中医疗器械的安全性、有效性依法承担责任，强调了医疗器械全生命周期监管的概念，向《安全与性能基本原则》进一步靠近。新《条例》同时明确了受托生产企业、境外企业境内代理人等相关主体的权利义务。

新《条例》标志着我国现代医疗器械监管又进入了一个新的阶段，体现了党中央、国务院对人民群众健康和生命安全的关心和对医疗器械质量与创新发展的高度重视，也体现了我国药监部门为全面落实《意见》精神而采取的积极有效的新监管政策和措施。

综观我国现代医疗器械监督管理从起源、发展到新《条例》发布实施的全过程，我们有理由相信，中国共产党和中国政府是真正对人民负责的党和政府，中国是国际大家庭中友好守信的一员，是始终向有利于各国人民、有利于国际交往的方向靠拢的一员。在党和政府的坚强领导下，中国药监部门进一步解放思想，落实改革措施，有效作为，中国的医疗器械监督管理必将朝着科学监管、不断进步、保障安全、促进发展的方向不断迈进，为中国和世界人民的健康事业做出更大的贡献。

（常永亨）

引自《中国食品药品监管》杂志 2023 年第 2 期《中国现代医疗器械监管的国际化起源与发展》

第一章
医疗器械审评审批改革

概　述

　　2015 年 8 月，国务院发布了《关于改革药品医疗器械审评审批制度的意见》，以提高审评审批质量、解决注册申请积压、鼓励研究和创新、提高审评审批透明度为目标，提出了 21 条主要措施。2017 年 10 月，中办、国办联合印发《关于深化审评审批制度改革鼓励药品医疗器械创新的意见》，以提高医疗器械质量为核心，以满足人民群众需求为目标，进一步提出了优化审评审批流程等 36 条具体要求。

　　两个文件发布以来，国家药监局会同各有关部门和各地监管机构深入推进医疗器械审评审批制度改革，完善医疗器械监管法规体系，提升技术支撑和监管能力，不断提升医疗器械注册审评审批的质量与效率，有力地促进了我国医疗器械产业健康发展。截至 2021 年 1 月，批准 100 个国内首创、国际领先的创新医疗器械产品上市；医疗器械分类、标准、命名、唯一标识等各项工作有序推进；不断优化临床评价路径，提升临床评价效率；推进注册人制度试点，2020 年试点数量显著增长；深入开展监管科学研究，加强监管科学研究基地建设；大力推动《医疗器械监督管理条例》修订工作。启动疫情防控产品应急审批程序，截止 2020 年 12 月底，国家药监局全年共批准 54 个新型冠状病毒检测试剂，其中包括 8 个核酸快速检测产品。

　　2021 年，国家药监局继续贯彻落实两个文件要求，进一步深化医疗器械审评审批制度改革，加快构建与高质量发展相适应的医疗器械注册监管体系，助推产业创新发展。监管部门坚持立法先行，新修订《医疗器械监督管理条例》发布实施，配套规章制度逐步完善，法规体系建设取得新成绩；服务防疫大局，有序开展应急审评审批，推进防疫用械标准化建设，保障防疫用械质量安全，应急审评审批和质量安全监管做出新贡献；深化改革创新，推进创新审批、智慧审评、注册人制度、重点区域改革试点、临床试验管理等，推动产业高质量发展迈出新步伐；突出风险治理，推进一类产品备案清理，持续深入风险隐患排查治理，强化丰富体系检查、质量抽检、不良事件监测、网络销售监测等风险治理手段，严厉打击违法违规行为，医疗器械质量安全实现新提升；强化基础建设，持续健全标准体系，有效推进分类命名、唯一标识工作，开展监管科学研究，夯实监管根基取得新成效；狠抓能力建设，提升省级审评审批能力，提高检查员素质，推进分中心建设，提升信息化水平，深入国际交流合作，监管能力建设实现新突破。

一、健全法规标准体系

（一）完善医疗器械法规体系

2021 年，监管部门坚持立法先行。2021 年 3 月，新修订《医疗器械监督管理条例》公布，于 2021 年 6 月 1 日施行。条例本次修订，主要从强化全生命周期管理和鼓励创新两方面发力：完善了医疗器械注册人备案人制度，要求注册人、备案人在生产环节、经营环节、不良事件监测等方面承担全生命周期责任；明确了国家整体支持医疗器械产业创新发展的顶层要求，从规划、科研、招采、医保、财政支持、产权保护等多个方面提出原则要求，为下一步各相关政策出台提供了基础的法规依据。2021 年 8 月，《医疗器械注册与备案管理办法》《体外诊断试剂注册与备案管理办法》公布，自 2021 年 10 月 1 日起施行。2022 年 3 月，《医疗器械生产监督管理办法》《医疗器械经营监督管理办法》公布，于 2022 年 5 月 1 日施行；《医疗器械临床试验质量管理规范》发布，自 2022 年 5 月 1 日起施行。至此，医疗器械法规体系"升级"取得阶段性成果。

总结疫情防控经验，制定《医疗器械应急审批程序》并于 2021 年 12 月发布，确保突发公共卫生事件应急所需医疗器械尽快完成审批。

发布医疗器械和体外诊断试剂临床试验、临床评价等 9 个指导原则，科学设置医疗器械临床评价要求。发布通告对 423 个体外诊断试剂、1010 个医疗器械免于临床试验、临床评价。

（二）加强医疗器械分类命名工作

2021 年 4 月，国家药监局发布《医疗器械分类目录动态调整工作程序》，根据医疗器械风险变化情况，动态调整子目录，调整一级产品类别、二级产品类别和／或管理类别，增补有代表性的创新医疗器械产品，删除不再作为医疗器械管理的产品，修订产品描述、预期用途和品名举例等内容。2022 年 3 月，连续发布两次调整《医疗器械分类目录》部分内容的公告，分别对 02-15-14 夹子装置等 10 种医疗器械产品涉及《医疗器械分类目录》内容和 27 类医疗器械涉及《医疗器械分类目录》内容进行调整。

2021 年 10 月，发布《体外诊断试剂分类规则》，规范体外诊断试剂分类管理。

（三）优化器械标准管理工作

2021 年 3 月 26 日，国家药监局、国家标准委联合发布《关于进一步促进医疗器械标准化工作高质量发展的意见》，擘画了"十四五"期间医疗器械标准体系建设的顶层设计和标准化工作高质量发展的蓝图。成立医疗器械临床评价和医用高通量测序 2 个标准化技术归口单位，标准组织体系进一步健全；持续实施标准提高计划，2021 年批准 79 项行业标准制修订计划项目，审核发布 146 项行业标准；对 396 项强制性标准和 62 项强制性标准在研项目全面优化评估，截至 2021 年底，现行有效医疗器械标准共 1849 项，其中国家标准 235 项，行业标准 1614 项，标准体系覆盖性、系统性不断提升。

研制疫情防控标准，健全我国疫情防控标准体系，组织制定并于 2021 年 11 月 26 日发布 5 项试剂盒推荐性国家标准，从核酸、抗原及抗体检测为新型冠状病毒检测试剂的质量评价提供技术支撑。积极助力国际疫情防控，提出并负责完成首个新冠肺炎疫情防控医疗器械国际标准项目——国际标准 ISO 80601-2-90:2021《医用电气设备第 2-90 部分：高流量呼吸治疗设备的基本安全和基本性能专用要求》，于 2021 年 8 月 30 日发布。

（四）推进医疗器械唯一标识工作

根据我国医疗器械唯一标识工作部署，首批 9 大类 69 个品种的医疗器械已于 2021 年 1 月 1 日起实施唯一标识。2021 年 9 月，《国家药监局 国家卫生健康委 国家医保局关于做好第二批实施医疗器械唯一标识工作的公告》发布，提出全部第三类医疗器械将于 2022 年 6 月 1 日起实施医疗器械唯一标识。2021 年 12 月，国家药监局等 8 部门联合印发《"十四五"国家药品安全及促进高质量发展规划》，明确提出"逐步实施医疗器械唯一标识，完善医疗器械唯一标识数据库，加强在上市后监管、医疗管理、医保管理等领域的衔接应用"，将唯一标识制度作为加强智慧监管体系和能力建设的重要手段。

自 2021 年 1 月 1 日首批医疗器械唯一标识实施工作开展以来，医疗器械唯一标识在医疗器械生产、流通、使用全链条各环节成功得到示范应用，有力助推了医疗器械从源头生产到临床使用全链条联动，为进一步做好医疗器械唯一标识示范推广，国家药监局积极推动唯一标识示范单位遴选工作，并于 2022 年 1 月公布了首批 15 家医疗器械唯一标识示范单位。

二、推进医疗器械注册人制度试点工作

医疗器械注册人、备案人制度是新修订《医疗器械监督管理条例》设立的一项重要监管制度，也是我国深入推进医疗器械审评审批制度改革的重要举措。2017 年，医疗器械注册人制度试点工作启动，随后逐渐扩大至 22 个省（自治区、直辖市）。截至 2021 年 5 月底，各试点省（自治区、直辖市）共计 1377 个产品按照医疗器械注册人制度试点获准上市。通过试点工作的探索，医疗器械注册人制度全面实施的法规制度进一步健全，注册人主体责任进一步清晰，跨区域监管的协同机制进一步完善，产业资源配置进一步优化，科研成果转化进一步加速，有力促进了医疗器械产业创新发展，为下一步医疗器械注册人制度的全面实施奠定了基础。

医疗器械注册人制度试点工作引起了社会广泛的关注和热烈的反响，产业界保持高度热情，积极参与试点工作。截至 2021 年 5 月底，各试点省（自治区、直辖市）共计 227 个注册人的 1377 个产品按照医疗器械注册人制度试点获准上市。较 2019 年年底的 93 个，增长近 15 倍；较 2020 年 9 月的 552 个，增长近 2.5 倍。

在医疗器械注册人制度试点工作实践中，为了进一步指导注册人委托生产条件下质量管理体系的建立和实施，多个试点省（自治区、直辖市）发布了系列配套文件，指导和规范注册人委托生产的质量管理。同时，试点过程中对加强跨省监管协调，各地进行了一些有益的探索。

三、开展医疗器械监管科学研究

完善监管政策法律制度、深化审评审批改革、强化全生命周期监管、加强监管体系和能力建设，迫切需要大力推进药品监管科学研究。中国药品监管科学行动计划发布后，国家药监局已启动实施首批 9 个重点研究项目，与国内著名高校、科研机构建设了 11 个国家药品监管科学研究基地，认定了首批 45 家、二批 72 家国家药监局重点实验室，其中医疗器械重点实验室首批 8 家、二批 18 家。系统开展药品医疗器械监管科学应用研究。2021 年 4 月 27 日，国家药监局召开中国药品监管科学行动计划首批重点项目工作汇报会。经过 2 年努力，药品监管科学研究项目已取得重要成果，自首批重点项目启动以来，研究制定新工具、新方法、新标准 103 项，其中已发布 31 项，占比近 1/3。首批重点项目研究为我国药品监管质量和效率的提升提供了重要的支撑，有力促进了药品监管能力和水平的提高。

2021 年，国家药监局和海南省政府通力合作，积极开展真实世界证据采集和用于监管决策的研究探索，多个药品医疗器械临床真实世界研究相关指导原则陆续发布，海南药品医疗器械监管科学研究基地、真实世界研究与评价重点实验室成立运行，飞秒激光眼科治疗系统、普拉替尼胶囊等药品医疗器械试点品种利用博鳌乐城真实世界研究数据作为辅助临床评价证据先后获批上市。临床急需进口药品医疗器械管理进一步规范，临床真实世界数据应用试点工作取得了阶段性成果。

四、推动医疗器械创新和高质量发展

2021 年，国家药监局按照《创新医疗器械特别审查程序》《医疗器械优先审批程序》继续做好相关产品的审查工作，共收到创新医疗器械特别审批申请 249 项，比 2020 年增加 26.4%，其中 62 项获准进入特别审查程序，收到优先申请 41 项，比 2020 年增加 46.3%，其中 14 项获准优先审批。

2021 年，国家药监局共批准冠脉血流储备分数计算软件等 35 个创新医疗器械产品上市，相比 2020 年，增加 35%。这些创新产品核心技术都有我国的发明专利权或者发明专利申请已经国务院专利行政部门公开，产品主要工作原理/作用机理为国内首创，具有显著的临床应用价值。

从 2014 年至 2021 年，国家药监局共批准 134 个创新医疗器械，其中，境内创新医疗器械涉及 14 个省的 104 家企业，进口创新医疗器械涉及 2 个国家的 5 个企业。北京、上海、广东、江苏、浙江创新医疗器械获批产品数量和相应企业数量最多，约占全部已批准的 134 个创新医疗器械的 81%。

按照优先医疗器械审批程序，批准遗传性耳聋基因检测试剂盒等 19 个医疗器械上市，至 2021 年底，获批上市优先医疗器械达到 49 个，更好地满足临床使用需求。

成立生物材料创新合作平台，配合工信部门启动人工智能医疗器械创新任务揭榜挂帅工作，建立主文档登记制度，加速推进新材料、新技术、新产品上市，助力产业高质量创新发展。

继续支持海南博鳌乐城国际医疗旅游先行区、粤港澳大湾区等重点区域建设，指导做好临床急需少量医疗器械进口工作，稳步推进临床真实世界数据应用试点工作，批准第 2 个采用临床真实世界数据的"飞秒激光眼科治疗系统"上市。

优化药械组合产品上市证明要求，发布《关于药械组合产品注册有关事宜的通告》（2021 年第 52 号），加快有临床价值的药械组合产品上市步伐。

五、医疗器械临床试验监管

为加强医疗器械产品注册工作的监督和指导，进一步提高注册审查质量，国家药品监督管理局组织制定并于 2021 年 11 月发布了《医疗器械临床试验数据递交要求注册审查指导原则》《体外诊断试剂临床试验数据递交要求注册审查指导原则》《抗肿瘤药物的非原研伴随诊断试剂临床试验注册审查指导原则》《使用体外诊断试剂境外临床试验数据的注册审查指导原则》。

国家药监局建立"医疗器械临床试验机构备案管理信息平台"，申办者应当选取已经在备案系统备案的临床试验机构开展临床试验。截至 2022 年 4 月 18 日，已有 1128 家机构完成医疗器械临床试验机构备案。

为深化医疗器械审评审批制度改革，加强医疗器械临床试验管理，在组织国内外多种形式调研，了解临床试验机构管理现状的基础上，国家药品监督管理局会同国家卫生健康委员会组织修订了《医疗器械临床试验质量管理规范》，2022 年 3 月发布，自 2022 年 5 月 1 日起施行。为解决临床试验监督管理过程中的实际问题提供有力支撑。

（王宇润）

第一节　医疗器械注册工作

医疗器械质量管理体系建设

医疗器械是特殊商品，具有公益性和市场性的双重属性，其安全有效与人民群众生命安全和身体健康息息相关。《医疗器械监督管理条例》（国务院令第 739 号）明确规定医疗器械按照风险程度实行分类管理，第二类、第三类医疗器械实行产品注册管理。国家药品监督管理局对医疗器械进行注册管理，着力于医疗器械审评审批制度的构建与完善。《关于深化审评审批制度改革鼓励药品医疗器械创新的意见》（厅字〔2017〕42 号）提出"建立审评为主导、检查检验为支撑的技术审评体系"，《关于全面加强药品监管能力建设的实施意见》（国办发〔2021〕16 号）提出"健全国家药品监管质量管理体系"，需要药品监管部门加强药品医疗器械监管能力建设，提升技术支撑能力，不断深化审评审批制度改革。

医疗器械技术审评（简称审评）是指根据医疗器械注册申请人或注册人提出的申请，依照法定程序，对其拟上市的医疗器械的安全性、有效性研究及其结果进行系统评价的过程，提出结论性意见，并出具相应的技术审评报告[1]。这一过程决定了审评作为医疗器械行政许可的关键环节，也是医疗器械审评审批制度改革成果的重要体现。审评机构应建立健全质量管理体系，实现审评的全过程管理，保证审评的稳定性和可再现性[2]，满足法律法规要求和公众用械需要。

国家药品监督管理局医疗器械技术审评中心（简称：器审中心）承担国产第三类和进口医疗器械产品的技术审评工作。按照深化医疗器械审评审批制度改革的要求，器审中心建立健全审评质量管理体系，以方针和目标为质量引导，以融合和互促为质量原则，以测量和评查为质量保证，以制度和尺度为质量改进，从而实现全面质量管理的 PDCA 循环（图 1-1-1），并经过不断的实践总结，力争打造全国审评质量管理体系样板，形成"全国一盘棋"的良好局面。

策划 Plan
以方针和目标为质量引导，确定资源，识别风险

实施 Do
以融合和互促为质量原则，贯彻方针目标，高效执行

·实施"四位一体"管理系统
·实现"PDCA 循环"全面质量管理
·落实审评审批改革要求
·提供质量管理体系样板
·形成技术审评"全国一盘棋"

改进 Act
以制度和尺度为质量改进，结合 CAPA 系统，及时纠正，评估验证效果，形成标准，持续优化

检查 Check
以测量和评查为质量保证，全流程覆盖，全体系延伸测量，发现问题，总结问题

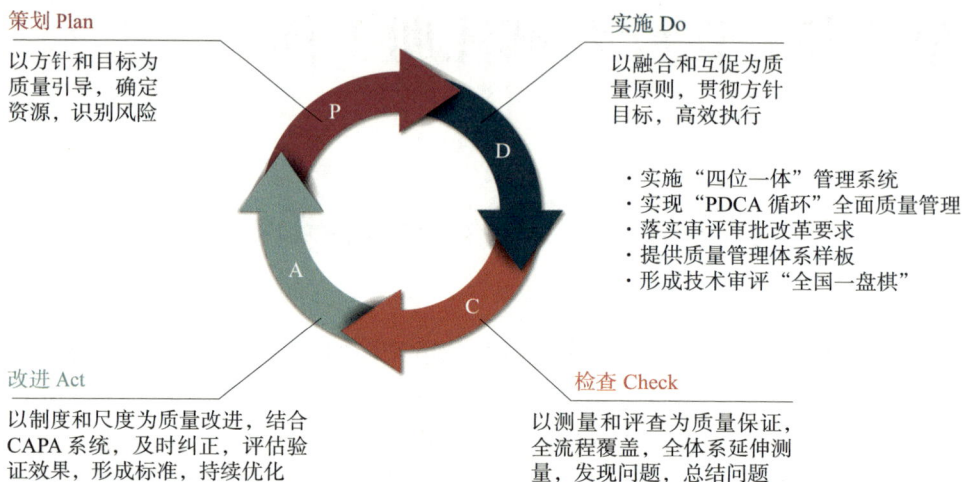

图 1-1-1　医疗器械技术审评质量管理体系 PDCA 循环

一、以方针和目标为质量引导，重视审评质量工作

审评质量管理体系是审评科学的重要组成部分，也是药品监管能力现代化建设的一项具体工作，必须始终围绕新时代要求，把握新发展阶段，贯彻新发展理念，构建新发展格局，制定与国家宏观政策相符的质量方针，实现审评审批制度要求的质量目标，开展审评质量管理体系的建设工作。

作为审评机构，必须认识到医疗器械的安全性对审评质量提出的新要求。习近平总书记对药品医疗器械安全和监管多次做出重要指示，"加快建立科学完善的食品药品安全治理体系，努力实现食品药品质量安全稳定可控、保障水平明显提升。""药品安全责任重于泰山。保障药品安全是技术问题、管理工作，也是道德问题、民心工程。"充分说明党中央、国务院对保障人民群众用药、用械安全，做好药品医疗器械监管工作的高度重视，这是建设审评质量管理体系、保障审评工作科学公正、提升审评质量和效率的根本遵循。

作为审评机构，必须认识到前沿科学技术不断应用于医疗器械制造对审评能力提出的新挑战。近年来，我国科技创造能力得到有效激发，医药产业进入高质量发展阶段，社会资本不断涌入生物医药领域，推动创新医疗器械

的研发制造和临床应用。生物材料、脑机融合等生命科学技术加速从实验走向应用，数字技术、材料科学、影像技术、智能技术等前沿科技进一步推动医药产业融合创新，5G 远程医疗、AI 辅助诊断等"互联网 +"模式加速落地。如何对现代生物医疗新技术、新材料、新模式进行研发指导、科学把关，是审评机构面临的新挑战。

作为审评机构，必须认识到人类疾病谱的变化和公众用械需求的激增是审评理念转换的新起点。随着人口老龄化的加剧，公众对医疗器械的认知、关注度和需求明显提升。当前，党中央、国务院对药品监管工作提出了新的更高要求，围绕危及生命且尚无有效治疗手段的疾病必须加快临床急需医疗器械上市，迫切需要审评机构进一步完善优化审评机制，提升审评审批效能，确保医疗器械质量安全，促进医疗器械可及性。

作为审评机构，必须认识到医疗器械产业高质量发展和审评审批制度改革要求审评效率迈上新台阶。医疗器械产业是"永不衰落的朝阳产业"，其供给能力体现了社会经济高质量发展水平[3]。习近平总书记提出构建以国内大循环为主体、国内国际双循环相互促进的新发展格局，亟需相关部门集中力量开展关键核心技术攻关，解决一批药品、医疗器械、疫苗等领域"卡脖子"问题。审评机构应优化应急和创新医疗器械研审联动工作机制，鼓励新技术应用和新产品研发，保障好创新、优先、应急医疗器械技术审评和产品上市，为医疗器械产业高质量发展保驾护航。

二、以融合和互促为质量原则，建设审评质量体系

《中华人民共和国国民经济和社会发展第十四个五年规划和 2035 年远景目标纲要》强调"把新发展理念完整、准确、全面贯穿发展全过程和各领域，构建新发展格局，切实转变发展方式，推动质量变革、效率变革、动力变革"。尤其在深化医药卫生体制改革中要"完善创新药物、疫苗、医疗器械等快速审评审批机制，加快临床急需和罕见病治疗药品、医疗器械审评审批，促进临床急需境外已上市新药和医疗器械尽快在境内上市"。国家药品监督管理局提出要创新药品监管方式方法，建立健全科学、高效、权威的药品监管体系，加快推进监管新工具、新标准、新方法的研究和应用[4]。全国

药监系统持续深化改革，不断完善注册审评审批制度体系，坚持以安全有效为根本标准，优化审评资源配置，强化沟通交流[5]，全面提升我国药品治理体系和治理能力现代化水平，加快实现我国从制药大国到制药强国的跨越，更好地满足新时代人民群众日益增长的健康需求，在监管实践中践行初心使命[6]。

器审中心积极把握风险防控与创新发展的关系，在国家总体规划的指引下，落实审评审批制度改革要求，逐步探索形成医疗器械监管新工具——审评质量管理体系。既借助质量管理体系，对审评全过程进行管理，提升审评的质量和效率；又通过审评完善质量管理的工具和方法，丰富质量管理体系的应用场景。

（一）审评效率显著提升

通过缩短主审内控时限、逐月统计审评平均用时、强化审评工作量的绩效考核比重、临期项目每周督办、超内控时限项目逐一研究等多种举措，器审中心严控审评在法规时限内完成，强化审评责任和时限管理。

以近一年的审评用时数据为例，2020 年 8 月至 2021 年 8 月器审中心审结转出（首次）注册项目审评平均用时趋势如图 2 所示（以下时间单位为工作日）。图 2 中审评用时为审评平均用时，包括发补项目的补前审评用时和补后审评用时，近一年转出项目审评用时的平均值为 103.5 日，2021 年 8 月已降至 90 日。注册总用时为从注册申请予以受理至出具审评结论的时间，包括审评用时和申请人补正资料用时，近一年注册总用时最小值为 251 日，最大值为 328 日。从图 1-1-2 中可看出审评用时占注册总用时的比例下降趋势明显。申请人注册申报资料质量决定着申请人补正资料所用的时间长短，由于器审中心控制审评用时措施有效，所以审评用时相较于申请人补正资料的时间不断缩短，审评用时占注册总用时的比例从最高 45% 降至 30% 左右。

（二）审评制度有效建立

围绕建立健全审评质量管理体系，器审中心于 2015 年设立了质量管理部，2016 年形成了《医疗器械技术审评质量管理规范（试行）》，2017 年形成了《质量手册》《管理程序》等体系文件，每年制定质量目标、管理评审报

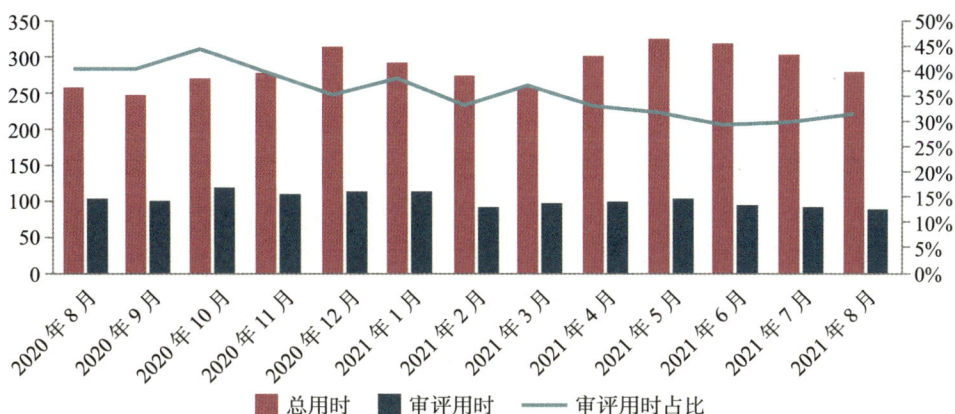

图 1-1-2　2020 年 8 月至 2021 年 8 月审结注册项目审评用时趋势图

注：数据均来源于中国器审微信公众号，以上时间单位为工作日。

告，定期编制质量月报，开展内部审核、案卷评查，为审评工作的开展奠定了质量基础。医疗器械电子申报制度、立卷审查制度、临床导向审评分段制度、审评结论集体决策制度、覆盖审评全过程的对外咨询服务制度等 15 项内部制度在质量管理理念下进行顶层设计、测量分析和持续改进。

（三）审评要求日益规范

器审中心建立了审评结论集体决策制度，由各分技术委员会对转出的审评报告和补正资料通知进行集体决策，由器审中心技术委员会对拟提出不予注册意见的项目和审评过程中疑难、重大的技术性问题形成统一意见。组建统一审评尺度工作小组，由质量管理部及各审评部门资历较深、审评经验较为丰富的审评人员组成，定期研究审评过程中需要明确执行尺度的具体事项，由器审中心技术委员会审定实施，形成有效的审评尺度统一机制。

统一审评尺度工作成果以体系文件的形式在器审中心内部发布执行和解读宣贯，并通过内部审核、案卷评查等方式进行监督落实。器审中心已对动物试验设计、生物安全性评价、检验检测要求、强制性标准执行、可吸收器械体内代谢研究等审查关注要点进行研究和总结，明确安全性、有效性的证据要求，力求不同审评部门、不同审评人员能够在审评过程中贯彻落实法规、规章、规范性文件的要求，能够就不同产品注册申报资料中涉及的同一技术问题做出公平、公正的审评决策。

（四）审评理念面向国际

国家药品监督管理局加入国际医疗器械监管机构论坛（IMDRF）和亚洲医疗器械法规协调会（AHWP）等国际组织，逐渐扩大我国医疗器械监管在国际上的影响力，提升我国医疗器械监管话语权。器审中心作为技术支撑单位，注重以体系思维推动医疗器械监管成果文件的国际统一和本土转化，一系列的国际监管共识陆续在我国落地实施。

器审中心牵头开展了 IMDRF 医疗器械临床评价（MDCE）工作项目，在国际上发布了医疗器械临床评价系列文件，并等同转化为我国注册审查指导原则；完整采纳注册申报规范（RPS）工作组成果文件，建立医疗器械注册电子申报信息化系统（eRPS），内置注册申报目录（RPS ToC），以规范注册申报资料结构；跟踪良好审评质量管理规范（GRRP）工作组进展，第一时间进行转化并由国家药品监督管理局发布《医疗器械安全和性能基本原则》。

（五）审评资源优化配置

器审中心拓宽沟通交流渠道，提升审评服务质量，安排专员提前介入，优化审评资源配置，在注册申报全链条中将审评重心逐渐向前平移。建立资深审评人员与申请人注册申报受理前沟通交流渠道，由项目审评人员在受理阶段对资料完整性、合规性进行立卷审查，依申请为创新医疗器械安排注册申报事前、事中沟通交流会议，在创新、优先、同品种首个医疗器械注册体系核查阶段开展现场审评，简化进口医疗器械在我国境内生产的注册申报资料要求，开通补正资料正式提交前的预审查途径，促进临床急需医疗器械附条件审评审批。

（六）审评体系协调联动

器审中心统筹全国注册审评工作，以注册审查指导原则为量尺，以质量管理体系覆盖延伸为主线，以医疗器械创新服务站为先行点，以审评人员交流为纽带，与国家药品监督管理局医疗器械技术审评检查长三角分中心、大湾区分中心，医疗器械国家重点实验室，浙江、广东、上海、江苏、四川、吉林医疗器械创新服务站，中国医疗器械相关学会、协会，医疗器械监管科学研究院，协调联动、相互借鉴，推进申报注册、沟通交流、技术审评标准与规范的统一。

三、以测量和评查为质量保证，运行审评质量过程

审评质量的评价是多元的。与客观物体不同，审评作为主观行为，其质量不仅体现在单次审评结论的合规性，更体现在已上市器械的安全性、有效性能否经得起市场的验证。审评的质量关乎公众健康和医疗器械产业发展，对审评质量的评价是审评机构质量管理体系建设的关键，是药品监管部门依法履职的责任，也是国际药品监管机构着力研究的课题之一。

美国食品药品监督管理局（FDA）发布《药品审评质量管理规范》，对药品审评与研究中心（CDER）和生物制品审评与研究中心（CBER）的审评行为进行规范和评价。欧盟委员会医疗器械协调小组（MDCG）按照医疗器械法规（MDR）、体外诊断试剂法规（IVDR）的要求，修订了关于公告机构（NB）授权要求和程序的一系列指南文件。IMDRF 的 GRRP 工作组于 2020 年发布了《监管机构对符合性评估机构在医疗器械法规审评的识别和监测评价方法》（*Assessment and Decision Process for the Recognition of a Conformity Assessment Body Conducting Medical Device Regulatory Reviews*）。上述文件对审评机构的质量管理体系建设提出了重要的建议，包括审评时限管理、质量评价指标、人员能力建设等。我国审评机构应面向国际，注重收集国内外关于开展审评质量管理体系建设工作的有效经验，筑牢审评科学基础，综合运用质量管理的各种有效手段，贯彻质量方针，实现质量目标[7]。

（一）质量管理标准

国际标准化组织（ISO）是全球最大的国际标准制修订的非政府性组织。1980 年，ISO 成立质量管理体系技术委员会（TC176），着手质量管理体系的认证工作，并于 1987 年推出 ISO 9000 系列标准。经过 30 余年的发展，TC176 先后对这一系列标准进行了 5 次修正及修改，现行最新版是 2015 年进行修正的[8]。通过对 ISO 9000 系列标准的学习，各行业逐渐认识到其所具

有的过程监控和自我改进机制，是当前行政事业单位进行内部管理所急需的。公安部、原国家质量监督检验检疫总局、国家烟草专卖局等部门自 2000 年已开始应用 ISO 9000 系列标准进行机关建设的实践。据不完全统计，经由中国质量认证中心进行 ISO 9000 认证的政府部门已达千家[9]。

ISO 9000 系列标准鼓励在建立、实施质量管理体系以及改进其有效性时采用过程方法，满足顾客要求。ISO 的引入，可以使流程环节以文件方式进行固化，岗位职责明确、清晰，工作执行有章可循、有规可依，保证审评过程的尺度一致性。引入 ISO 9000 系列标准的另一个重要原因是在"放管服"的要求下，围绕"以顾客为中心"的重点，把满足公众和行业的需求作为质量管理的首要目标，将审评工作、深化改革、鼓励创新、优化服务均纳入质量管理体系，不断优化审评工作流程。

贯彻 ISO 9000 系列标准的质量理念，借鉴其系统规范的科学管理方法，结合审评实际需求，将其活学活用，融合到审评工作的全过程。医疗器械结构组成复杂，风险程度不一，从事审评的工作人员因知识结构和专业背景各不相同，对产品风险和受益的分析具有一定的主观性。因此，审评质量管理体系需侧重审评思维的培养和审评认知的统一，使审评人员认识到工作的难点和重点，及时跟踪产品相关的基础研究成果，熟悉掌握法规要求和技术知识，提炼审评获得经验，梳理转化成为指导原则或审评要点，为审评提供技术支持。

（二）压实岗位职责

质量管理强调全员参与，并非部门或个人的职责。质量管理体系的稳定运行，需全员具备质量意识和全局思维，积极参与。以器审中心《岗位作业指导手册》的编制工作为例，审评部门和管理部门根据部门职责和工作特点，全员参与编制，形成了实用性的工作手册。人手一册、及时更新，成为审评质量管理体系建设的有效成果。

《岗位作业指导手册》是拆解质量目标的过程文件之一，其中明确了岗位职责和操作程序，从而形成各岗位工作人员个性化定制的工作百宝书。其内容包含岗位说明、人员资质、廉政要求以及各项工作的具体操作规程和操作依据文件。岗位说明是对岗位的定性说明，明确在岗人员和岗位职责。审评人员资质是审评产品分配的主要依据，也是器审中心审评人力地图的关键信息。操作规程具体到审评工作或行政管理的各环节，做到"写我所做，做我所写"。编制部门对操作规程的有效性和适用性进行及时评价，如遇现行文件与工作实际不符合的情况，及时组织修订并进行备案。操作依据文件作为附录，是与业务工作紧密相关的、以岗位为单位的体系文件。

（三）做好制度设计

业务流程再造（BPR）是基于关键路径图设计而兴起的质量管理方法[10]。例如，首问负责制、限时办结、"只跑一次"等均是业务流程再造的有效成果。近年来，器审中心通过业务流程再造提升了公共服务水平，特别在"互联网＋政务服务"的时代背景下，通过加强信息化建设，构建 eRPS 系统，再造电子注册申报和在线审评流程，极大地提高了注册申报效率，也让审评权力运行在阳光之下，审评流程记录一目了然，审评资源配置更加智能。

项目智能分配机制和专家咨询盲选机制同样充分借助信息化手段，通过系统盲法筛选，降低人为因素造成的信息偏倚，保证审评审批过程的公平性。传统人为分配审评项目难免存在分配不及时、不专业、不均衡的弊端，通过业务流程再造，将审评资质与产品专业和复杂程度相匹配，在信息化系统中实现了对注册申报项目的即时智能分配。为建立公平、公正的专家咨询制度，充分发挥专家咨询委员会在审评决策中的作用，咨询专家的选取实现了全程信息化。由信息化系统按照审评人员提供的专业方向随机抽取专家，并智能发送确认短信。直到专家咨询会召开之时，才能知晓到会专家名单。

（四）全面质量管理

进入工业化时代以来，质量管理的实践经历了 3 个阶段。第一阶段是1920~1940 年的事后控制检验阶段；第二阶段是 1940~1960 年的统计质量检验阶段，将数理统计方法引入质量管理领域；第三阶段是 1960 年至今的全面质量管理阶段，将质量管理活动从生产过程延伸到采购、销售、服务等全过程[11]。综合 3 个阶段的有效方法，结合审评的特点进行适应性设计，器审中心主要采取以下几种方法实现审评全过程质量控制。

一是审评结论控制。器审中心对审评过程设置了事后控制检验的程序，即审评报告的形式审核，通过对报告审核要点的对照分析，提高审评报告的质量。

二是审评时限过程控制。通过审评用时数据统计和拟超期项目预警，器审中心压实防控审评超时的长效机制，保证全年1万余件的审评项目均在法规规章所规定的时限内完成。

三是审评案卷回顾性评查。审评案卷质量评查是指通过对照已发布的规范性文件对已审结注册项目的审评记录和报告结论进行评查，以期发现案卷中存在的技术性问题。通过审评案卷质量评查、审评路径同行评议等举措，越来越多的审评共性问题得以研究，审评尺度的一致性更加趋同。

四是疑难问题集体决策。对于审评过程中遇到的涉及科学认知能力相关的风险，一般通过技术委员会制度解决。技术委员会的主要目标是解决审评过程中遇到的疑难和共性的科学问题，发挥智库作用，全面分析和权衡产品的风险和受益，从而提出是否同意产品上市的意见。

五是纠正和预防措施（CAPA）系统做到实处。通过日常操作记录巡查和纠错事项原因追溯，及时、准确启动CAPA系统。通过完整运行CAPA系统，从风险管理的角度出发，采取及时的纠正和预防措施，发挥内部监督作用，做到立行立改。

六是质量信息的闭环反馈。定期面向行政相对人进行审评工作的满意度调查和工作座谈会，建立完善的质量信息传递反馈机制，发挥对审评工作的社会监督和舆论监督作用，进一步优化审评服务。

器审中心贯彻"科学、公正、创新、廉洁"的质量方针，建立了覆盖全过程、全部门的质量管理体系。图1-1-3展示的是审评质量管理体系的过程关系，各过程以法律法规及服务对象要求为输入，以符合法律法规要求、达到服务对象满意为输出，从质量管理的六要素：人、机、料、法、环、测[12]入手，实现审评的全面质量管理。

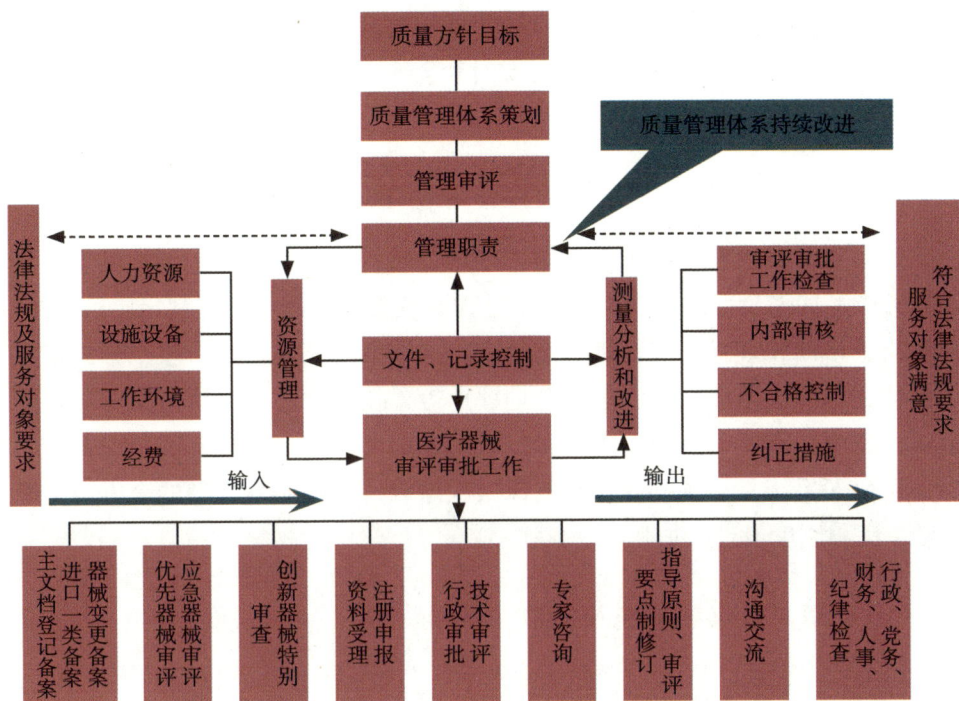

图 1-1-3　医疗器械技术审评质量管理体系过程关系

四、以制度和尺度为质量改进，实现审评质量提升

战略计划（SP）是确立长期的发展目标并设计实现目标的系统方法，为最高管理层做出合理的战略抉择以及确定组织的各种活动的主次提供了依据[13]。"十四五"期间，器审中心将围绕建设国际一流审评机构、培养国际一流审评人员的目标，进一步加强审评质量管理体系建设，促进审评质量管理体系的自我完善。

（一）加深对质量管理的理论和应用研究

借鉴成熟、先进的质量管理理论，加强质量管理基础理论研究。跟踪国外监管机构和地域监管组织的良好审评质量管理规范，积极申请审评质量管理体系理论与实践科研项目立项。调研国际、国内审评质量管理体系构建现况，从审评科学的角度开展审评质量管理相关理论基础、方法工具、行业应用的研究[14]。组织同类机构的质量比对和会商研讨，找准比较优势、行业难点和质量短板，研究制定质量问题的解决方案。

（二）加强对质量管理过程的循环和实践

建立全面质量管理的长效机制，持续将质量管理工作纳入到年度重点工作任务中，加强全部门、全方位、全过程质量管理。每年定期制定质量目标、开展质量培训和宣贯、进行满意度调查、抽取案卷实施评查、收集分析审评工作数据、加强内部审核和进行管理评审等，在全中心树立质量第一的强烈意识，进而在审评工作中追求质量提升。定期监测审评工作开展情况，适时启动 CAPA 系统，追溯问题存在的深层次原因，加强质量管理的全方位资源联动，完善制度设计，加强责任落实。

（三）加大对质量管理人员的重视和鼓励

质量始于顶层。进一步发挥"一把手"在质量管理体系建设的领导作用，把握质量管理体系完善和改进的方向，保持质量管理人员的持续性，保证质量管理工作的延续性，发挥质量考核指挥棒的作用，查找内部制度完善空间，及时开展制修订工作，切实维护制度的严肃性和权威性，带动整个审评机构的工作人员树立"超期零容忍""报告我负责"的工作态度。作为质量管理工作的从业者应重视自身对于质量管理相关知识的学习，通过多种渠道建立质量管理知识学习框架。分散在各部门的质量管理内部审核人员应积极参加审评机构组织的质量管理培训，积极参与部门的质量管理工作，为审评机构的质量管理体系建言献策。

（四）加快对质量管理工具的使用和研发

进入数字化经济时代，在数字产业化和产业数字化转型过程中，会形成大量的质量服务需求，也会涌现大量的质量管理工具[15]。立足于审评工作，完善数据可视化、管理智能化和决策辅助化的质量管理工具。充分借助 5G 技术、VPN 技术等实现电子申报、远程办公和数据安全传输。利用注册申报大数据、全生命周期区块链技术等新型信息化手段实现更加精细化的管理，让数据多跑路，节约审评人力资源。探索人工智能智慧审评，在遵循法律法规和客观规律的基础上，以开放的心态，不断探索和创新医疗器械提质增效的审评路径和方法。

（五）加速对质量管理体系的覆盖和延伸

按照国家药品监督管理局关于省级医疗器械审评审批能力考核的工作部署，加强对省级审评机构进行质量管理体系建设的指导，通过以评促建的方式引导地方审评机构推动审评由追求"合格率"向追求"满意度"跃升。健全质量统计分析制度，定期发布质量状况分析报告，促进质量成果和质量工具的共享，在全国范围内开展审评质量管理体系建设的调研交流，加速对体系样板的覆盖和延伸，实现"全国一盘棋"。

打铁还需自身硬，无须扬鞭自奋蹄。审评质量管理体系建设是审评机构重点关注和持续研究的工作内容。通过加强审评质量管理体系的策划、执行、检查和改进，发挥质量管理对技术审评的有效性促进作用，保障审评工作更加规范高效开展，提高医疗器械监管技术支撑能力，持续深化审评审批制度改革，促进医疗器械产业高质量发展，提升人民群众的用械获得感，满足人民群众对美好生活的向往。

（高国彪　张世庆　仇　琪）

引自《中国食品药品监管》杂志 2021 年第 12 期《夯实质量管理体系基础深化审评审批制度改革》

参考文献
请扫描二维码查阅

医疗器械注册人制度试点工作

医疗器械注册人、备案人制度（简称注册人制度）是国际通行的医疗器械监管制度，也是我国深入推进医疗器械审评审批制度改革的重要举措。2017年，医疗器械注册人制度试点工作启动，随后逐渐扩大至22个省（自治区、直辖市），目前已取得了丰硕的成果。截至2021年5月底，各试点省（自治区、直辖市）共计1377个产品按照医疗器械注册人制度试点获准上市。通过试点工作的探索，医疗器械注册人制度全面实施的法规制度进一步健全，注册人主体责任进一步清晰，跨区域监管的协同机制进一步完善，产业资源配置进一步优化，科研成果转化进一步加速，有力促进了医疗器械产业创新发展，为下一步医疗器械注册人制度的全面实施奠定了基础。

一、试点工作的背景情况

2017年10月，为促进药品医疗器械产业结构调整和技术创新，提高产业竞争力，满足公众和临床需要，中共中央办公厅、国务院办公厅印发《关于深化审评审批制度改革鼓励药品医疗器械创新的意见》，其中特别提出加强医疗器械全生命周期管理，落实医疗器械上市许可持有人制度（医疗器械注册人制度），并提出上市许可持有人承担产品全生命周期质量安全的全部法律责任。

同年，《国务院关于印发全面深化中国（上海）自由贸易试验区改革开放方案的通知》印发，允许上海自由贸易试验区内医疗器械注册申请人委托本市医疗器械生产企业生产产品。2018年1月，原国家食品药品监督管理总局批复同意《中国（上海）自由贸易试验区内医疗器械注册人制度试点工作实施方案》。

2018年5月，国务院同时印发《进一步深化中国（广东）自由贸易试验区改革开放方案》和《进一步深化中国（天津）自由贸易试验区改革开放方案》，允许广东、天津自由贸易试验区内医疗器械注册申请人委托本省（市）医疗器械生产企业生产产品。同年，国家药监局批复同意广东、天津医疗器械注册人制度试点工作方案。至此，医疗器械注册人制度试点扩大至 3 个。

2019 年 8 月，在总结上海、广东、天津医疗器械注册人制度试点工作的基础上，为进一步加大探索力度，特别是注册人跨省委托的经验，为今后全面实施奠定基础，国家药监局印发了《国家药监局关于扩大医疗器械注册人制度试点工作的通知》（简称《通知》），将医疗器械注册人制度试点工作扩大至北京、天津、河北、辽宁、黑龙江、上海、江苏、浙江、安徽、福建、山东、河南、湖北、湖南、广东、广西、海南、重庆、四川、云南、陕西共 21 个省（自治区、直辖市）。《通知》对参与试点工作的注册人和受托生产企业分别规定了相应的条件和义务责任，明确双方应当签订委托合同和质量协议，细化了产品注册、变更和生产企业许可证办理程序，强调了各级药品监管部门应当加强对注册人履行保证医疗器械质量、上市销售与服务、医疗器械不良事件监测与评价、医疗器械召回等义务情况的监督管理。《通知》的发布初步构建了医疗器械注册人制度的实施框架，医疗器械注册人制度试点工作具备了基本的制度遵循。

《通知》要求，各试点省级药品监管部门结合本地医疗器械产业和监管情况，在充分调研论证的基础上尽快制定试点工作方案。2019 年 10~12 月，21 个省（自治区、直辖市）按照《通知》要求先后印发医疗器械注册人制度试点工作方案，试点工作正式进入"快车道"。

2019 年 12 月，国家药监局复函同意吉林省开展医疗器械注册人制度试点工作。至此，全国参与第二类、第三类医疗器械注册人制度试点扩大至 22 个。

应当指出的是，医疗器械注册人制度包括注册人自行生产和委托生产 2 种模式。以上医疗器械注册人制度试点主要是指委托生产的情形，也是本文主要讨论的范围。

二、试点工作取得的初步成效

医疗器械注册人制度试点工作引起了社会广泛的关注和热烈的反响，产业界保持高度热情，积极参与试点工作。随着试点工作广度的不断扩大，配套政策的不断推出，已经开始释放促进产业发展、鼓励科技创新、落实主体责任等方面的"红利"。

（一）试点品种数量显著增长

截至 2021 年 5 月底，各试点省（自治区、直辖市）共计 227 个注册人的 1377 个产品按照医疗器械注册人制度试点获准上市。较 2019 年年底的 93 个，增长近 15 倍；较 2020 年 9 月的 552 个，增长近 2.5 倍。

（二）试点区域全面覆盖

22 个试点省（自治区、直辖市）均有注册人或受托生产企业参与试点成功案例。其中，注册人数量排名前八位的省（自治区、直辖市）分别是湖南、上海、重庆、江苏、浙江、广东、北京和天津。受托生产企业数量排名前八位的省（自治区、直辖市）分别是湖南、重庆、江苏、上海、广东、安徽、浙江和天津。

（三）试点品种类型丰富

试点产品覆盖了医疗器械注册的各种类型和情形，积累了宝贵的经验。按产品分类统计，有源医疗器械 209 个（占总数量的 15%），无源医疗器械 272 个（占总数量的 20%），体外诊断试剂 896 个（占总数量的 65%）。按产品管理类别统计，第二类医疗器械 1263 个（占总数量的 92%），第三类医疗器械 114 个（占总数量的 8%）。按是否跨省级行政区域试点数量统计，省内试点品种 1164 个（占总数量的 85%），跨省委托生产品种 213 个（占总数量的 15%）。按注册类型统计，通过首次注册上市品种 364 个（占总数量的 26%），已上市产品通过注册变更实现委托生产 1013 个（占总数量的 74%）。

（四）创新成果加速转化

鼓励医疗器械产品创新，推动医疗器械产业高质量发展是医疗器械注册人制度设立的重要目标之一。上海市第九人民医院研发的"定制式增材制造膝关节矫形器"，由上海交大知识产权管理有限公司作为注册人，委托上海昕健医疗技术有限公司生产，为科研人员、科研机构通过平台管理的方式实现技术创新成果转化探索了新路，进一步激发科研人员的创新热情。浙江省杭州众测生物科技有限公司的新型冠状病毒（2019-nCoV）核酸检测试剂盒（CRISPR 免疫层析法）、广东省深圳华大因源医药科技有限公司的新型冠状病毒（2019-nCoV）抗原检测试剂盒（荧光免疫层析法）均通过医疗器械注册人制度委托生产方式成功上市，为新型冠状病毒的快速检测提供了新的方法和手段。

（五）集团资源有效整合

集团内（含关联公司）的相关企业一般在同一套质量管理体系框架下运行，便于资源等要素的融合、整合，且集团内部专利保护方面的问题较少，这些便利条件使得集团内部试点成为医疗器械注册人制度试点批准产品中的重要组成部分。试点成功品种中，集团内委托生产产品 649 个（占总数量的47%），即近一半的集团内或关联企业通过注册人、备案人的方式实现委托生产。产业成熟度高的地区集团内试点成功比例更高，如长三角区域（上海、江苏、浙江、安徽）注册人集团内试点成功的比例占试点总数量的76%，广东省注册人集团内试点成功的比例占试点总数量的80%，充分体现了医疗器械注册人制度对促进集团资源优化整合方面的优势。又如，上海微创集团及其子公司共涉及 21 家注册人、16 家受托方，合计 50 个产品，跨 5 个省的生产模式。通过委托和受托生产，具备生产制造优势的子公司专注规模化生产、具备创新研发优势的子公司专注研发，有力促进了集团资源和创新要素的有效配置。

（六）监管措施不断完善

在医疗器械注册人制度试点工作实践中，为了进一步指导注册人委托生产条件下质量管理体系的建立和实施，多个试点省（自治区、直辖市）发布了系列配套文件，指导和规范注册人委托生产的质量管理。上海、天津、广东、安徽、福建、河北、黑龙江、湖北、吉林等省（自治区、直辖市）药监局发布了《医疗器械注册人委托生产质量管理体系实施指南》，细化了不同主体质量管理责任的划分，确保委托方和受托方质量管理体系的有效衔接。

上海、广东、天津、安徽、黑龙江、吉林、江苏等省（自治区、直辖市）药监局组织编写了《医疗器械注册人委托生产质量协议编制指南》，并印发了委托生产质量协议模板，指导注册人和受托生产企业在签订质量协议时需考虑的基本要素，以及明确双方在产品设计、开发、生产、售后、变更等整个医疗器械生命周期中的职责划分。

医疗器械注册人制度下，跨省监管一直是各方关注的热点问题。试点过程中对加强跨省监管协调，各地进行了一些有益的探索。2019 年 10 月，上海、江苏、浙江、安徽省（自治区、直辖市）药监局联合印发《长江三角洲区域医疗器械注册人制度试点工作实施方案》。2020 年 2 月，又联合印发《长江三角洲区域医疗器械注册人制度跨区域监管办法（试行）》，明确医疗器械注册人所在地省级药品监管部门和受托生产企业所在地省级药品监管部门的监管职责，为长三角区域医疗器械协同监管作出制度安排，并在此基础上建立了四地协调机制和信息平台，确保跨省试点工作顺利开展。2020 年 12 月，北京、天津、河北省（自治区、直辖市）药监局联合印发了《促进京津冀医疗器械注册人协同创新高质量发展的意见》。对在京津冀地区加强区域协同共治、落实事中事后监管、加快监管信息化建设等方面达成了共识，并建立了一系列的工作机制。

三、启示和思考

（一）医疗器械注册人制度的动因源自行业发展的本质需求

我国在 2014 年版《医疗器械监督管理条例》中就提出了注册人概念，但除创新医疗器械产品以外，其他还是实行产品注册和生产许可"捆绑"于同一主体的模式，即注册人、备案人本身需要具备最终产品的生产条件和能力，仅可将部分零部件或加工过程进行外部委托或外部加工。

随着医疗器械产业的创新发展和产业规模的不断扩大，社会分工不断细化，逐渐出现了以代加工为主要营利模式的"代工企业"。这种产业发展的新模式，与以往的管理制度之间产生了矛盾，各方都提出了参照国内外及相关行业管理经验、全面放开委托生产、将注册与生产"解绑"的呼声。

顺应产业发展的需求，新修订《医疗器械监督管理条例》（简称《条例》）第三十四条明确规定："医疗器械注册人、备案人可以自行生产医疗器械，也可以委托符合本条例规定、具备相应条件的企业生产医疗器械。委托生产医疗器械的，医疗器械注册人、备案人应当对所委托生产的医疗器械质量负责，并加强对受托生产企业生产行为的管理，保证其按照法定要求进行生产。"

上述内容所体现的管理理念和管理方式正是当今国际社会包括药品、医疗器械在内的众多领域通行的管理制度，是产业发展到一定阶段的必然选择。

（二）医疗器械注册人制度的核心在于注册人、备案人全生命周期质量管理

从各方反馈来看，普遍认为将注册与生产"解绑"有利于优化资源配置，鼓励医疗器械创新，推动医疗器械产业高质量发展。但"解绑"也意味着更多的相关方参与到其中，意味着权利、责任、义务的重新分配，如果没有一套行之有效的管理制度，"解绑"必将给产品的安全性、有效性带来不确定性因素，也必将给监管部门带来更大挑战。

正因如此，《条例》确立的医疗器械注册人制度的两大核心内容，构成了医疗器械注册人制度的"车之两轮"，确保"解绑"的同时能够守住底线，行稳致远。

一是确立了注册人、备案人应当加强医疗器械全生命周期质量管理，对研制、生产、经营、使用全过程中医疗器械的安全性、有效性依法承担责任。这一要求与国际通行的管理理念高度契合。它明确了责任主体，不论注册人、备案人通过自行或者委托等方式组织资源开展生产制造、销售经营等活动，都是以自己的名义将产品推向市场、获取利益，是产品的出品人和责任人，理应承担法律法规规定的医疗器械全生命周期质量安全管理责任。

二是明确了受托生产企业应当依照法律法规、医疗器械生产质量管理规范、强制性标准、产品技术要求和委托协议组织生产，对生产行为负责，并接受委托方的监督。这一要求是将国际经验与我国医疗器械监管实践相结合的结果。鉴于医疗器械产品生产等环节的重要性和复杂性，我国一直将医疗

器械生产企业、经营企业纳入监管范畴，并对生产第二类、第三类医疗器械产品的企业发放医疗器械生产许可证，生产第一类医疗器械产品的企业进行生产备案。在实施医疗器械注册人制度的背景下，《条例》保留了对于医疗器械受托生产企业的监管措施，既有利于掌握受托生产企业的信息，也有助于进一步加强对生产过程的监管，确保产品质量可控。

（三）医疗器械注册人制度的基础在于注册人和受托生产企业双方权责划分清晰

探索建立完善的注册人医疗器械质量管理体系，明确医疗器械注册人、受托人等主体之间的法律关系，构建责任清晰、风险可控的质量管理制度和体系是医疗器械注册人制度试点工作的另一项重要目标。

医疗器械注册人、备案人与受托生产企业产品质量管理责任的划分首先是通过签订质量协议的方式实现。质量协议是注册人、备案人与受托生产企业在委托生产过程中针对确保产品质量方面双方的权利、义务，在协商一致的基础上达成具有法律效力的书面文件。通过质量协议的签订，可以明确委托、受托双方在医疗器械产品实现的全过程中各自的质量管理责任、权利和义务，规范双方在实施医疗器械委托生产时各质量体系要素的划分，共同形成完整的质量管理体系。

质量协议一般应包含适用的范围、适用的法规、质量管理体系各要素方面的要求及双方职责。其中，质量管理体系各要素方面的要求是重点内容。例如，在文件控制方面，应考虑明确委托方应向受托方传递产品生产必需的相关质量文件，规定生产过程文件和记录的要求，并保持有效的控制。在产品控制方面，应考虑明确受托方负责成品的标识、取样测试和出厂放行，委托方负责产品的上市放行。在产品投诉和不良事件方面，应考虑明确委托方负责收集和保持投诉数据，必要时并启动调查，受托方负责配合调查原因，委托方负责不良事件的上报。

（四）医疗器械注册人制度的重点在于跨区域监管职责清晰、协同顺畅

从医疗器械注册人制度试点情况来看，建立以"品种属人、生产属地"为基础的区域监管模式是总体可行的。基于医疗器械注册人制度的核心要义，

注册人履行医疗器械全生命周期质量管理责任的监管应由注册人所在地药品监管部门负责。基于监管有效性和监管成本最小化，对于受托生产企业的日常监管应由受托生产企业所在地药品监管部门负责。受托生产企业所在地药品监管部门应当配合注册人所在地药品监管部门开展联合检查，接受注册人所在地药品监管部门的委托检查。对于监督抽验，注册人所在地药品监管部门负责监督抽验工作，可委托受托生产企业所在地药品监管部门配合进行抽验。对于行政处置，注册人所在地药品监管部门主要负责对注册人未履行相应质量管理责任进行处罚，受托生产企业所在地药品监管部门主要负责对受托生产企业不符合《医疗器械生产质量管理规范》等行为进行处罚。对于有因检查，双方可通过联合检查或委托检查方式发起。

　　监管部门可在上述原则的基础上，基于注册人和受托生产企业协议约定的职责，划分各自的监管职责。但委托生产的情况千差万别，且在投诉举报、有因检查、行政执法等方面存在各种复杂情形，监管工作可能会存在交叉的情形。基于此，一方面需要监管部门加强信息收集与共享，工作沟通和协调，形成运转顺畅的协同监管机制。另一方面，更应该强化对注册人、备案人履行全生命周期质量管理的监督管理，确保对医疗器械全生命周期、全链条的有效监管。

四、不足与建议

　　医疗器械注册人制度试点工作在整体上取得了预期的成效，积累了一定的经验，但也存在一些不足。

　　一是个别省（自治区、直辖市）在医疗器械注册人制度试点方案中的一些内容违背了试点的初衷和原则，不符合试点的要求。比如，某省方案中提出对参与试点的产品首次注册实施告知承诺审批，不进行实质审查；另某省方案中提出对跨省转移生产按照延续注册办理，不进行实质审查。这些都不是医疗器械注册人制度试点的内容，更不符合医疗器械注册人制度的核心要义。国家药监局对相关做法及时向相关省级药品监管部门提出，并要求及时修改试点方案，避免试点工作"走偏"。

　　二是跨省协同监管配合的效率和质量还有待提升。试点过程中，各地对跨省委托生产的程序和资料要求还存在一定的差异，跨省协同检查的程序还不够清晰，省级药品监管部门之间的沟通还不够顺畅，上市后监管要求还不够细化等。

针对《条例》确定的要求，根据试点工作所取得的成果和暴露的不足，有必要研究制定相应措施，统一和规范全国范围内医疗器械注册人制度的运行。进一步明确注册人、备案人、受托生产企业条件和责任义务、监管部门职责分工、办理程序和申报资料要求以及上市后监管要求等内容。

五、结语

《条例》已于 2021 年 6 月 1 日实施，医疗器械注册人制度正在全国范围推行。全面实施医疗器械注册人制度是《条例》的核心内容之一，既是产业的呼声，也是满足人民群众健康需求的需要。医疗器械企业、研制机构、药品监管部门和社会各界要深入学习、全面贯彻《条例》和各项配套法规，系统分析、全面管控新管理模式下可能出现的产品风险，全力以赴做好各项工作。可以期待，医疗器械注册人制度这项医疗器械监管的根本性制度，将在提升医疗器械质量安全保障水平的同时进一步激发产业活动，促进医疗器械创新和高质量发展。

（赵　阳　袁　鹏　王兰明）

引自《中国食品药品监管》杂志 2021 年第 7 期《医疗器械注册人制度试点工作概况及相关思考》

医疗器械唯一标识制度实施进展

2019 年 7 月，国家药品监督管理局会同国家卫生健康委员会开展医疗器械唯一标识系统试点工作，并于同年 8 月发布《医疗器械唯一标识系统规则》（简称《规则》），根据我国医疗器械唯一标识工作部署，首批 9 大类 69 个品种的医疗器械已于 2021 年 1 月 1 日开始实施医疗器械唯一标识制度，所有第三类医疗器械（含体外诊断试剂）将于 2022 年 6 月 1 日起实施医疗器械唯一标识制度。

一、2020~2021 年医疗器械唯一标识相关政策文件

医疗器械唯一标识制度是贯彻落实《医疗器械监督管理条例》（简称《条例》），切实推进治理高值医用耗材改革和深化医药卫生体制改革的重要举措，是创新监管方式、提升监管能力，实现社会共治和智慧监管的有力工具，是强化全生命周期精细化管理、促进产业高质量发展的重要手段，是我国医疗器械监管领域的一项基础制度。

自 2021 年 6 月 1 日起施行的《条例》第三十八条明确了"国家根据医疗器械产品类别，分步实施医疗器械唯一标识制度，实现医疗器械可追溯，具体办法由国务院药品监督管理部门会同国务院有关部门制定"。

2021 年 3 月，《中华人民共和国国民经济和社会发展第十四个五年规划和 2035 年远景目标纲要》发布，将稳步推进医疗器械唯一标识制度作为全面提高公共安全保障能力的重要举措。

2021 年 5 月，国务院办公厅印发《关于全面加强药品监管能力建设的实施意见》，提出逐步实施医疗器械唯一标识。加强药品、医疗器械和化妆品监管大数据应用，推进监管和产业数字化升级。

2021 年 6 月，《国务院办公厅关于印发深化医药卫生体制改革 2021 年重

点工作任务的通知》发布，要求"推进统一的医保药品、医用耗材分类与编码标准。推进医疗器械唯一标识在监管、医疗、医保等领域的衔接应用"。

2021 年 9 月，《国家药监局 国家卫生健康委 国家医保局关于做好第二批实施医疗器械唯一标识工作的公告》发布，全部第三类医疗器械（含体外诊断试剂）将于 2022 年 6 月 1 日起实施医疗器械唯一标识。

2021 年 12 月，国家药监局等 8 个部门联合印发《"十四五"国家药品安全及促进高质量发展规划》，明确提出"逐步实施医疗器械唯一标识，完善医疗器械唯一标识数据库，加强在上市后监管、医疗管理、医保管理等领域的衔接应用"，将医疗器械唯一标识制度作为加强智慧监管体系和能力建设的重要手段。

二、医疗器械唯一标识制度实施现状

1. 医疗器械唯一标识制度实施总体情况

自 2021 年 1 月 1 日起首批 9 大类 69 个品种实施医疗器械唯一标识以来，医疗器械注册人积极按照《规则》和相关要求开展医疗器械唯一标识的赋码和数据上传工作，部分医疗器械生产企业积极扩大实施的品种范围，主动将疫情防控相关医疗器械提前实施医疗器械唯一标识。我国医疗器械唯一标识数据库（UDID）中的数据量已从实施初期的 30 万条上升到 110 万条主数据（截至 2022 年 1 月）[1]。相比美国唯一标识数据库，FDA 于 2013 年 9 月 24 日发布医疗器械唯一标识法规，截至 2014 年 9 月 24 日（Ⅲ类医疗器械合规日期），其全球医疗器械唯一标识数据库（GUDID）主数据 3.4 万条；截至 2015 年 9 月 24 日（植入物/生命维持/生命维护合规日期），GUDID 主数据 50 万条；截至 2016 年 9 月 24 日（Ⅱ类医疗器械合规日期），GUDID 主数据 100 万条[2]；目前美国Ⅱ类和Ⅲ类医疗器械已经全部实施唯一标识，GUDID 主数据近 320 万条[3]。目前我国实施唯一标识制度仅一年时间，UDID 主数据量已达到美国 GUDID 中现有数据量的 1/3，实施同期数据量远高于美国。

截至 2022 年 1 月，我国符合相关要求的医疗器械唯一标识发码机构有中国物品编码中心、中关村工信二维码技术研究院和阿里健康科技（中国）有限公司，对应的编码标准分别为 GS1、MA 码和 AHM。从我国 UDID 中发码机构的选择上看，绝大多数企业使用了 GS1 和 MA 码，如图 1-1-4 所示，其中 UDID 中使用 AHM 标准的主数据主要由生物制药企业上传，沿用了原电子监管码的体系。从医疗器械的类别来看，UDID 的主数据器械占 96%，体外诊断试剂占 4%，如图 1-1-5 所示。

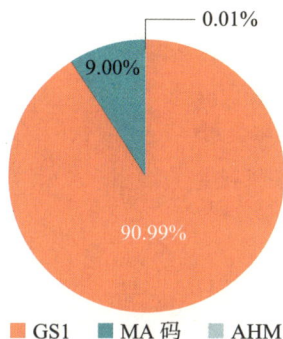

图 1-1-4　各发码机构在 UDID 中所占比例

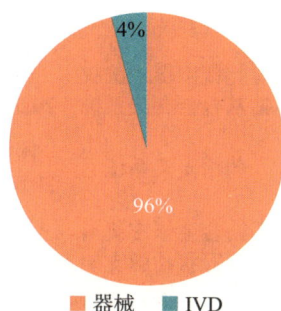

图 1-1-5　UDID 中器械和体外诊断试剂所占比例

2. 集中带量采购产品实施情况

2020 年 11 月，国家医疗保障局组织对冠脉支架实施集中带量采购，10 个中选品种包括国产产品 7 个，进口产品 3 个。同期，《国家药监局综合司关于加强国家集中带量采购中选冠脉支架质量监管工作的通知》要求全面落实企业质量安全主体责任，并按照国家医疗器械唯一标识相关文件要求做好产品标识，建立健全冠脉支架产品的追溯体系，切实做好产品召回、追踪追溯等有关工作。截至 2022 年 1 月，所有中选产品均已将相关产品信息上传至 UDID，其中 6 个产品已在 UDID 中完善了医保医用耗材分类与代码信息（表 1-1-1），有效地助推了唯一标识在监管、医疗、医保等领域的衔接应用。

表 1-1-1　国家组织冠脉支架集中带量采购中选品种医疗器械唯一标识实施情况

序号	产品名称	注册证号	企业名称	UDI-DI数量	上传医保医用耗材分类与代码
1	药物涂层支架系统（雷帕霉素）	国械注准20173461407	山东吉威医疗制品有限公司	76	否
2	药物洗脱冠脉支架系统	国械注准20193131802	易生科技（北京）有限公司	35	否
3	冠脉雷帕霉素洗脱钴基合金支架系统	国械注准20163462305	上海微创医疗器械（集团）有限公司	45	是

续表

序号	产品名称	注册证号	企业名称	UDI-DI数量	上传医保医用耗材分类与代码
4	钴基合金雷帕霉素洗脱支架系统	国械注准20173460564	乐普（北京）医疗器械股份有限公司	44	是
5	药物洗脱冠脉支架系统	国械注进20163460682	美敦力公司	48	是
6	冠脉雷帕霉素洗脱钴基合金支架系统	国械注准20203130662	上海微创医疗器械（集团）有限公司	45	是
7	药物支架系统	国械注准20163461174	深圳市金瑞凯利生物科技有限公司	40	否
8	铂铬合金依维莫司洗脱冠状动脉支架系统	国械注进20153130608	波士顿科学公司	47	是
9	依维莫司洗脱冠状动脉支架系统	国械注进20173466661	波士顿科学公司	47	是
10	冠状动脉钴铬合金可降解涂层雷帕霉素药物洗脱支架系统	国械注准20163460595	万瑞飞鸿（北京）医疗器材有限公司	29	否

3. 全国各地医疗器械唯一标识实施情况

从 2019 年 7 月国家药监局联合国家卫生健康委员会开展医疗器械唯一标识试点工作以来，各参与试点省（区、市）积极探索，为医疗器械唯一标识实施积累了宝贵经验，天津市药监局会同天津市卫生健康委、医保局推进"三医联动"新模式，建立唯一标识可追踪系统与市医保局采购平台、医疗机构业务系统串联，打破信息孤岛，实现医疗器械审评审批、日常监管、临床应用、采购流向、价格监测、医保结算等信息平台互联互通。上海市药监局抓辖区制度、抓试点范围、抓数据质量、抓拓展应用，持续扩大试点品种范围，覆盖不同种类、不同风险等级医疗器械，严把数据质量关，积极推进拓展应用，探索建立基于唯一标识的医疗器械生产、流通、使用、监管协同一体化全链条数据应用模式，创造性开展唯一标识拓展应用。福建省药监局联合福建省卫生健康委、医保局建立唯一标识试点协作工作机制，应用唯一标识强化医疗器械监管、临床使用管控、医保用械监督，大力促进医疗器械产业高质量发展，探索全域医疗器械监管、生产、流通、使用全环节"一码联通"。当前，许多省（区、市）在国家现行法规要求的基础上，强化与卫生健康、医保等部门沟通协调，扎实推进医疗器械唯一标识的实施，积极探索医疗器械唯一标识在医药、医疗、医保等领域的拓展应用，持续提升医疗器械全生命周期全链条管理效能。

4. 医疗器械唯一标识实施示范推广

自 2021 年 1 月 1 日首批医疗器械唯一标识实施以来，医疗器械唯一标识已在医疗器械生产、流通、使用全链条各环节有效应用，有力助推了医疗器械从源头生产到临床使用全链条联动。为进一步推广医疗器械唯一标识实施示范应用，国家药监局积极推动唯一标识实施示范单位遴选工作，并于 2022 年 1 月公布了首批 15 家医疗器械唯一标识实施示范单位，包括 7 家注册人、2 家经营企业和 6 家使用单位。从地域分布上看我国医疗器械产业较发达的京津冀、长三角和珠三角地区共有 10 家单位入选；从企业分布上看，以大型企业和医院为主，同时兼顾了部分高值医用耗材企业和专科医院。通过建立涵盖医疗器械生产、流通、使用环节的唯一标识实施示范单位，能以点带面、以面扩域，扎实推进医疗器械唯一标识制度有效实施。

三、医疗器械唯一标识制度实施中面临的难点和挑战

从《医疗器械唯一标识系统规则》发布和第一批 9 大类 69 个品种医疗器械唯一标识实施以来，生产、流通和使用各环节高度重视、稳步推进并探索各环节之间的关联应用，取得了较好的效果。但在具体的实施过程中，尚面临对法规文件的理解、标准执行及生产标识组成等诸多难点和挑战。

1. 部分企业对医疗器械唯一标识实施认识不足

《规则》发布后，虽然在国家和各省（区、市）药品监管部门分别开展了大量医疗器械唯一标识制度的宣贯工作，医疗器械唯一标识试点实施和首批实施产品取得了较好的成效，但仍然有部分企业，特别是中小型企业对医疗器械唯一标识的重要性认识存在不足，有的尚不熟悉医疗器械唯一标识相关法规文件要求，有的混淆了医疗器械唯一标识的试点和实施，以为目前医疗器械唯一标识制度仍处于试点阶段。实际上，2019 年 7 月开始的国家药监局联合国家卫生健康委员会开展医疗器械唯一标识系统试点工作，已于 2020

年 12 月底结束，目前首批 9 大类 69 个产品已经实施，所有第三类医疗器械（含体外诊断试剂）将于 2022 年 6 月 1 日起实施，还将分步积极推进其他品种实施医疗器械实施唯一标识。因此所有企业应高度重视，积极准备和有效开展唯一标识的实施，可根据各地的具体部署，在现有实施品种的基础上扩大品种范围。

2. 一定时间内仅部分产品有码

由于医疗器械唯一标识涉及面广，借鉴国际实施经验，我国采取了类似的分步推进方式，2021 年 1 月 1 日起，首批 9 大类 69 个品种的第三类医疗器械实施唯一标识，2022 年 6 月 1 日起，全部第三类医疗器械（含体外诊断试剂）将实施医疗器械唯一标识，对于医疗器械使用单位，将在一定时间内面临仅有部分产品有码的现象[4]。当前部分医院仅将医疗器械唯一标识作为关联其内部编码的工具，入院产品会重新赋予医院的条码用于扫描结算；另有部分医院对未实施的品种赋予类似医疗器械唯一标识的条码，入院耗材全部按照医疗器械唯一标识的规则进行扫描和结算。无论采用哪种方案，仅部分产品有码的现状可能会影响下游流通使用环节应用医疗器械唯一标识的积极性。

3. 特定产品医疗器械唯一标识的实施

医疗器械种类繁多，对于特定种类的医疗器械产品如独立软件、医疗器械包、可重复使用医疗器械等，如需在医疗器械流通和使用环节充分识别，需要有其特定的实施要求。例如对于以下载形式提供的独立软件，通常需要在产品说明界面提供医疗器械唯一标识信息；而对于可重复使用的医疗器械，应采取本体直接标识的方式能够更好地帮助医疗器械使用单位在再处理后识别该产品[5]。随着医疗器械唯一标识制度逐步实施，特定种类医疗器械产品唯一标识实施面临的问题也将逐步显现，应积极应对，及时予以进一步规范并形成行业共识。

4. 多码并行和发码机构标准的执行

我国医疗器械唯一标识制度采取符合相关法规和要求的多家发码机构并行的方式，目前有中国物品编码中心、中关村工信二维码技术研究院和阿里健康科技（中国）有限公司可供采用，对应的编码标准分别为 GS1、MA 码和 AHM，医疗器械注册人／备案人选择特定的发码机构后，按照发码机构的标准创建和赋予医疗器械唯一标识[6]。这种多码并行的方式能直接有效地避免市场垄断，同时也给予企业最大的容纳度自主选择最低成本的编码类型，但需要在一定的技术支持下和对各个编码系统实现无障碍转化的前提下，才能实现较好的监管。而目前部分企业对发码机构标准理解有的尚不到位，出现医疗器械唯一标识无法识读的情况，影响了企业的实施热情。

5. 唯一标识的颗粒度

医疗器械唯一标识能够视具体的情况满足规格型号、批次和单个产品三个层次的识别需求，但在实际应用环节各方对医疗器械的识别存在差异。医疗器械大多按照批次生产控制，注册人、备案人通常标识到批次，但对医疗器械使用单位来讲，由于使用单位精细化管理的原因，通常有单个产品序列号化管理需求。当前，既存在部分医院为此类产品重新编制院内序列号码的情况，又存在注册人、备案人为满足客户需求额外添加序列号字段的现象，增大了各方的实施成本。医疗器械产品具备多样性，没必要对所有产品都标识到单个产品，但对于某些特定类型的医疗器械，医院一般有更精细化的管理需求，建议各方加强沟通协调，在满足客户需求的同时避免不必要的投入[7]。

6. 医疗器械唯一标识中生产标识的组成

医疗器械唯一标识由产品标识和生产标识组成，其中生产标识由医疗器械生产过程相关信息的代码组成，根据监管和实际应用需求，可包含医疗器械序列号、生产批号、生产日期、失效日期等，是医疗器械唯一标识的重要组成部分。由于医疗器械种类繁多，并非所有医疗器械都包含以上4个部分，考虑到可实施性，相关法规并未对生产标识必须包含的内容进行限定。医疗器械经营企业和使用单位通常需要在日常工作流程中记录产品的序列号、生产批号、生产日期和失效日期（如标签上存在以上信息），通过扫码的形式快速获取能够极大地提高记录的效率和准确度。但部分企业在实施过程中，认为生产标识部分为可选或者各组成部分可以随意选择，给下游各环节的实施和应用带来了诸多不便[8]。

7. 医疗器械唯一标识的包装实施

医疗器械唯一标识制度设计考虑了多级包装的形式，通过对医疗器械产品最小销售单元和更高级别的包装赋码并将各级包装的编码关联起来，从而实现扫描任何一个层级包装都能够获得医疗器械产品的信息以及该包装中包含的医疗器械的数量[9]。在实施过程中，有的企业未能准确理解医疗器械唯一标识的包装相关概念，将所有包装层级都用同一产品标识，导致医疗器械的错误识别；对于部分具有多级包装且标识到序列号的医疗器械，企业缺乏建立包装间关联关系的手段，导致下游各环节实施和应用医疗器械唯一标识存在一定困难。

四、建议

随着我国医药卫生体制改革进入深水区，医用耗材带量采购逐渐铺开，各环节对医疗器械精细化管理的需求将不断增加。医疗器械唯一标识作为在医疗器械全生命周期串联物流和信息流的工具和载体，能够有效地避免各环节自行编码的现状，避免信息孤岛，极大地节约了社会资源。各环节信息化改造是一个大工程，需要顶层设计，如各方在实施初期不采用标准化的方式，后期改造可能会更加困难。

建议医疗器械注册人、备案人尽早实施，特别是高值医用耗材企业，应严格按照发码机构的标准创建医疗器械唯一标识和按要求上传数据库。医疗器械流通企业和使用单位在各环节扫码入库，运用正确的标准识别和解析医疗器械唯一标识相关信息，并同时为尚未实施的医疗器械产品保留接口，待全面实施后统一使用医疗器械唯一标识进行管理。技术研究部门应及时了解实施中遇到的难点和问题，深入研究，及时制定相应的标准，规范和指导唯一标识的实施。发码机构根据企业需求，认真指导医疗器械注册人、备案人开展医疗器械唯一标识创建、赋码工作，并验证按照其标准编制的医疗器械唯一标识在流通、使用环节可识读性。行业协会应积极做好医疗器械唯一标识的普及，并根据企业需要，组织提供相关的第三方数据服务及追溯体系建设服务。

（易　力　孟　芸　余新华*）

引自《中国食品药品监管》杂志 2022 年第 5 期《我国医疗器械唯一标识制度实施进展和面临的挑战》

参考文献
请扫描二维码查阅

人工智能医疗器械监管研究进展

人工智能医疗器械具有自身特性，特别是当前代表产品所用深度学习技术具有黑盒特性，存在可解释性差等问题，其监管问题已成为国际医疗器械监管领域的研究焦点之一[1-5]，亟需加强监管研究。

2019 年 7 月，我国成立人工智能医疗器械创新合作平台，以促进人工智能医疗器械监管研究；同时在全球率先发布《深度学习辅助决策医疗器械软件审评要点》[6]，明确人工智能医疗器械审评关注重点，引发国际广泛关注。2020 年至今，我国大力推进人工智能医疗器械监管研究，积极参与国际医疗器械监管机构论坛（IMDRF）人工智能医疗器械工作组、国际电信联盟 / 世界卫生组织医学人工智能焦点组（ITU/WHO Focus Group on Artificial Intelligence for Health）等国际监管协调工作；先后制定和发布多项相关指导原则、审评要点和行业标准[7-15]，陆续批准 20 余项第三类深度学习辅助决策类独立软件产品上市，标志着我国人工智能医疗器械监管研究已取得阶段性成果。

时值医疗器械监督管理新法规实施之际，及时对人工智能医疗器械监管研究进行总结和展望，不仅有利于提升监管能力和水平，持续推进人工智能医疗器械监管研究，而且有利于指导注册申请人做好产品质控工作，切实促进人工智能医疗器械产业健康发展。

一、人工智能医疗器械的监管挑战

人工智能医疗器械是采用人工智能技术实现其医疗用途的医疗器械，其监管挑战主要源自于人工智能技术所具有的特性。

人工智能技术具有快速迭代特性，特别是基于数据的算法。算法更新对于人工智能医疗器械安全性和有效性的影响具有不确定性，可能会提升产品性能，也可能会降低产品性能，甚至导致产品召回。若每次算法更新均需变更注册，不仅会大幅增加注册人负担，而且会占用大量监管资源。如何规范人工智能医疗器械算法更新的监管要求，是监管研究的重点。

人工智能技术需要高质量医学数据进行算法训练，尤其是基于数据的算法。由于受多方面客观条件的限制，算法训练所用数据存在数据质量不高、数据量不足、数据多样性不够、数据分布不合理等问题，易引入算法偏倚，降低算法泛化能力，导致产品难以在临床落地。如何控制人工智能医疗器械的算法偏倚以保证算法泛化能力，需要深入研究。

人工智能技术包含黑盒算法，黑盒算法可解释性差。由于医疗决策路径复杂，存在不确定性和开放性，故因果性对于医疗决策至关重要。而黑盒算法仅是反映输出与输入的相关性而非因果性，难以与现有医学知识建立有效关联，用户知其然不知其所以然，不利于后续医疗决策。如何提升人工智能医疗器械所用黑盒算法的透明度以增强可解释性，亦需加强研究。

此外，人工智能技术包含多种算法，不同算法虽有不同技术特征，但相互之间存在着交叉、包含等关系，没有清晰严格的划分界线。同时，不同算法在医疗场景应用的情况和程度也不同，存在着单独使用、组合使用等情况，划分界线也不清晰。这些模糊性使得人工智能医疗器械的监管范围难以确定。

二、人工智能医疗器械的监管思路

人工智能医疗器械从医疗器械软件角度可分为人工智能独立软件（软件本身即为医疗器械，SaMD）和人工智能软件组件（医疗器械内含的软件，SiMD），二者虽存在技术差异，但软件生存周期过程质控原则相同，故监管要求基本一致。

人工智能医疗器械作为医疗器械软件的子集，亦属于数字医疗（Digital Health）范畴，其监管思路遵循数字医疗监管的框架和原则，同样采用基于风险的全生命周期管理方法进行监管，同时兼顾国际监管经验和技术发展趋势。

基于风险是指人工智能医疗器械的监管要求取决于其风险水平，风险水平越高监管要求越严，其风险水平采用软件安全性级别进行表述，分为轻微、中等、严重三个级别，可结合人工智能医疗器械的预期用途、使用场景、核心功能进行综合判定[8]。全生命周期管理是指在医疗器械质量管理体系框架下，明确人工智能医疗器械生存周期过程质控要求，涵盖上市前和上市后监管要求[8, 16-19]，并可参考良好机器学习实践（GMLP）进行完善[20]。

同时，需要将国际监管经验和中国国情相结合，综合考虑人工智能医疗器械的监管要求。不同国家的国情不同，医疗器械监管的范围、模式、资源、条件等方面均有所不同，因此国际监管经验可以参考借鉴，但不能简单照搬照抄。比如，美国FDA正在制定"预定变更控制计划"用于控制人工智能独立软件的更新，待成熟时扩至人工智能软件组件，其核心思想是取消原有"算法锁定"要求，制造商可在经美国FDA批准的软件预定更新计划下进行软件更新而无需重新申请注册[2-3]。由于软件预定更新计划所含内容可能涉及重大软件更新，按照我国现行法规要求需要申请变更注册[21]，因此"预定变更控制计划"在我国存在法规冲突，难以完全实施。再比如，美国FDA正在试点"软件预认证"项目，尝试将独立软件监管模式由基于产品改为基于制造商质量与组织卓越文化（Culture of Quality and Organizational Excellence，CQOE），也适用于人工智能独立软件，后续将扩至软件组件[22]。"软件预认证"在优化产品上市流程等方面虽有参考借鉴价值，但从产品上市角度类似于我国已取消的免检产品项目，不适合当前国情。

此外，需要结合人工智能技术发展趋势，稳妥考虑人工智能医疗器械监管要求。采用传统人工智能技术的医疗器械已有众多产品获批上市，需要考虑监管要求的延续性，不能置之不顾推翻重来。采用深度学习技术的医疗器械是当前人工智能医疗器械的代表产品，并且处于快速发展阶段，可作为切入点予以重点研究。采用人工智能新技术的医疗器械处于研发阶段，亦需提前开展监管研究，做好技术储备以应对新挑战。

三、人工智能医疗器械的监管考量

围绕人工智能医疗器械所面临的监管挑战，基于人工智能医疗器械的监管思路，人工智能医疗器械监管研究在分类界定、技术审评、体系核查等方面取得相应进展。

（一）分类界定

人工智能医疗器械需要明晰分类界定原则、确定监管范围。因其属于医疗器械软件子集，故可参考医疗器械软件的分类界定原则，结合其自身特性予以考虑。独立软件是否作为医疗器械管理，通常结合预期用途、核心功能进行判定，管理类别主要基于风险水平进行判定[23-26]。软件组件作为医疗器械的组成部分，其管理类别通常与所属医疗器械相同，特殊情况参考独立软件分类界定情况并按风险从高原则进行判定。下面以独立软件为例进行重点讨论。

由于医学知识的真伪优劣评判不属于医疗器械监管范围，故基于知识管理的医学人工智能软件不是人工智能独立软件，其代表产品是采用自然语言处理（NLP）技术对电子病历的文本信息进行处理分析，生成知识图谱或量表并以此为基础向用户提供医疗决策建议。此类软件的预期用途、核心功能与人工智能独立软件类似，需要引入易于操作的分类界定新维度加以区分。考虑到人工智能独立软件的处理对象基于医疗器械数据（即医疗器械产生的用于医疗用途的客观数据），而此类软件的处理对象基于非医疗器械数据，并且处理对象概念清晰易于操作，故可引入处理对象作为分类界定新维度。因此，医学人工智能软件是否为人工智能独立软件，需结合其预期用途、核心功能、处理对象进行综合判定[9]。

人工智能独立软件的管理类别判定需要基于其风险水平，兼顾已上市产品的监管延续性。风险水平可从预期用途、算法成熟度两个维度细化，其中预期用途可分为辅助决策和非辅助决策，前者提供医疗决策建议，后者提供医疗参考信息，前者风险高于后者；算法成熟度可分为成熟算法和全新算法，前者是指算法安全性和有效性已在医疗应用中得到充分证实，后者是指算法未上市或其安全性和有效性尚未在医疗应用中得到充分证实，后者潜在风险多于前者。全新算法若用于辅助决策按第三类医疗器械管理，若用于非辅助决策按第二类医疗器械管理；成熟算法无论何种预期用途管理类别保持不变，以保证监管延续性[8-9]。

（二）技术审评

人工智能医疗器械的技术审评不仅要考虑人工智能医疗器械指导原则要求[8]，而且要考虑数字医疗等相关指导原则要求，包括但不限于医疗器械软件、医疗器械网络安全、医疗器械人因设计、移动医疗器械、医疗器械临床评价、医用软件通用名称命名等指导原则[27-32]。

技术审评主要结合算法特征和产品特性，综合权衡风险和受益，系统评价安全性和有效性。算法特征不同，评价重点也不同，比如，黑盒算法可解释性劣于白盒算法，需要关注其可解释性提升问题；有监督学习数据标注要求高于无监督学习，需要关注其数据标注质控问题；基于数据的算法对于训练数据量的要求高于基于模型的算法，需要关注其数据质控问题。产品的预期用途、使用场景不同，即使采用同一算法，其产品特性亦不同，评价亦有所侧重。风险主要关注过拟合和欠拟合等算法风险，以及假阴性和假阳性等医疗决策风险，进口产品还需考虑中外差异风险。系统评价需结合算法训练、算法性能评估、临床评价等结果对产品的适用范围、使用场景、核心功能进行规范和必要限制，对于前期已开发且不满足要求的产品允许开展差距分析并采取补救措施。

在算法更新控制方面，将算法更新分为算法驱动型更新和数据驱动型更新并区分要求，前者是指算法发生实质性变化或者重新训练，属于重大软件更新，需申请变更注册；后者是指仅由训练数据量增加而发生的算法更新，若算法性能评估结果与前次注册相比存在统计学差异则属于重大软件更新，需申请变更注册，反之属于轻微软件更新，无需申请变更注册，通过质量管理体系进行控制，待下次变更注册时提交相应注册申报资料，即无需"算法锁定"。同时，通过软件版本命名规则进行算法更新控制，软件版本命名规则需涵盖算法驱动型更新和数据驱动型更新，列举重大算法更新常见典型情况，在方法学上实与"软件预定更新计划"相同，但更早实施。

在算法泛化能力保证方面，训练数据需结合目标疾病流行病学特征，尽可能来源于多家、多地域、多层级的代表性临床机构，以及多家、多种、多参数的代表性采集设备，从而提高数据充分性和多样性，从源头保证算法泛化能力。算法训练需提供训练数据量–评估指标曲线等证据，持续监测算法泛化能力。算法验证所用测试集需不同于训练集，以客观评价算法泛化能力，并可结合压力测试和对抗测试深入评价算法泛化能力。算法确认需保证临床评价数据集不同于训练数据集，机构数量尽可能多，地域分布尽可能广泛，以全面评价算法泛化能力[6]。上市后亦需在真实世界持续开展算法泛化能力研究。

在黑盒算法可解释性提升方面，算法设计需对黑盒算法开展算法性能影响因素分析，研究影响算法性能的主要因素及其影响程度，根据分析结果明确产品使用限制，并在说明书中予以警示和提示，以提升算法可解释性。同时，明确算法开发生存周期过程质控要求，以提升算法透明度。此外，建议与现有医学知识建立关联，以进一步提升算法可解释性。

此外，在人工智能新技术应对方面，针对当前处于研发阶段尚无产品注册的人工智能新技术，仅作原则性要求，提供算法基本信息、算法选用依据和算法验证与确认资料即可，预留监管空间。在算法评价方法方面，提出可基于测评数据库进行算法确认，测评数据库需满足权威性、科学性、规范性、多样性、封闭性、动态性等要求，公开数据库因不具备封闭性而不能用作测评数据库，但可用于算法性能评估或算法训练。

（三）体系核查

人工智能医疗器械的体系核查需要基于医疗器械生产质量管理规范、独立软件附录（软件组件参照执行，含网络安全）及其现场检查指导原则[16-18]，并可参考人工智能医疗器械指导原则相关要求，其以有监督深度学习为例明确了人工智能医疗器械生存周期过程质控要求，涵盖需求分析、数据收集、算法设计、验证与确认、更新控制等阶段[8]。

考虑到有些注册申请人刚进入医疗器械行业，对于质量管理体系文档化要求的认识和理解不到位，着重加强体系记录的要求，包括数据采集质量评估、数据标注质量评估、数据扩增、算法更新等方面。

数据质控对于保证产品质量至关重要，特别是基于数据的算法，因此着力规范数据质控要求，明确并细化数据采集、数据整理、数据标注、数据集构建等环节质控要求，涵盖人员、过程、结果等方面。

算法更新质控是体系核查的重点，特别是对数据驱动型更新，因其轻微软件更新主要通过质量管理体系进行控制。以算法更新与软件版本命名规则的匹配性作为切入点，将是算法更新体系核查的基本方法。

算法可追溯性分析作为算法质量保证的重要方法，也是体系核查的重点，需追溯算法需求、算法设计、算法实现（即源代码）、算法测试、算法风险管理的相互关系。算法更新亦需开展算法可追溯性分析。

四、人工智能医疗器械的监管研究展望

我国人工智能医疗器械监管研究虽已取得阶段性成果，但所面临的监管挑战依然存在且将长期存在，一是现有挑战尚未全部得到根本解决，二是人工智能新技术层出不穷，亦会带来新挑战，因此需要持续推进监管科学研究，进一步提升国际竞争力和话语权。

持续学习/自适应学习具备自学习能力，此时用户亦成为产品开发者，与注册申请人共同承担法律责任和质量责任，同时算法更新迭代速度更快，用户不同算法更新情况亦不同，对于产品安全性和有效性的影响具有高度不确定性，因此当前限定持续学习/自适应学习仅可用于算法训练或医学研究，不得用于医疗决策。从长远角度来看，需要从法规、产品质量评价等方面深入研究其监管模式，明确注册申请人和用户的责任划分，利用年度报告等制度及时、精确评价算法更新影响[33]。

人工智能医疗器械安全有效性评价体系亦需全面研究。一是大力推进重点产品指导原则和审评要点的制修订，与人工智能医疗器械产品发展趋势相匹配，不断完善人工智能医疗器械指导原则体系的构建工作。二是充分利用真实世界数据客观评价人工智能医疗器械的算法泛化能力[34]，实现全生命周期闭环监管。三是继续探索测评数据库的评估要求和作用价值，测评数据库具有封闭性，注册申请人无法直接评估，需要结合医疗器械主文档登记事项予以评估[35]，在此基础上进一步探索测评数据库在产品质量评价中的作用和价值。

有些人工智能医疗器械预期在基层医疗机构使用，由于基层医疗机构不具备医疗器械临床试验机构的备案条件[36]，故这些产品难以在真实临床场景下开展临床试验进行算法确认，影响产品质量评价结果。以基层医疗机构的业务主管医疗机构作为临床试验的牵头单位或许是解决方法。

随着人工智能新技术的快速发展，人工智能医疗器械新产品形态也会出

现，其监管的范围、模式和方法可能均需调整，分类界定、技术审评、体系核查等方面具体工作的关注重点亦需随之调整，这样方能及时、有效地解决人工智能新技术所带来的监管挑战。

（彭　亮* 孙　磊）

引自《中国食品药品监管》杂志 2022 年第 2 期《人工智能医疗器械监管研究进展》

参考文献
请扫描二维码查阅

第二节　注册相关工作报告

2021 年度医疗器械注册工作报告

2021 年，国家药监局以习近平新时代中国特色社会主义思想为指导，深入学习贯彻党的十九大及十九届历次全会精神，全面落实中央经济工作会议精神，按照习近平总书记"四个最严"要求，在确保产品安全有效基础上，统筹推进疫情常态化防控和医疗器械注册管理工作，加快构建与高质量发展相适应的医疗器械注册管理体系，助推产业创新发展。

一、医疗器械注册工作情况

（一）全力保障疫情防控大局

继续做好新冠疫情防控应急审批工作，2021 年国家局共批准 14 个新冠病毒检测试剂，截至 2021 年年底，共批准新冠病毒检测试剂 68 个（包括 34 个核酸检测试剂、31 个抗体检测试剂、3 个抗原检测试剂），产能达到 5130.6 万人份 / 天，为常态化疫情防控工作提供了有力保障。启动新冠病毒突变株监测和试剂检出能力评估工作，确保已批准试剂对新冠病毒突变株的检测质量。

此外，国家药监局还批准了基因测序仪、核酸检测仪、呼吸机和血液净化装置等 16 个仪器设备。截止 2021 年底，共批准 108 个新冠疫情防控医疗器械产品。（详见附件 1）

《新型冠状病毒核酸检测试剂盒质量评价要求》等 5 项国家标准获批发布，完成了国际标准《医用电气设备第 2-90 部分 高流量呼吸治疗设备基本安全和基本性能》立项和起草工作，该标准于 2021 年 8 月 30 日正式在国际电工技术委员会（IEC）和国际标准化组织（ISO）网站上发布，这是由我国提出并负责完成的首个新冠肺炎疫情防控医疗器械国际标准。

（二）构建医疗器械注册管理法规体系新框架

发布《医疗器械注册与备案管理办法》（市场总局令第 47 号）《体外诊断试剂注册与备案管理办法》（市场总局令第 48 号）2 部规章。发布《关于实施〈医疗器械注册与备案管理办法〉〈体外诊断试剂注册与备案管理办法〉有关事项的通告》（2021 年第 76 号），明确过渡期医疗器械注册工作要求。

发布《关于公布医疗器械注册申报资料要求和批准证明文件格式的公告》（2021 年第 121 号）、《关于公布体外诊断试剂注册申报资料要求和批准证明文件格式的公告》（2021 年第 122 号）等 2 份申报资料要求，指导注册申请人准备注册申报资料。

发布医疗器械和体外诊断试剂临床试验、临床评价等 9 个指导原则，包括：《关于发布免于临床试验的体外诊断试剂临床评价技术指导原则的通告》（2021 年第 74 号）、《关于发布体外诊断试剂临床试验技术指导原则的通告》（2021 年第 72 号）、《关于发布医疗器械临床评价技术指导原则等 5 项技术指导原则的通告》（2021 年第 73 号）（包含医疗器械临床评价技术指导原则、决策是否开展医疗器械临床试验技术指导原则、医疗器械临床评价等同性论证技术指导原则、医疗器械注册申报临床评价报告技术指导原则、列入免于临床评价医疗器械目录产品对比说明技术指导原则共 5 个指导原则）、《关于发布医疗器械临床试验数据递交要求等 2 项注册审查指导原则的通告》（2021 年第 91 号），科学设置医疗器械临床评价要求。发布《关于发布免于临床试验体外诊断试剂目录的通告》（2021 年第 70 号）、《关于发布免于临床评价医疗器械目录的通告》（2021 年第 71 号）对 423 个体外诊断试剂、1010 个医疗器械免于临床试验、临床评价。

发布《境内第三类和进口医疗器械注册审批操作规范》（国药监械注〔2021〕53 号）、《境内第二类医疗器械注册审批操作规范》（国药监械注〔2021〕54 号）等 2 份操作规范，规范各级药品监管部门注册审批工作。

发布《医疗器械注册自检管理规定》的公告（2021 年第 126 号），明确医疗器械注册自检工作管理要求。

发布《医疗器械应急审批程序》，总结新冠疫情防控经验，完善医疗器械应急审批要求。

发布《体外诊断试剂分类规则》（2021 年第 129 号），指导体外诊断试剂分类工作。

　　相关文件按照习近平总书记"四个最严"要求，充分落实两办42号文件意见，吸纳审评审批制度改革成果，全面落实注册人制度、科学设置评价要求、鼓励创新发展，从申报资料要求、程序、操作规范、临床评价、产品检验等多方面进行了详细规定，逐一落实新《条例》注册管理要求，搭建起了新的注册管理法规体系。

　　文件列表见附件2。

（三）鼓励医疗器械产业高质量发展

　　持续鼓励医疗器械创新发展，批准冠脉血流储备分数计算软件等35个创新医疗器械上市（见附件3），至2021年底，获批上市创新医疗器械达到134个，满足人民群众使用高水平医疗器械的需要。

　　按照优先医疗器械审批程序，批准遗传性耳聋基因检测试剂盒等19个[J1]医疗器械上市（见附件4），至2021年底，获批上市优先医疗器械达到49个[J2]，更好地满足临床使用需求。

　　成立生物材料创新合作平台，配合工信部门启动人工智能医疗器械创新任务揭榜挂帅工作，建立主文档登记制度，加速推进新材料、新技术、新产品上市，助力产业高质量创新发展。

　　继续支持海南博鳌乐城国际医疗旅游先行区、粤港澳大湾区等重点区域建设，指导做好临床急需少量医疗器械进口工作，稳步推进临床真实世界数据应用试点工作，批准第2个采用临床真实世界数据的"飞秒激光眼科治疗系统"上市。

　　优化药械组合产品上市证明要求，发布《关于药械组合产品注册有关事宜的通告》（2021年第52号），加快有临床价值的药械组合产品上市步伐。

（四）夯实医疗器械注册管理基础

1. 标准体系持续健全

　　联合国家标准委印发《关于进一步促进医疗器械标准化工作高质量发展的意见》。举办2021年"世界标准日"医疗器械标准化主题活动，加强医疗器械标准化理念宣传。

　　成立医疗器械临床评价和医用高通量测序2个标准化技术归口单位，标准组织体系进一步健全；持续实施标准提高计划，2021 年批准 79 项行业标准制修订计划项目，审核发布 146 项行业标准；对 396 项强制性标准和 62 项强制性标准在研项目全面优化评估，截至 2021 年底，现行有效医疗器械标准共 1849 项，其中国家标准 235 项，行业标准 1614 项，标准体系覆盖性、系统性不断提升。

2. 分类命名工作更加有效

发布《分类目录动态调整工作程序》，规范分类目录调整工作，完成分类界定 1993 项；发布修订后《第一类医疗器械产品目录》；制定《体外诊断试剂分类规则》，规范体外诊断试剂分类管理；制定重组胶原蛋白和人工智能类产品分类界定原则；积极推进医美产品等社会关注度高的热点产品、边缘产品和药械组合产品属性及分类研究；发布 9 项命名指导原则，进一步指导医疗器械规范命名。

3. 唯一标识工作稳步推进

会同卫生健康委、医保局推进第一批高风险品种唯一标识实施工作；联合印发第二批实施公告，明确实施品种和政策要求；积极推进唯一标识示范单位建设；组织完善唯一标识数据库，截至目前，数据库已有 105 万条数据。深入推进省级唯一标识全域试点工作，扩大品种范围，探索唯一标识实施应用。

4. 分中心建设取得实质进展

国家药监局医疗器械技术审评检查长三角、粤港澳大湾区 2 个分中心正式运行，人员队伍配备管理不断完善，有序开展审评核心业务，构建创新医疗器械主动服务工作机制，积极开展申请人的沟通指导，推动长三角、大湾区医疗器械产业创新发展。

5. 规范统一技术审查标准

发布医疗器械动物试验研究注册审查指导原则、乳腺 X 射线机等共 73 项注册技术审查指导原则，统一和规范各级各地医疗器械注册技术审查尺度，提升审查能力。

（五）强化医疗器械注册管理能力建设

1. 持续做好医疗器械注册法规培训

国家局成立《条例》宣讲团，采取多种形式，深入宣贯《条例》要求，确保宣贯准确性和权威性。组织 2 期约 1000 余名基层业务骨干培训班。各省（区、市）局将《条例》宣贯纳入年度重点工作，开展形式多样的宣贯培训。

依托北京、上海、江苏、浙江、山东、广东 6 省（市）局，建立第二类医疗器械审评实训基地，按照专业特长统筹开展培训，10 期培训近 7000 人次参加，为提升省级审评能力奠定基础。

国家药监局器审中心不断拓展业务培训内容和形式，组织 10 期系统内监管人员、技术人员的业务培训，覆盖基层 9000 余人次；"器审云课堂"在学习强国上线，提供法规解读、审评要点讲解等内容，收录课程 145 期，累计播放 110 余万次。

2. 启动法规制度研究

国家药监局成立 12 个省（市）局牵头，各省（区、市）局参与的监管法规制度研究组。围绕 12 个监管主题，注重跟踪国际法规进展，紧密结合我国监管实践，以问题为导向，开展研究，为后续完善监管制度提供支撑。

3. 持续推进监管科学研究

强化监管科学研究基地建设和管理，完成第一批 4 个监管科学研究重点项目，制定新工具、新方法、新标准及相关报告 37 项。组织遴选确定第二批 6 个医疗器械监管科学重点项目。

4. 深入开展国际交流合作

深入参与国际医疗器械监管者论坛（IMDRF）6 个项目组研究，我国牵头的"上市后临床随访研究"成果文件获批发布。积极参与全球医疗器械法规协调会（GHWP）工作，牵头制定 GHWP UDI 指南，开展 UDI 能力建设培训。举办第十二届中国医疗器械监督管理国际会议（CIMDR）。

（六）加强医疗器械注册监督管理

1. 开展第一类医疗器械备案清理规范工作

以医用冷敷贴类产品为重点，全面清理规范境内第一类医疗器械备案。清理规范过程中，各设区的市级备案部门开展自查、省局开展检查、国家局派出 6 个检查组赴 11 个省开展抽查。后续通过宣传培训、督促通报、年终考核等方式，持续加大工作力度，确保清理规范取得良好效果，有效净化了市场环境。

2. 强化临床试验管理

强化临床试验机构和临床试验项目监督管理，加强临床试验法规宣传培训力度。严肃查处临床试验过程中的违法违规行为。对广州海力特生物科技有限公司体外诊断试剂产品临床试验有因检查中发现的临床试验数据无法溯源等问题依法处理。

3. 部署开展二类医疗器械清理规范工作

在全国范围内部署第二类医疗器械注册清理规范工作，印发工作方案，进一步规范全国第二类医疗器械注册管理工作。

二、医疗器械注册申请受理情况

2021 年，国家药监局依职责共受理医疗器械首次注册、延续注册和变更注册申请 12255 项，与 2020 年相比增加 15.8%。

（一）整体情况

受理境内第三类医疗器械注册申请 5338 项，受理进口医疗器械注册申请 6917 项。

按注册品种区分，医疗器械注册申请 8540 项，体外诊断试剂注册申请 3715 项。

按注册形式区分，首次注册申请 2750 项，占全部医疗器械注册申请的 22.4%；延续注册申请 5875 项，占全部医疗器械注册申请的 48%；变更注册申请 3630 项，占全部医疗器械注册申请的 29.6%。注册形式比例情况见图 1-2-1。

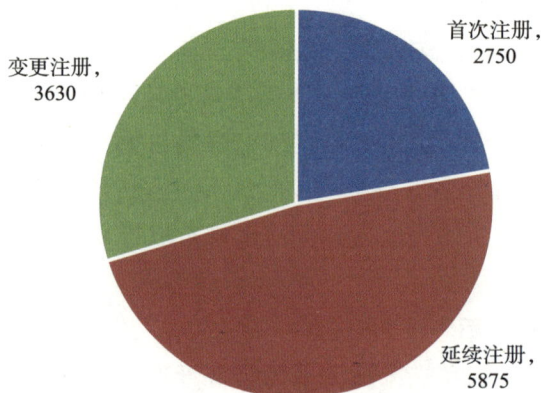

图 1-2-1　注册受理项目注册形式比例图

（二）分项情况

1. 境内第三类医疗器械注册受理情况

境内第三类医疗器械注册受理共 5338 项，与 2020 年相比增加 26.5%。其中，医疗器械注册申请 3733 项，体外诊断试剂注册申请 1605 项。

从注册形式看，首次注册 1880 项，占全部境内第三类医疗器械注册申请数量的 35.2%；延续注册 2156 项，占全部境内第三类医疗器械注册申请数量的 40.4%；变更注册 1302 项，占全部境内第三类医疗器械注册申请数量的 24.4%。注册形式分布情况见图 1-2-2。

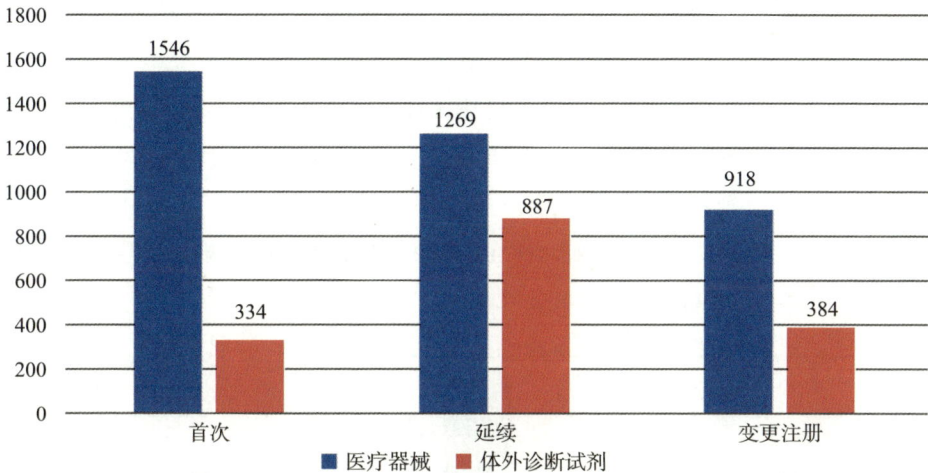

图 1-2-2　境内第三类医疗器械注册受理项目注册形式分布图

2. 进口第二类医疗器械注册受理情况

进口第二类医疗器械注册受理共 3689 项，与 2020 年相比增加 11.4%。其中医疗器械注册申请 2048 项，体外诊断试剂注册申请 1641 项。

从注册形式看，首次注册 435 项，占全部进口第二类医疗器械注册申请数量的 11.8%；延续注册 2122 项，占全部进口第二类医疗器械注册申请数量的 57.5%；变更注册 1132 项，占全部进口第二类医疗器械注册申请数量的 30.7%。注册形式分布情况见图 1-2-3。

3. 进口第三类医疗器械注册受理情况

进口第三类医疗器械注册受理共 3228 项，与 2020 年相比增加 5.9%。其中医疗器械注册申请 2759 项，体外诊断试剂注册申请 469 项。

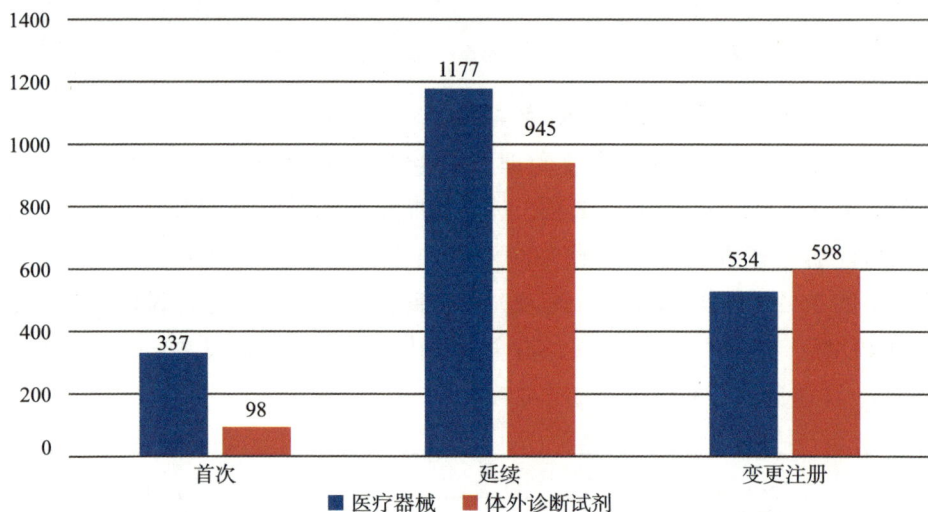

图 1-2-3　进口第二类医疗器械注册受理项目注册形式分布图

从注册形式看，首次注册 435 项，占全部进口第三类医疗器械注册申请数量的 13.5%；延续注册 1597 项，占全部进口第三类医疗器械注册申请数量的 49.5%；变更注册 1196 项，占全部进口第三类医疗器械注册申请数量的 37%。注册形式分布情况见图 1-2-4。

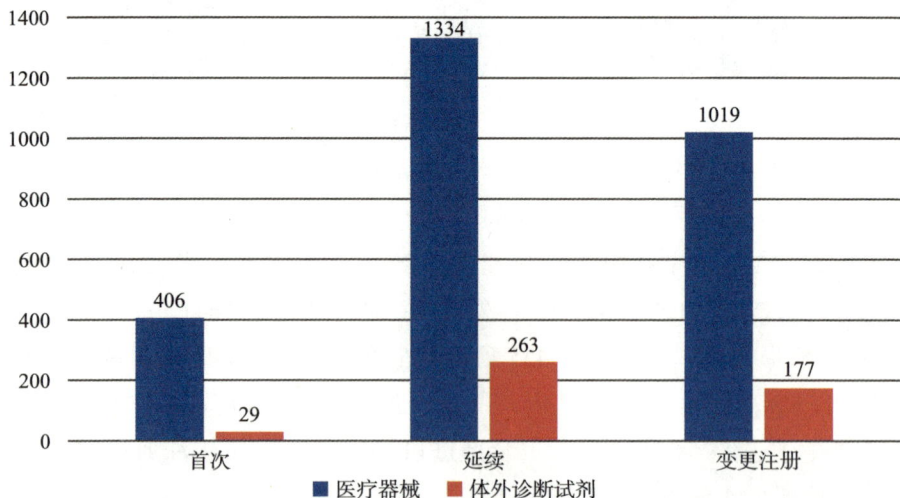

图 1-2-4　进口第三类医疗器械注册受理项目注册形式分布图

三、医疗器械注册审批情况

2021 年，国家药监局共批准医疗器械首次注册、延续注册和变更注册 11314 项，与 2020 年相比注册批准总数量增长 14.9%。

其中，首次注册 1710 项，与 2020 年相比增加 8.8%。延续注册 6939 项，与 2020 年相比增加 25.6%。变更注册 2665 项，与 2020 年相比减少 3.1%。

2021 年，企业自行撤回注册申请 182 项，自行注销注册证书 49 项。

近 8 年国家药监局批准医疗器械注册情况见图 1-2-5。

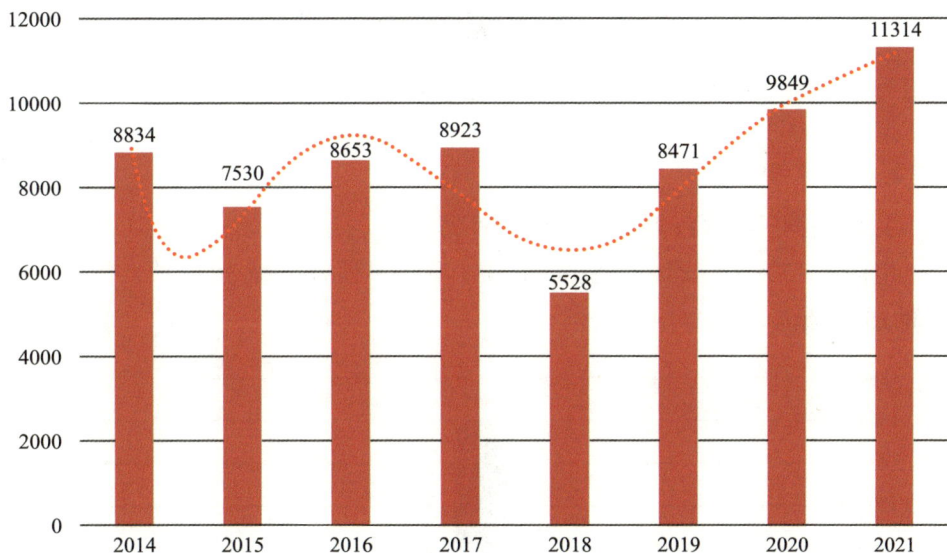

图 1-2-5　2014 至 2021 年度注册数据图

（一）整体情况

2021 年，国家药监局批准境内第三类医疗器械注册 4596 项，与 2020 年相比增加 27.6%，进口医疗器械 6718 项，与 2020 年相比增加 7.6%。

按照注册品种区分，医疗器械 7844 项，占全部医疗器械注册数量的 69.3%；体外诊断试剂 3470 项，占全部医疗器械注册数量的 30.7%。

按照注册形式区分，首次注册 1710 项，占全部医疗器械注册数量的

15.1%；延续注册 6939 项，占全部医疗器械注册数量的 61.3%；变更注册 2665 项，占全部医疗器械注册数量的 23.6%。注册形式比例情况见图 1-2-6。

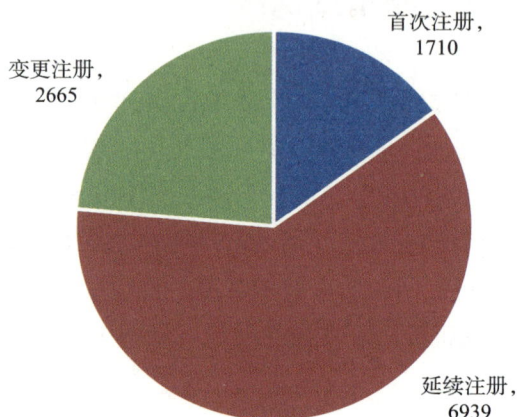

图 1-2-6　2021 年注册形式比例图

（二）分项情况

1. 境内第三类医疗器械注册审批情况

境内第三类医疗器械注册 4596 项。其中，医疗器械 3079 项，体外诊断试剂 1517 项。

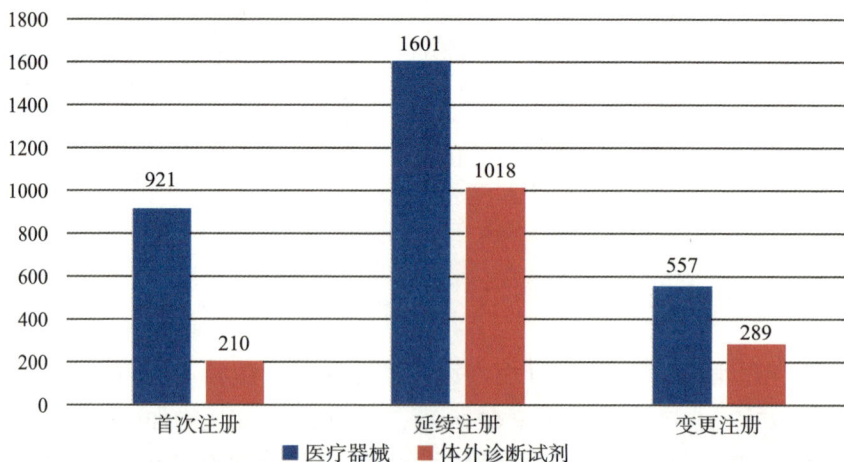

图 1-2-7　境内第三类医疗器械注册形式分布图

从注册形式看，首次注册 1131 项，占全部境内第三类医疗器械注册数量的 24.6%，延续注册 2619 项，占全部境内第三类医疗器械注册数量的 57%；

许可事项变更注册 846 项，占全部境内第三类医疗器械注册数量的 18.4%。注册形式分布情况见图 1-2-7。

2. 进口第二类医疗器械注册审批情况

进口第二类医疗器械注 3649 项。其中，医疗器械注册 2132 项，体外诊断试剂注册 1517 项。

从注册形式看，首次注册 281 项，占全部进口第二类医疗器械注册数量的 7.7%；延续注册 2420 项，占全部进口第二类医疗器械注册数量的 66.3%；许可事项变更注册 948 项，占全部进口第二类医疗器械注册数量的 26%。注册形式分布情况见图 1-2-8。

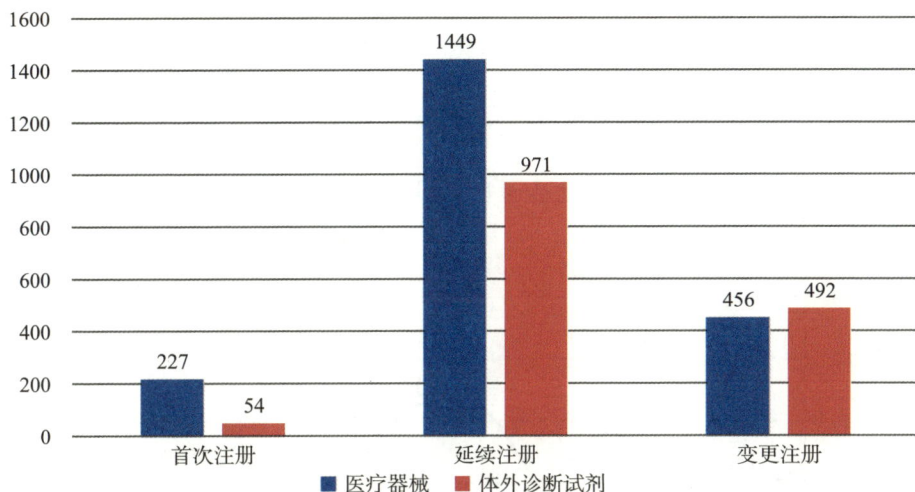

图 1-2-8　进口第二类医疗器械注册形式分布图

3. 进口第三类医疗器械注册审批情况

进口第三类医疗器械注册 3069 项。其中，医疗器械注册 2633 项，体外诊断试剂注册 436 项。

从注册形式看，首次注册 298 项，占全部进口第三类医疗器械注册数量的 8.3%；延续注册 1900 项，占全部进口第三类医疗器械注册数量的 61.9%；许变更注册 871 项，占全部进口第三类医疗器械注册数量的 28.4%。注册形式分布情况见图 1-2-9。

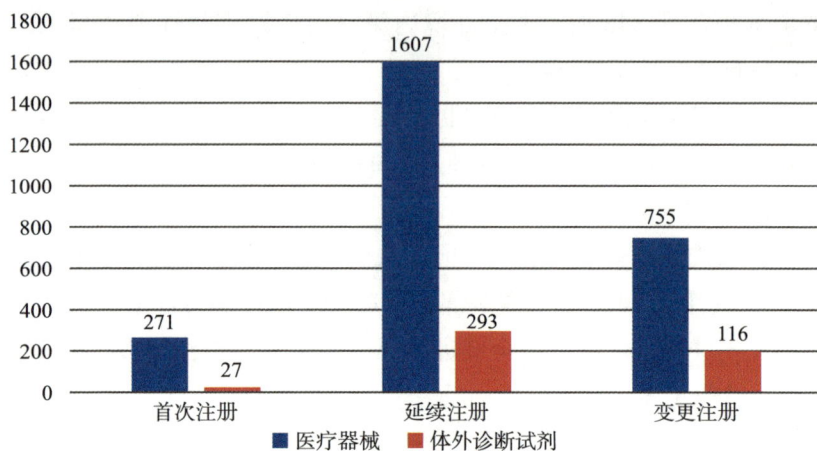

图 1-2-9　进口第三类医疗器械注册形式分布图

（三）首次注册项目月度审批情况

2021 年，国家药监局共批准医疗器械首次注册 1710 项，月度审批情况见图 1-2-10。

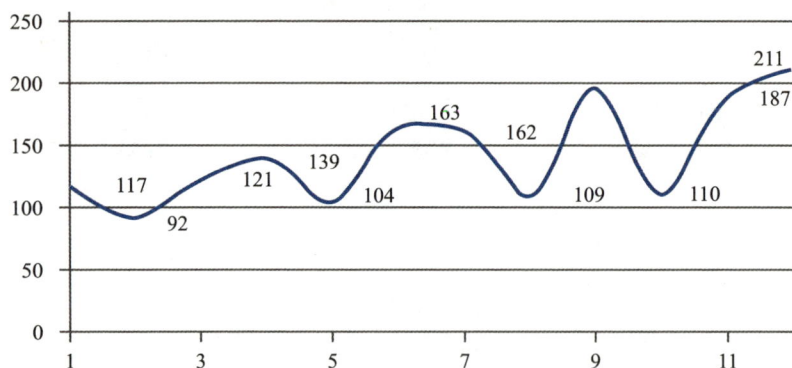

图 1-2-10　首次注册项目月度审批图

（四）具体批准品种种类分析

注册的境内第三类医疗器械，除体外诊断试剂外，共涉及《医疗器械分类目录》中 18 个子目录的产品。

注册数量前五位的境内第三类医疗器械是：无源植入器械、注输、护理和防护器械、神经和心血管手术器械、医用成像器械和有源手术器械，与

2020年相同，但相同类别注册数量均有大幅增加，其中有源手术器械增加48.8%，医用成像器械增加13.8%，神经和心血管手术器械增加54.2%，注输、护理和防护器械增加32.2%，无源植入器械增加3.9%。注册品种排位情况见图1-2-11。

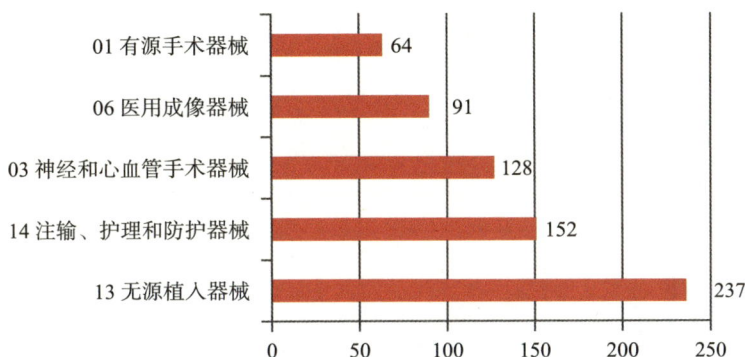

图 1-2-11　境内第三类医疗器械注册品种排位图

注册的进口医疗器械，除体外诊断试剂外，共涉及《医疗器械分类目录》中20个子目录的产品。

注册数量前五位的进口医疗器械，主要是：医用成像器械、无源植入器械、口腔科器械、神经和心血管手术器械、眼科器械，与2020年相同。其中，医用成像器械从2020年的63项，增加到70项，增加约11.1%。无源植入器械从41项增加到48项，增加约17.1%，其余类别注册数量略有减少。注册品种排位情况见图1-2-12。

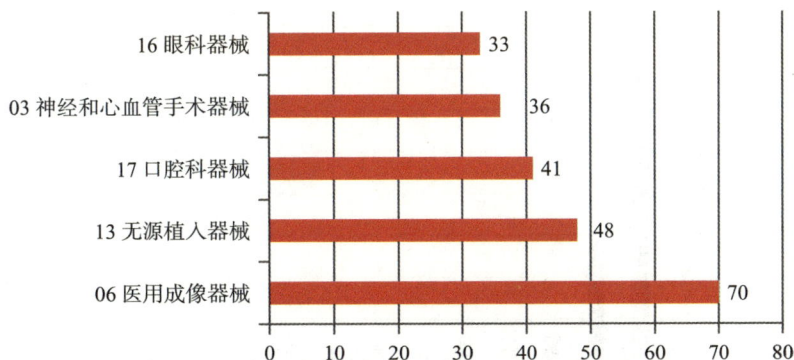

图 1-2-12　进口医疗器械注册品种排位图

（五）进口医疗器械国别情况

2021 年，共有 27 个国家（地区）产品在我国获批上市，其中，美国、德国、日本、韩国、瑞士医疗器械在中国医疗器械进口产品首次注册数量排前 5 位，注册产品数量约占 2021 年进口产品首次注册总数量的 72.5%，与2020 年基本持平。注册国别排位情况见图 1-2-13。

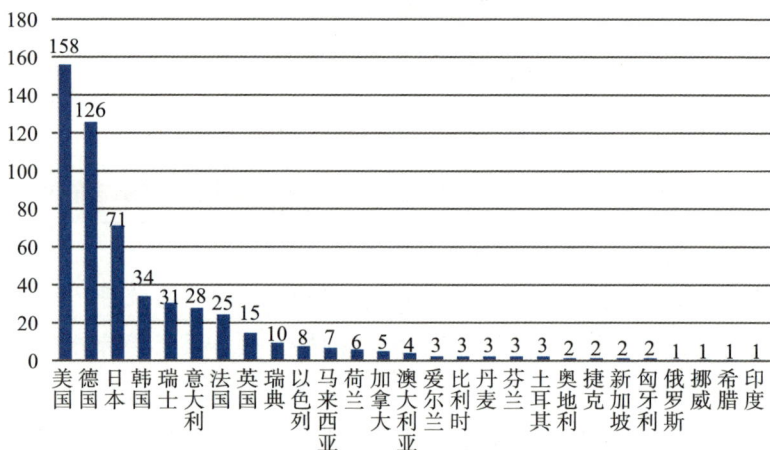

图 1-2-13　进口医疗器械注册国别排位图

从进口医疗器械代理人分布看，共有 13 个省涉及有本省企业作为进口医疗器械代理人，其中上海市代理人代理的进口首次医疗器械数量最多，占全部进口医疗器械数量的 60.1%。进口医疗器械数量省份排位情况见图 1-2-14。

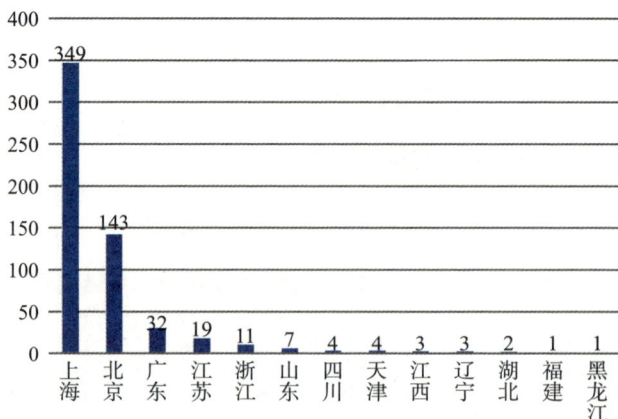

图 1-2-14　代理人代理的进口医疗器械数量省份排位图

（六）境内第三类医疗器械省份分析

从 2021 年境内第三类医疗器械注册情况看，相关注册人主要集中在沿海经济较发达省份。其中，江苏、广东、北京、上海、山东是境内第三类医疗器械首次注册数量排前五名的省份，占 2021 年境内第三类医疗器械首次注册数量的 67.9%，与 2020 年相比增加 4.9%。注册省份排位情况见图 1-2-15。

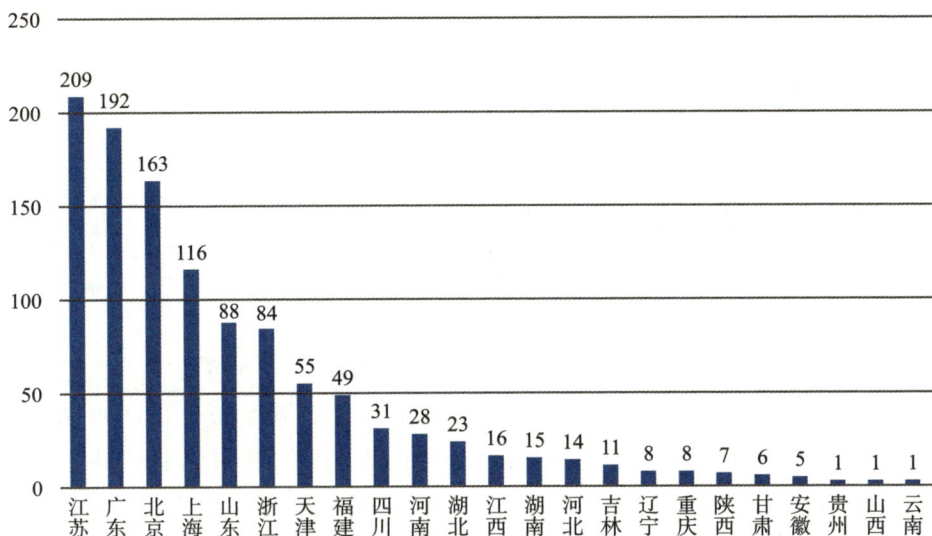

图 1-2-15　境内第三类医疗器械注册省份排位图

四、创新医疗器械等产品注册审批情况

2021 年，国家药监局按照《创新医疗器械特别审查程序》《医疗器械优先审批程序》继续做好相关产品的审查工作，共收到创新医疗器械特别审批申请 249 项，比 2020 年增加 26.4%，其中 62 项获准进入特别审查程序，收到优先申请 41 项，比 2020 年增加 46.3%，其中 14 项获准优先审批。

从 2014 年至 2021 年，国家药监局共批准 134 个创新医疗器械，其中，境内创新医疗器械涉及 14 个省的 104 家企业，进口创新医疗器械涉及 2 个国家的 5 个企业。

北京、上海、广东、江苏、浙江创新医疗器械获批产品数量和相应企业数量最多，约占全部已批准的 134 个创新医疗器械的 81%。注册省份排位情况见图 1-2-16。

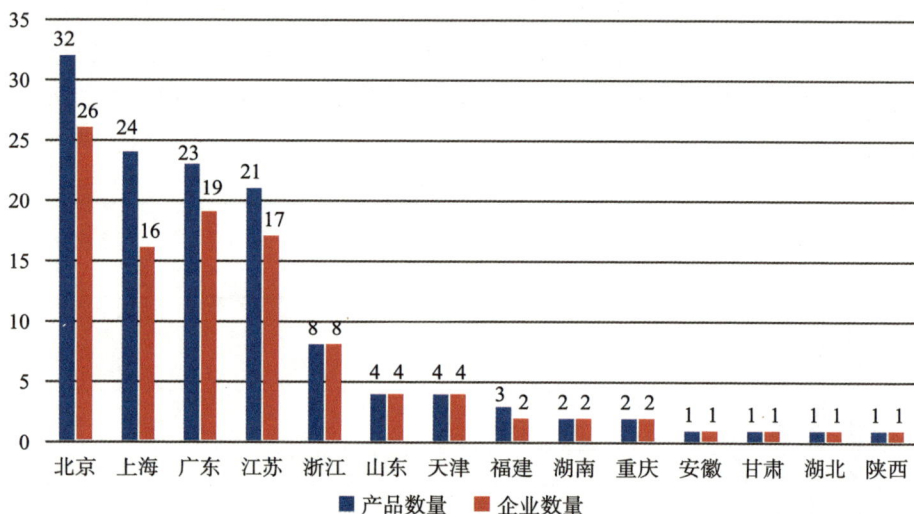

图 1-2-16　境内创新医疗器械注册省份排位图

2021 年，国家药监局共批准 35 个创新医疗器械产品上市，相比 2020 年，增加 35%。这些创新产品核心技术都有我国的发明专利权或者发明专利申请已经国务院专利行政部门公开，产品主要工作原理 / 作用机理为国内首创，具有显著的临床应用价值。以下是已批准创新医疗器械产品介绍：

（一）髂动脉分叉支架系统

该产品用于治疗腹髂动脉瘤或髂总动脉瘤，是我国自主研发的第一款重建髂内动脉医疗器械，具有完全自主知识产权。该产品可直接与腹主动脉分叉支架的分支连接，术中使用较少的支架，连接点更少，相对稳定，避免连接位置内漏等并发症的发生，同时还可以减少支架使用数量，降低患者治疗费用。对于操作手术的医生而言，该产品输送器操作简单，释放定位精准，可以有效降低术中操作风险，能够为国内腹髂动脉瘤及髂总动脉瘤患者带来新的治疗选择。

（二）锚定球囊扩张导管

该产品是国内首个导引导管内采用球囊锚定方式进行导管交换的创新医疗器械，用于冠状动脉粥样硬化等疾病导致的冠状动脉狭窄介入手术治疗，可降低在推送过程中损伤导引导管的风险，预期可减少血管并发症，缩短手术时间，提高手术成功率。

（三）一次性使用血管内成像导管

该产品需配合光学干涉断层成像系统使用，用于在医疗机构中对需要进行腔内介入治疗患者的冠状动脉成像。成像导管适用于直径 2.0mm~3.5mm 的血管，不适用于左冠状动脉主干或以前做过旁路手术的目标血管。该产品经过全光纤结构成像透镜设计、光传输链路优化设计和验证测试，在冠状动脉介入治疗手术中完全去除"冲洗导管"这一步骤，以一种特定伪像的微弱增加为代价，避免了更多造影剂和导管腔杂质微粒被冲进患者血管内的风险，简化了医生 PCI 手术步骤，缩短病人手术时间，减少术中造影剂用量，减少病人痛苦，图像质量可达到同类产品的水平。该产品的免冲洗设计在保证成像质量的前提下，更方便医生使用并节省宝贵时间；在成像导管的开发上，降低了制作成本，减轻病人的经济负担，能够推动血管 OCT 技术的临床应用。

（四）一次性使用电子输尿管肾盂内镜

该产品由头端部、弯曲部、插入部、操作部、工作通道和连接部组成，在医疗机构中使用，与图像处理装置配合，用于人体尿道、膀胱、输尿管肾盂的观察成像。该产品的头端部塑料光纤传导光源，镜头模组捕捉光信号，CMOS 模组将光信号转化成电信号，传输至图像处理装置；工作通道为送水、其他器械进入提供通道。通过采用新材料和新技术实现降低成本，同时达到和传统内镜相似的产品性能。该产品采用一次性使用方式，一方面降低了因重复使用导致的交叉感染等风险，另一方面减少了清洗消毒灭菌等重复使用过程，同时避免了因产品老化性能下降而带来的观察效果不佳。

（五）幽门螺杆菌 23S rRNA 基因突变检测试剂盒（PCR- 荧光探针法）

该产品包括核酸提取试剂和扩增反应试剂，由两个包装盒组成，基于磁珠法核酸提取和荧光定量 PCR 技术，用于体外定性检测幽门螺杆菌感染患者胃黏膜组织样本中幽门螺杆菌 23S rRNA 基因两个多态性位点的 3 种点突变 A2142G、A2143G 和 A2142C。该产品是国内上市的首个幽门螺杆菌 23S rRNA 基因突变检测试剂盒，用于幽门螺杆菌克拉霉素耐药的临床辅助诊断，为临床医生评估个体中幽门螺杆菌的耐药特性提供参考。

（六）冠状动脉 CT 血流储备分数计算软件

该产品由软件安装光盘组成，功能模块包括：冠脉提取模块、图像切割模块、FFR 展示模块、血流动力学计算 FFR 模块。该产品基于冠脉 CT 血管影像计算获得 CT 血流储备分数，在进行冠脉血管造影检查之前，辅助培训合格的医技人员评估稳定性冠心病患者的功能性心肌缺血症状。该产品对冠状动脉 CT 造影（CCTA）影像进行三维重建冠状动脉血管树，冠脉分割后，基于有限元分析和流体力学模拟仿真计算，求解出目标血管每一个位置的 CT 血流储备分数。在 CCTA 检查基础上，该产品可无创评价病变血管功能，既能够从解剖结构方面评估病变血管的狭窄程度，又能够从血流动力学方面反映临床当前情况下心肌灌注 / 缺血程度，改善了 CCTA 检查的特异性不高的情况。

（七）经导管主动脉瓣系统

该产品由主动脉瓣、配套的输送器及安装使用的压握装载系统组成。主动脉瓣由自扩张镍钛合金支架、裙布、瓣叶及缝合线组成。用于经心脏团队评估认为需要接受主动脉瓣置换但不适合接受常规外科手术置换瓣膜的重度主动脉瓣钙化性狭窄患者。该产品通过外裙边设计，减少瓣周漏的风险；其瓣膜结构可以使瓣架更有效地撑开狭窄的病变瓣环，同时与瓣叶结合避免遮挡冠脉血管开口；输送器具有可回收和重新定位的功能，有助于解决"定位难"的问题，为患者带来更好的治疗效果。

（八）临时起搏器

该产品由非植入式脉冲发生器及患者电缆组成。适用于心房或心室的体外临时起搏；也适用于在起搏器和除颤器植入过程中用于对起搏电极系统进行分析。该产品是国产首例临时心脏起搏器，既可用于对心动过缓患者进行临时起搏，还可作为一台起搏系统分析仪使用，对起搏系统进行的分析，包括阻抗测量、起搏阈值和感知幅值测量等。该产品上市可提高医院对设备的使用效率，降低医院的设备使用成本，促进起搏疗法在我国的应用。

（九）紫杉醇洗脱 PTCA 球囊扩张导管

该产品通过工艺改进和创新，改善了药物与球囊表面的亲和性，有利于形成分布均匀的药物涂层，提高涂层的整体结合强度。适用于对患有冠状动脉支架内再狭窄的患者进行经皮腔内血管成形术。目前越来越多的冠心病患者接受介入治疗，并置入冠脉支架。但一段时间后，部分患者可能出现支架内再狭窄。本产品通过球囊充压扩张，机械性扩张再狭窄部位，同时药物涂层中紫杉醇快速释放，起到抑制血管内膜增生的作用，预期提高靶血管远期通畅率，提高患者生活质量，为支架内再狭窄的患者提供了新的治疗选择。

（十）周围神经套接管

该产品由壳聚糖材料经乙酰化制成，呈无色或淡黄色半透明管状。用于非病理性神经损伤的上肢正中神经、尺神经、桡神经离断伤（神经缺损长度不大于 2cm），进行神经断端的端对端无张力套接缝合修复。神经套接管产品可通过外科手术与神经两断端进行缝合（套管内神经断端之间留出 2mm 的小间隙），以暂时固定支持损伤神经的两断端，并为两断端神经提供一个相对封闭的空间，有助于引导神经元的轴突轴向生长，同时利用周围神经选择性再生的特点有效促进神经的准确对接，减少外生和形成神经瘤的发生，可代替传统的神经外膜或神经束膜缝合方法。另外，产品采用的经乙酰化的壳聚糖材料可降解并被人体吸收，在国内已上市神经修复产品中尚无应用。

（十一）三维电子腹腔内镜

该产品由腹腔镜头端、腹腔镜管、腹腔镜盒、通信光纤组成，与型号MVS-1080 内镜图像处理器配合使用，通过视频监视器提供影像供胸腔、腹腔观察、诊断、摄影或治疗用。该产品插入部分内置两路图像传感器采集图像信号，经过图像处理器合成后，操作者佩戴 3D 眼镜可观察到立体效果图像，使解剖层次更明显，增加了手术视野的立体感和纵深感，有利于完成各项手术操作。该产品核心技术已获国家发明专利授权。该产品的上市预期可降低设备价格，有利于临床应用和推广，使更多的患者受益。

（十二）经导管主动瓣系统

该产品由主动脉瓣、配套的输送器及安装使用的压握装载系统组成。主动脉瓣由自扩张镍钛合金支架、裙布、瓣叶及缝合线组成。用于经心脏团队评估认为需要接受主动脉瓣置换但不适合接受常规外科手术置换瓣膜的重度主动脉瓣钙化性狭窄患者。该产品通过外裙边设计，减少瓣周漏的风险；其瓣膜结构可以使瓣架更有效地撑开狭窄的病变瓣环，同时与瓣叶结合避免遮挡冠脉血管开口；输送器具有可回收和重新定位的功能，有助于解决"定位难"的问题，为患者带来更好的治疗效果。

（十三）自膨式动脉瘤瘤内栓塞系统

该产品由植入物和输送导丝组成，其中植入物为镍钛合金丝、铂丝 / 镍钛合金复合丝编织而成的自膨式网状结构。用于在大脑中动脉分叉部，颈内动脉末端，前交通动脉复合体或基底动脉顶端使用，对动脉瘤直径为 3mm 至10mm，且瘤颈尺寸 ≥ 4mm 或者瘤颈比 > 1 且 < 2 的囊状宽颈颅内分叉部动脉瘤成年患者进行血管内治疗。颅内分叉部宽颈动脉瘤不及时闭塞或者闭塞效果不持久可能会发生动脉瘤破裂，造成生命危险。该产品采用微创介入方式植入动脉瘤后，植入物自动膨胀，通过机械阻塞防止血液流入动脉瘤，为治疗破裂和未破裂的宽颈分叉动脉瘤提供新的治疗手段，且术后无需使用双重抗血小板治疗，提升安全性。目前国内外市场尚无设计和预期用途相似的其他同类产品上市。

（十四）陡脉冲治疗仪

该产品由主机、脚踏开关、电极消融针及电源线组成，用于肝脏恶性实体肿瘤的消融治疗。该产品基于不可逆电穿孔原理，主机输出单相陡脉冲电信号，通过电极消融针经皮穿刺作用于靶组织，在靶区产生高压脉冲电场导致细胞膜产生不可逆的穿孔效应，使细胞快速凋亡，从而实现治疗肿瘤的效果。该产品为首个利用不可逆电穿孔原理治疗肝脏肿瘤的国产医疗器械，治疗过程几乎没有温度变化，不受热量传导等因素影响，对血管神经等组织具有一定的保护作用，针对某些特殊部位的肝脏肿瘤治疗相比常规产品具有一定的优势。该产品上市有利于临床应用推广和降低临床治疗费用，使更多肝脏肿瘤患者受益。

（十五）冠状动脉 CT 血流储备分数计算软件

该产品由软件安装光盘组成，功能模块包括：冠脉提取模块、图像切割模块、FFR 展示模块、血流动力学计算 FFR 模块。该产品基于冠脉 CT 血管影像计算获得 CT 血流储备分数，在进行冠脉血管造影检查之前，辅助培训合格的医技人员评估稳定性冠心病患者的功能性心肌缺血症状。该产品对冠状动脉 CT 造影（CCTA）影像进行三维重建冠状动脉血管树，冠脉分割后，基于有限元分析和流体力学模拟仿真计算，求解出目标血管每一个位置的 CT 血流储备分数。在 CCTA 检查基础上，该产品可无创评价病变血管功能，既能够从解剖结构方面评估病变血管的狭窄程度，又能够从血流动力学方面反映临床当前情况下心肌灌注 / 缺血程度，改善了 CCTA 检查的特异性不高的情况。

（十六）颅内药物洗脱支架系统

该产品含有药物涂层支架及快速交换球囊导管输送系统。药物涂层支架以 316L 不锈钢支架为基体，表面涂覆底部涂层和含雷帕霉素高分子可降解涂层。用于颅内动脉粥样硬化性狭窄，参考血管直径为 2.25~4.0mm，适用的病变长度小于等于 15mm。目前治疗颅内动脉粥样硬化性狭窄的主要手段有药物治疗、血管内介入治疗。研究表明，药物治疗短期安全性较好，但长期卒中复发率仍较高，且对于颅内动脉狭窄程度较高（狭窄 $\geq$ 70%，$\leq$ 99%）患者的治疗效果不显著。血管内介入治疗由于创伤较小，术后血管即刻开通率高，但一年内支架再狭窄率较高。该产品中雷帕霉素可抑制血管平滑肌细胞的过度增生，降低支架内再狭窄发生率，从而减少远期再发卒中的风险。目前国内外市场尚无设计和预期用途相似的其他同类产品上市。

（十七）腔静脉滤器

该产品由滤器和输送系统组成，通过经股静脉或经颈静脉入路经皮置入滤器，用于预防下腔静脉系统栓子脱落而引起的肺动脉栓塞（PE）。该产品为首个国产伞状结构的可回收腔静脉滤器，回收期达到 3 个月，确保血栓充分过滤，提高了滤器的回收率，为临床治疗提供更多选择。

（十八）单髁膝关节假体

该产品由股骨髁和组配式胫骨平台组成，组配式胫骨平台由胫骨平台垫和胫骨平台托组成，与骨水泥配合使用，适用于膝关节单侧髁置换。在治疗单间室骨关节炎方面，单髁膝关节置换术较全膝关节置换术的创伤相对更小、恢复较快，手术并发症较少、术后功能较好。该产品能够有效的治疗膝关节单侧间室疾病，并能够很好的恢复膝关节下肢力线，为临床提供更多治疗选择。

（十九）内镜用超声诊断设备

该产品由主机、探头驱动器、超声小探头、脚踏开关、台车组成，与上消化道内镜联合，用于对上消化道进行超声诊断检查。该产品在常规内镜直接观察消化道黏膜表面的病变基础上，利用超声探头可以对病变黏膜下组织进行超声扫描观察，增强常规内镜检查的诊断效果。不仅能得到人体消化道壁的表层图像，还能同时得到周围器官的断层图像，通过一次检查便可获取多元信息。该产品为首个国产内镜超声诊断设备，产品采用自主开发的高频超声硬件、微型成像探头以及高性能软件构架和图像处理新技术，可以极大地提升内镜下超声影像质量，有助于发现早期消化道肿瘤，提高患者的生存率。

（二十）机械解脱弹簧圈

该产品由弹簧圈和推送杆组成，解脱方式为机械解脱。适用于颅内的动脉瘤瘤内栓塞、动静脉畸形和动静脉瘘填塞，以及外周血管系统动脉、静脉病变的填塞。该产品利用推送杆将弹簧圈输送至动脉瘤内，解脱释放弹簧圈，再利用弹簧圈的机械闭塞作用以及继发的血栓闭塞作用，将动脉瘤隔绝于载瘤动脉的血循环之外，从而达到防止动脉瘤再破裂的目的。该产品的销索式机械解脱结构设计有助于提高解脱成功率，使操作更安全、方便，为临床提供更多治疗选择。

（二十一）经导管主动脉瓣膜及可回收输送系统

该产品由瓣膜、输送系统、装载工具和导丝组成。瓣膜由三片瓣叶（牛心包）、裙边（PET）、夹片（镍钛）与自膨胀支架（镍钛）通过缝合线（PTFE）缝合而成。输送系统主要由导管和手柄组成，包含电池。用于经心脏团队结合评分系统评估后认为：患有有症状的、钙化的、重度退行性自体主动脉瓣狭窄，不适合接受常规外科手术置换瓣膜、年龄大于等于70岁的患者。该产品的输送系统可实现瓣膜在体内未完全释放的情况下重新回收并再次定位和释放，周向螺旋循环加强筋以及镂空槽的设计使输送系统具备多向弯曲能力，提升其在血管中的通过性，从而减少血管并发症风险。

（二十二）口腔种植手术导航定位设备

该产品由马达夹持器、种植台车、视觉与显示器台车、手术导航软件组成；与配套附件联合使用，用于成人口腔种植手术过程中种植体的导航定位。该产品为具有自主知识产权的国内首创医疗器械。核心技术包括空间映射、手术路径规划和手术路径定位，具有种牙手术视觉导航的配准方法及电子设备、种植手机夹持装置、口腔种植手术定位装置及手术路径规划方法的发明专利。该产品临床优势主要为保证种植体植入精度。

（二十三）水动力治疗设备和一次性使用清创水动力刀头

水动力治疗设备由主机、脚踏开关、废液桶、电源线、接地线构成；一次性使用清创水动力刀头由输液管组件、高压管、废液管组件、泵体及手柄组件组成。两个产品配合使用，预期用于伤口清创（急性和慢性伤口、烧伤）、软组织清创。该产品为首个利用高压水动力进行清创治疗的国产产品，为国内首创。该产品采用专利技术，实现连续精细水流控制，将压力控制在较高的精度范围内。两种不同结构的刀头可分别实现高效和精细切割，以适应不同临床需求。同时配有基于 RFID 的电子标签识别功能，实现主机和刀头的自动识别配对。相较于常规金属锐器清创疗法，水动力清创以其术程短、低损伤伤口控制、精准切割与分离、高效清除细菌及细菌生物膜、同步裹挟带走废弃物以及减少污染等特点，满足精准外科的要求，降低了手术难度，最大限度保留伤口正常组织，促进伤口快速愈合。

（二十四）医用电子直线加速器

该产品由辐射头、机架、KV 成像系统、MV 成像系统、治疗床、主控柜、计算机柜、控制键盘、控制台计算机、隔离变压器、调制器和 X 射线高压发生器组成。用于对肿瘤患者进行三维适形放射治疗、调强放射治疗、旋转放射治疗、图像引导放射治疗。该产品采用的正交双层多叶准直技术，属国内首创。其临床优势为提高靶区剂量适形度和剂量均一性，针对包含单层多叶准直器的直线加速器，该产品可更好的保护危及器官，更好的满足临床对复杂病例精准治疗的需求。

（二十五）球囊扩张血管内覆膜支架系统

该产品由血管内覆膜支架以及输送系统两部分组成，其中血管内覆膜支架预装在 PTA 球囊上。血管内覆膜支架包含 316L 不锈钢环和覆膜。用于治疗髂总动脉和髂外动脉的原发闭塞性病变，包括主髂动脉分叉部位的原发闭塞性病变。支架的金属部分采用独立的不锈钢环结构，通过覆膜彼此相连，预期可获得较高的径向支撑力和柔顺性。球囊扩张支架的设计有助于提供较好的径向支撑力、提高直径的可调节性及放置的准确性。该产品为髂总动脉和髂外动脉的原发闭塞性病变患者提供了新的治疗选择。

（二十六）腹腔内镜手术设备

该产品由医生操作台、患者操作台、手术器械、电源线和线缆组成。由医师利用主从操控系统对于微创手术器械进行控制，用于胆囊切除术、腹股沟疝手术、食道裂孔疝修补及胃底折叠术、肝囊肿开窗术、阑尾切除术和袖状胃切除术。该产品为国内首个采用主从控制进行腹腔手术操作的设备，采用末端解耦的丝传动多自由度手术器械设计，增强了医生操作的灵活性；折展式远端定心器械操作臂设计使其具有小型轻量化的优点；基于异构端端映射的主从操作模式，可以实现位姿分离控制。该产品上市有利于减少手术并发症，提升患者生活质量；缓解医生疲劳；降低应用成本。

（二十七）胚胎植入前染色体非整倍体检测试剂盒（可逆末端终止测序法）

该产品是基于新一代的高通量测序平台研制的体外诊断试剂，可对胚胎囊胚期活检细胞中染色体数目异常进行定性检测，用于定性检测试管婴儿过程中体外培养胚胎的囊胚滋养层细胞的脱氧核糖核酸（DNA），通过对胚胎部分细胞的 DNA 进行检测，分析胚胎染色体是否存在非整倍体数量异常，辅助临床医生判断胚胎是否植入。

该产品与已批准上市的同类产品测序原理不同，胚胎染色体非整倍体算法不同。通过胚胎植入前染色体非整倍体检测，有助于减少植入染色体数目异常的胚胎，减少因植入异常胚胎而造成的反复种植失败、反复流产、出生缺陷等。

（二十八）持续葡萄糖监测系统

产品用于糖尿病成年患者（≥ 18 岁）的组织间液葡萄糖水平的连续或定期监测，可提供并存储连续葡萄糖值，供用户跟踪葡萄糖浓度变化的趋势。属国内首创，临床优势为 14 天的使用期限内无需指尖血校准。

（二十九）生物疝修补补片

该产品是由猪膀胱基底膜和猪小肠黏膜下层经过脱细胞处理、复合制成的三明治结构补片，有贯穿孔。产品经环氧乙烷灭菌，一次性使用。用于开放和腹腔镜术式腹膜外修补腹股沟疝和股疝。该产品为天然组织来源的生物再生材料，植入体内后可完全降解。其结构设计为"黏膜下层＋基底膜"的仿生结构，组织相容性较好；贯穿整个材料的孔洞，加速周围组织细胞长入，利于组织液流动。此外，产品的复合结构可以提升水化后补片的操作手感，有利于缩短手术操作时间。

（三十）植入式左心室辅助系统

该产品由血泵、体外控制器、可充电锂电池、适配器、电池充电器、通讯隔离模块、监控器、手术工具、淋浴包组成。与特定人工血管配套使用，为进展期难治性左心衰患者血液循环提供机械支持，用于心脏移植前或恢复心脏功能的过渡治疗。该产品的核心技术主要为全磁悬浮血泵技术，目前取得中国和美国多项专利，属于国内首创医疗器械。与国际同类产品相比，关键性能指标已达到同等水平，血泵尺寸更小，植入侵犯性更优。该产品可满足我国在心衰外科器械治疗领域的临床需要，具有重要的社会效益。

（三十一）人工角膜

该产品由镜柱和支架组成。镜柱由聚甲基丙烯酸甲酯制成。支架由钛支架翼和聚甲基丙烯酸甲酯支架座组成。产品经环氧乙烷灭菌，一次性使用。适用于角膜移植手术难以成功的双眼角膜盲患者，包括角膜移植失败，化学伤、热烧伤、爆炸伤等引起的严重角结膜瘢痕血管化，眼睑闭锁，严重的自身免疫性疾病（如 Stevens–Johnson 综合征及瘢痕性类天疱疮），终末期干眼引起的角膜盲等。该产品是采用人造材料制成，无需供体角膜，有助于缓解我国角膜供体稀少的现状。产品采用分体式设计及分期植入的手术方式，人工角膜支架植入患者损坏的角膜层间，与周围角膜组织锚定；人工角膜镜柱采用螺纹结构旋入支架而固定在患者眼部，减少植入手术对患眼造成伤害的风险，有助于提高产品的在位率。必要时，镜柱可拆卸或更换。产品为传统角膜移植术禁忌证患者临床治疗提供了新的途径。

（三十二）分支型术中支架系统

该产品由支架人工血管和输送系统组成。其中支架人工血管由主体、侧支、人工血管组成。主体和侧支均由覆膜通过缝合线与多个自扩张的金属支架段缝合而成。人工血管分为涂层人工血管与无涂层人工血管，涂层人工血管上覆有牛源性胶原蛋白涂层。主体和侧支上套有包裹膜。该产品适用于 Stanford A 型和常规介入无法治疗的复杂 Stanford B 型主动脉夹层的手术治疗。

该产品是国内批准上市的第一款分支型外科手术专用支架，其侧支结构可便于支架植入左锁骨下动脉，降低手术操作难度，减少因深度游离和吻合左锁骨下动脉带来的相关风险，让更多主动脉夹层疾病患者受益。

五、其他注册管理情况

（一）境内第二类医疗器械注册审批情况

2021 年，各省级药品监管部门共批准境内第二类医疗器械注册 31509 项，与 2020 年相比增加 6.3%。其中，首次注册 13041 项，与 2020 年相比减少 9.5%。首次注册项目占全部境内第二类医疗器械注册数量的 41.4%。

延续注册 11429 项，与 2020 年相比增加 24.5%，占全部境内第二类医疗器械注册数量的 36.3%；变更注册 7039 项，与 2020 年相比增加 16.1%，占全部境内第二类医疗器械注册数量的 22.3%。

境内第二类医疗器械分项注册情况见图 1-2-17。

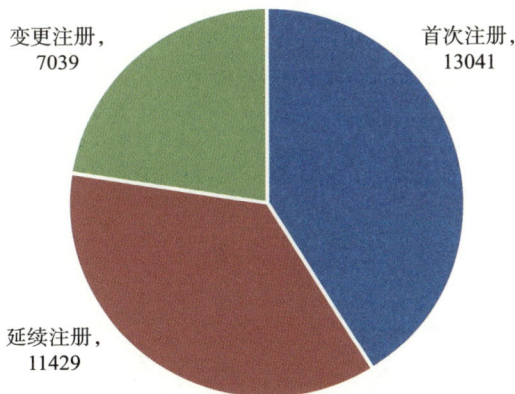

图 1-2-17 境内第二类医疗器械注册形式比例图

从注册情况看，广东、江苏、北京、湖南、浙江、河南、山东、上海、湖北、安徽 10 省（直辖市）注册的境内第二类医疗器械数量较多。

第二类医疗器械注册具体数据见表 1-2-1 及图 1-2-18。

表 1-2-1　境内第二类医疗器械注册表

省份	首次注册	延续注册	许可事项变更注册	总计
北京	629	1002	1431	3062
天津	408	195	288	891
河北	547	332	103	982
山西	89	61	20	170
内蒙古	15	11	9	35
辽宁	122	135	30	287
吉林	233	422	67	722
黑龙江	80	92	19	191
上海	330	736	272	1338
江苏	1543	1445	578	3566
浙江	641	1413	478	2532
安徽	523	351	142	1016
福建	271	215	134	620
江西	312	273	101	686
山东	682	510	336	1528
河南	647	863	441	1951
湖北	427	371	230	1028
湖南	2408	198	300	2906
广东	1870	1677	1182	4729
广西	271	258	65	594
海南	22	7	12	41
重庆	378	159	265	802

续表

省份	首次注册	延续注册	许可事项变更注册	总计
四川	274	250	277	801
贵州	32	103	17	152
云南	52	185	46	283
西藏	0	0	2	2
陕西	157	126	161	444
甘肃	16	20	10	46
青海	10	2	1	13
宁夏	5	5	11	21
新疆	47	12	11	70

从首次注册情况看，湖南、广东、江苏、山东、河南、浙江、北京、河北、安徽、湖北 10 省（直辖市）首次注册的境内第二类医疗器械数量较多。

各省第二类医疗器械首次注册数量排序图见图 1-2-19。

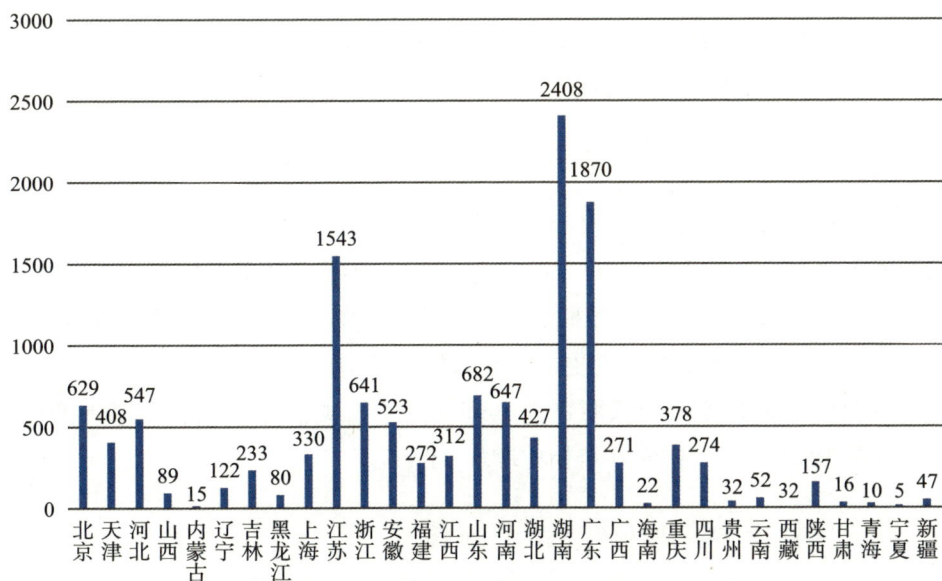

图 1-2-18　各省第二类医疗器械注册数据图

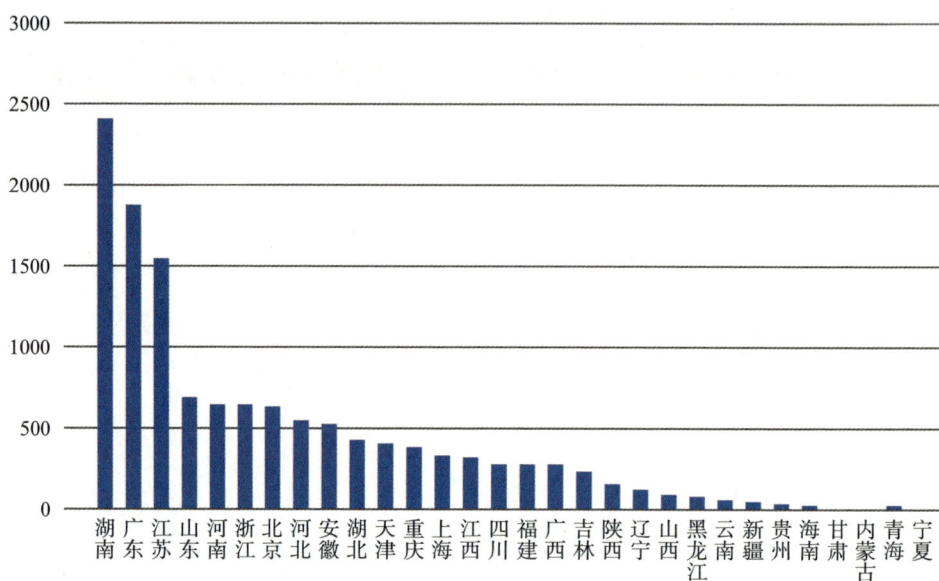

图 1-2-19　各省第二类医疗器械首次注册排位图

（二）第一类医疗器械备案情况

2021 年，国家药监局依职责共办理进口第一类医疗器械备案数量 1854 项，与 2020 年相比增加 0.5%。

全国设区的市级药品监管部门依职责共办理境内第一类医疗器械备案数量 26773 项，与 2020 年相比减少 22.7%。

（三）登记事项变更 / 变更备案情况

2021 年，国家药监局依职责共办理进口第二、三类和境内第三类医疗器械登记事项变更 / 变更备案 4603 项，与 2020 年相比增加 0.6%。

其中，境内第三类医疗器械登记事项变更 / 变更备案 2455 项，进口第二类、三类医疗器械登记事项变更 / 变更备案 2148 项。

各省级药品监管部门依职责共办理境内第二类医疗器械登记事项变更 / 变更备案 10731 项，与 2020 年相比增加 31.4%。

（四）医疗器械临床试验机构备案情况

自 2018 年 1 月 1 日《医疗器械临床试验机构条件和备案管理办法》颁布

实施以来，全国共计31个省、自治区、直辖市1074个机构完成了医疗器械临床试验机构备案工作。其中广东省、山东省、江苏省、北京市、上海市临床试验机构备案数量居全国前五名。全国医疗器械临床试验机构分布情况见图1-2-20。

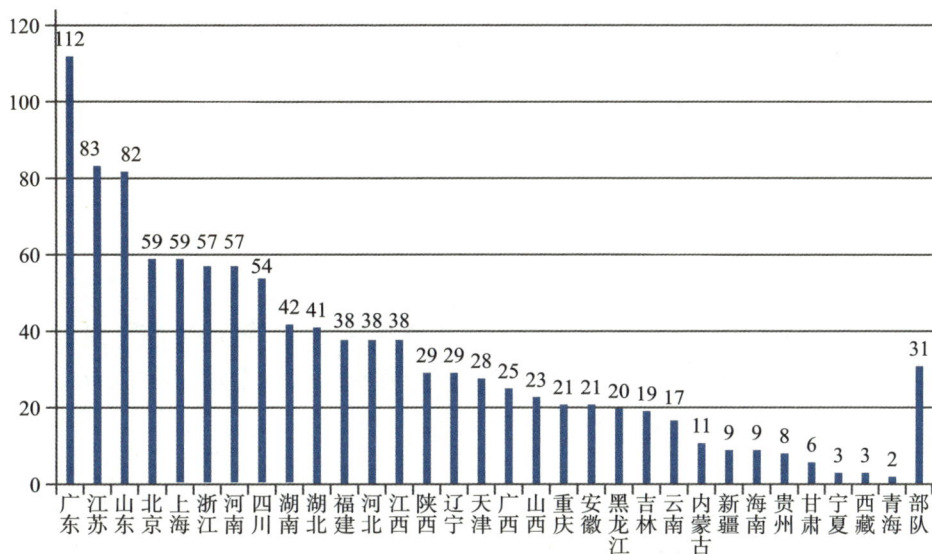

图 1-2-20　全国医疗器械临床试验机构备案数量

注：本报告的数据统计自 2021 年 1 月 1 日至 2021 年 12 月 31 日。

附件 1　　　　　　　附件 2　　　　　　　附件 3　　　　　　　附件 4

引自国家药品监督管理局网站 https://www.nmpa.gov.cn/

2020~2021 年度中国医疗器械
标准管理年报

2020 年度中国医疗器械标准管理年报

2020 年，国家药品监督管理局以习近平新时代中国特色社会主义思想为指导，坚持以人民为中心的发展思想，严格落实"最严谨的标准"要求，统筹推进疫情防控和监管工作，大力推动医疗器械标准化各项工作，为医疗器械高质量发展提供坚强有力的保障。

一、疫情防控标准研究情况

（一）紧急研制疫情防控相关重点标准

紧急组织制定 YY/T 1799-2020《可重复使用医用防护服技术要求》，及时公开标准文本。组织申报新冠病毒核酸检测试剂和高流量呼吸治疗设备专用安全等疫情防控相关 6 项国家标准立项，正按计划制定。组织紧急制定《医用防护口罩技术要求》《医用一次性防护服技术要求》《心肺转流系统 热交换水箱》《心肺转流系统 滚压式血泵》《气囊式体外反搏装置》《一次性使用静脉输液针》6 项疫情防控重点医疗物资国家标准英文版。

（二）积极申请疫情防控国际标准立项

在申报国家标准立项的基础上，组织同步申报新冠病毒核酸检测试剂和高流量呼吸治疗设备专用安全等疫情防控相关国际标准立项。其中《医用电气设备 第 2-90 部分 高流量呼吸治疗设备基本安全和基本性能》项目，国际电工委员会（IEC）和国际标准化组织（ISO）分别以 94.4% 和 94.7% 支持率高票获得通过，并由中国专家担任该项目负责人，这是由我国提出并成功立项的首个新冠疫情防控相关医疗器械国际标准项目。

（三）全力做好疫情防控标准技术支撑

1. 开展疫情防控医疗器械国内外标准比对

紧急组织开展医用防护口罩、医用防护服、重症呼吸机、体外膜肺氧合器（ECMO）等 26 种抗"疫"急需的重点保障医疗器械国内外标准关键技术指标对比分析。

2. 组织开展医用防护产品应急灭菌技术研究

组织起草《医用一次性防护服辐照灭菌应急规范（临时）》《医用防护用品环氧乙烷灭菌后加速解析应急参考方法（临时）》，有效缩短了应急情况下医用防护服、医用口罩等投入使用的时间。

3. 积极组织开展新冠疫情防控科研攻关

组织协调开展国家"新型冠状病毒感染的肺炎疫情应急项目"专项中"医用防护服技术研究和产品开发评价"课题研究。

二、医疗器械标准体系情况

（一）明确医疗器械强制性行业标准定位

2020 年 7 月 7 日，国家药监局印发《关于进一步加强医疗器械强制性行业标准管理有关事项的通知》（药监综械注〔2020〕72 号），明确了进一步维护医疗器械强制性行业标准的法律地位，以及进一步优化标准体系等具体要求。

（二）开展"十四五"规划前期研究

组织各单位在"十四五"药品安全规划的大框架下，结合医疗器械标准各技术领域产业发展和监管需求的实际，认真研究"十四五"时期医疗器械标准规划。

（三）完善医疗器械标准关键环节管理程序

组织制定《医疗器械行业标准立项原则（试行）》《医疗器械国际标准化相关工作流程》，修订《医疗器械标准审核要点》，印发医疗器械国际标准转化原则及要求，提出医疗器械强制性标准制定新要求，进一步规范、完善医疗器械标准关键环节工作流程和要求。

三、"十三五"标准制修订任务完成情况

严格按照《医疗器械标准管理办法》《医疗器械标准制修订工作管理规范》要求，组织、指导医疗器械标准化（分）技术委员会或技术归口单位［以下统称标委会（技术归口单位）］按时保质完成医疗器械标准制修订任务。

2020年下达医疗器械国家标准制修订计划27项，医疗器械行业标准制修订计划87项；发布医疗器械国家标准24项，医疗器械行业标准125项，医疗器械行业标准修改单10项。截至2020年12月31日，医疗器械标准共计1758项（表1-2-2），医疗器械标准体系持续优化。

《"十三五"国家药品安全规划》中500项医疗器械标准制修订任务已立项561项（表1-2-3），超额完成12%，"十三五"医疗器械标准质量提升专项计划圆满收官。

表1-2-2　医疗器械标准情况统计表

单位：项

	强制性	推荐性	合计
国家标准	92	134	226
行业标准	305	1227	1532
合计	397	1361	1758

表 1-2-3 "十三五"医疗器械标准制修订情况统计表

单位：项

标准层级	年份	有源医疗器械	无源医疗器械和其他	体外诊断	合计
国家标准	2016	25	1	0	26
	2017	0	3	0	3
	2018	9	15	4	28
	2019	0	5	1	6
	2020	6	8	13	27
行业标准	2016	47	40	19	106
	2017	22	54	10	86
	2018	42	45	12	99
	2019	35	46	12	93
	2020	34	36	17	87
合计		220	253	88	561
目标值		200	220	80	500
完成率		110%	115%	110%	112%

（一）标准数量大幅提升

"十五""十一五"和"十二五"期间分别发布医疗器械标准 292 项、553 项和 476 项。"十三五"期间，已发布医疗器械标准总数为 710 项，较"十二五"期间增长了 49%，其中国家标准发布数量减少了 15%，行业标准发布数量增长了 59%。2020 年共发布医疗器械标准 149 项，标准发布数量较上一年度增长了 93%。自 2001 年"十五"实施以来医疗器械标准发布数量大幅提升（图 1-2-21）。

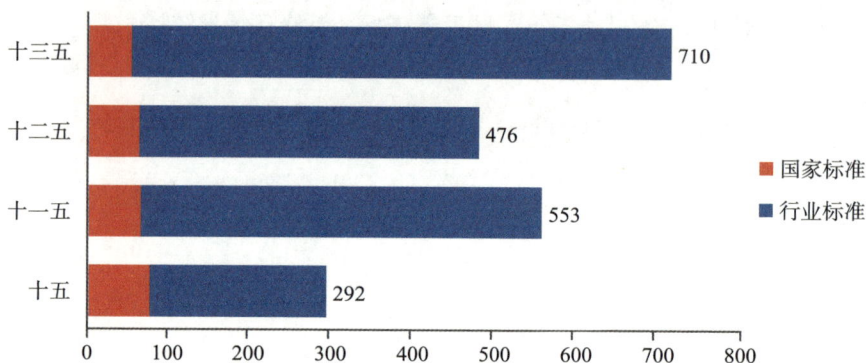

图 1-2-21　4 个"五年计划"期间医疗器械标准发布数量统计图

（二）标准结构组成更加合理

截至 2020 年 12 月 31 日，按标准规范对象统计，现行有效的医疗器械标准中基础标准 286 项，占比 16%；管理标准 54 项，占比 3%；方法标准 422 项，占比 24%；产品标准 996 项，占比 57%。

2020 年发布的 149 项标准中，基础标准 27 项、管理标准 6 项、方法标准 30 项、产品标准 86 项，基础标准占全年发布标准比例逐年增高，由 2018 年的 5% 增长到 18%，医疗器械标准体系结构组成更趋合理（图 1-2-22）。

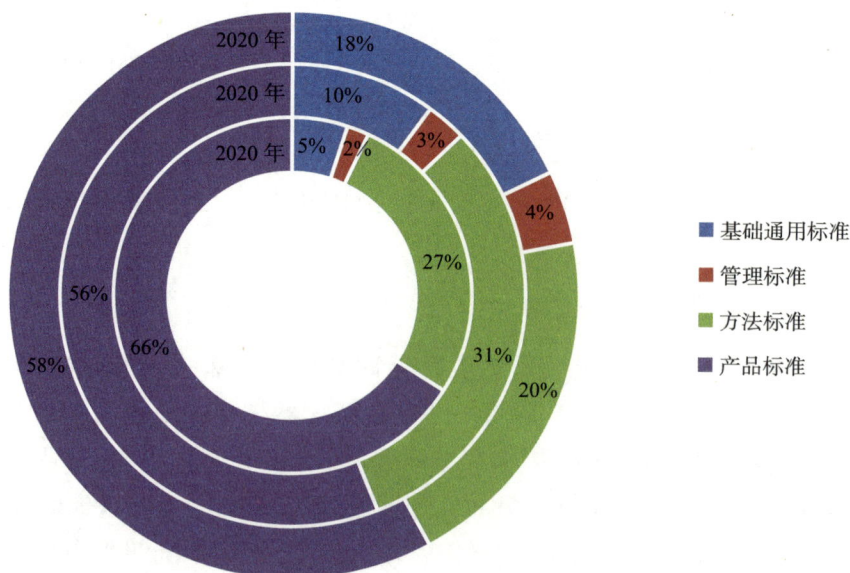

图 1-2-22　2018~2020 年发布医疗器械标准类别占比情况统计图

（三）标准领域覆盖更加全面

截至 2020 年 12 月 31 日，按标准规范对象统计，现行有效的医疗器械标准按照《中国标准文献分类法》，主要归类在医疗器械综合（C30）至医用卫生用品（C48）之间，占比前 5 位的分别是：医用化验设备（C44）14%，一般与显微外科器械（C31）11%，矫形外科、骨科器械（C35）11%，口腔科器械、设备与材料（C33）10%，医用射线设备（C43）9%（图 1-2-23）。医疗器械标准基本覆盖医用电气设备、手术器械、外科植入物等医疗器械各技术领域。

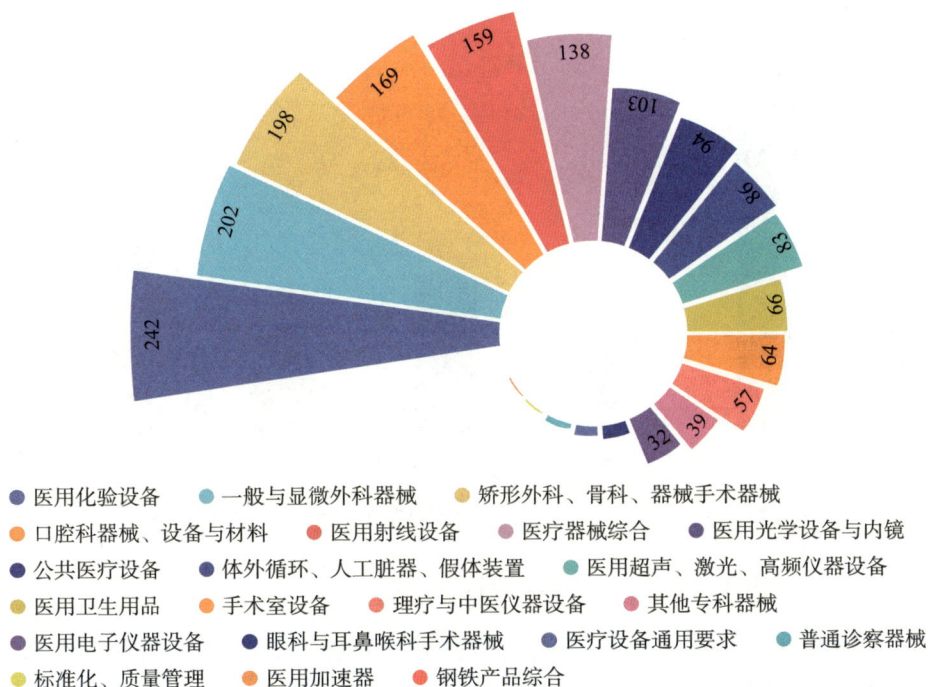

- 医用化验设备
- 一般与显微外科器械
- 矫形外科、骨科、器械手术器械
- 口腔科器械、设备与材料
- 医用射线设备
- 医疗器械综合
- 医用光学设备与内镜
- 公共医疗设备
- 体外循环、人工脏器、假体装置
- 医用超声、激光、高频仪器设备
- 医用卫生用品
- 手术室设备
- 理疗与中医仪器设备
- 其他专科器械
- 医用电子仪器设备
- 眼科与耳鼻喉科手术器械
- 医疗设备通用要求
- 普通诊察器械
- 标准化、质量管理
- 医用加速器
- 钢铁产品综合

图 1-2-23　医疗器械标准各领域覆盖情况统计图（文献分类法）

（四）标准约束力更加优化

按照《强制性国家标准管理办法》《关于进一步加强医疗器械强制性行业标准管理有关事项的通知》要求，进一步优化完善医疗器械强制性国家标准和强制性行业标准体系。经协调，2 项医用光学领域医疗器械强制性标准由工业和信息化部调整到国家药品监督管理局。

截至 2020 年 12 月 31 日，现行有效的医疗器械强制性标准共 397 项，占比 23%。其中强制性国家标准 92 项，行业标准 305 项。397 项医疗器械强制性标准中基础通用标准 106 项（占 27%）、方法标准 2 项（1%）、产品标准 289 项（72%）。基础通用标准主要涉及产品通用安全和技术要求等方面；1 项方法标准在 2020 年通过实施评价后拟整合修订为医疗器械推荐性行业标准。2016 年至 2020 年发布医疗器械强制性标准统计情况见图 1-2-24。

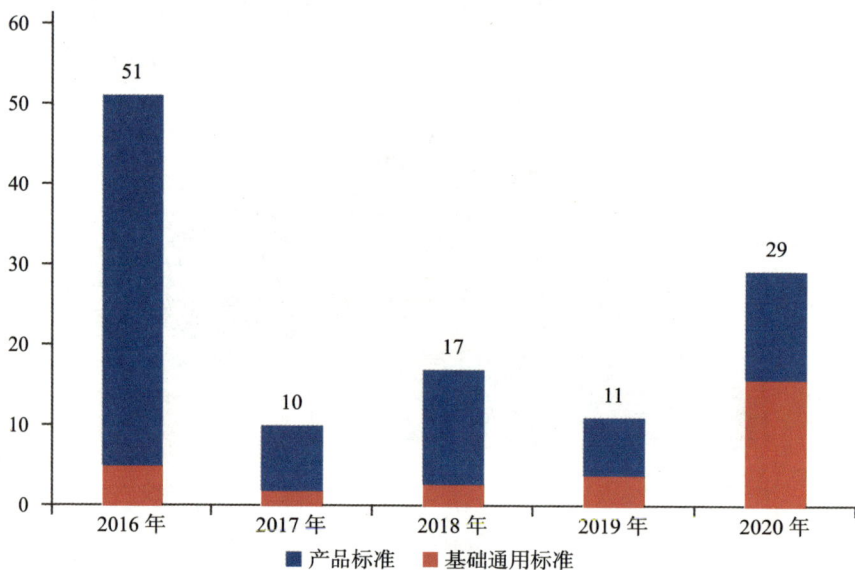

图 1-2-24 "十三五"期间医疗器械强制性标准发布情况统计图

（五）医用电气设备安全标准发布实施

2020 年 4 月，新版 GB 9706.1-2020《医用电气设备 第 1 部分：基本安全和基本性能的通用要求》正式发布，将于 2023 年 5 月 1 日实施，是医用电气设备需要遵循的基础通用安全标准。该标准及其并列、专用标准均采用 IEC 60601 系列国际标准，其中适于转化的 IEC 60601 系列标准共 74 项。国家药品监督管理局组织制定了一揽子标准转化、编号、宣贯方案，有序推进系列标准转化。截至 2020 年 12 月 31 日，已发布 15 项标准，39 项已完成制修订正在标准审核及出版社审校阶段，15 项正在制修订中，需新转化制定的 5 项专用安全标准正在申请国家标准立项。

四、标准组织架构建设情况

2020 年，国家药品监督管理局批准成立医用机器人标准化技术归口单位，批准筹建的全国医疗器械临床评价质量管理和通用要求标准化技术归口单位正按程序推进中。自 1980 年第一个医疗器械标委会成立以来，标委会（技术归口单位）数量已增长到 33 个，包括 13 个总标委会（TC）、13 个分标委会（SC）和 7 个技术归口单位（图 1-2-25），医疗器械标准组织架构见图 1-2-26。

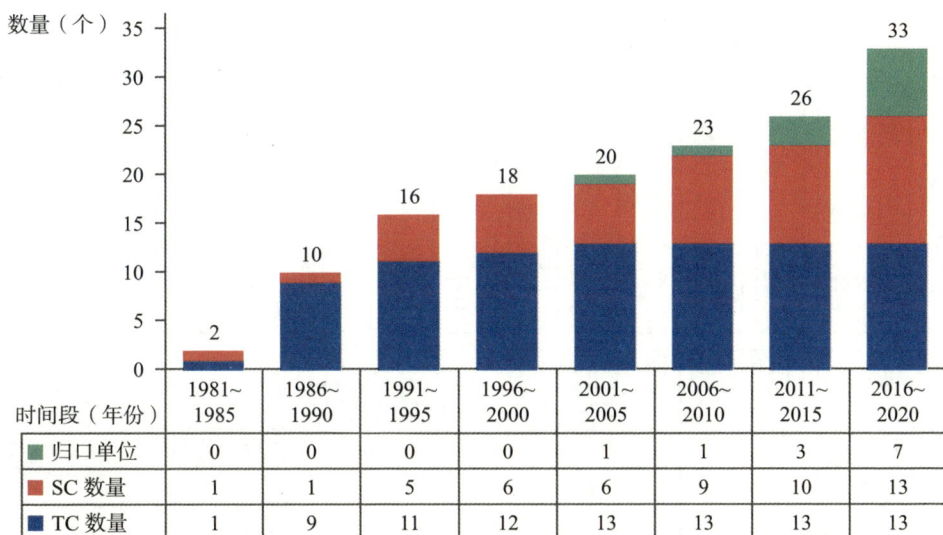

数量（个）

时间段（年份）	1981~1985	1986~1990	1991~1995	1996~2000	2001~2005	2006~2010	2011~2015	2016~2020
归口单位	0	0	0	0	1	1	3	7
SC 数量	1	1	5	6	6	9	10	13
TC 数量	1	9	11	12	13	13	13	13

图 1-2-25　1981~2020 年医疗器械标委会及技术归口单位数量增长图

五、标准精细化管理情况

（一）梳理医疗器械标准现状

探索性开展医保目录和一类医疗器械产品标准覆盖情况调研，为医疗器械标准立项奠定基础。组织对 2009 年 12 月 31 日前发布的 86 项医疗器械强制性标准开展标准实施评价，组织研提各技术领域医疗器械强制性标准制定原则，系统梳理存量医疗器械强制性标准，研提 5 年修订计划。

（二）建立国内外标准差异分析比对长效机制

加强医疗器械标准国内外比对基础性研究，明确在标准立项阶段要提供与国际、国外区域或欧、美、日等国家标准的初步对比分析报告；在标准报批阶段要就标准的重要技术指标和对应的试验方法与国际、国外标准的差异进行对比分析，并提供技术差异对比表，扎实做好医疗器械国内外标准差异分析技术储备。

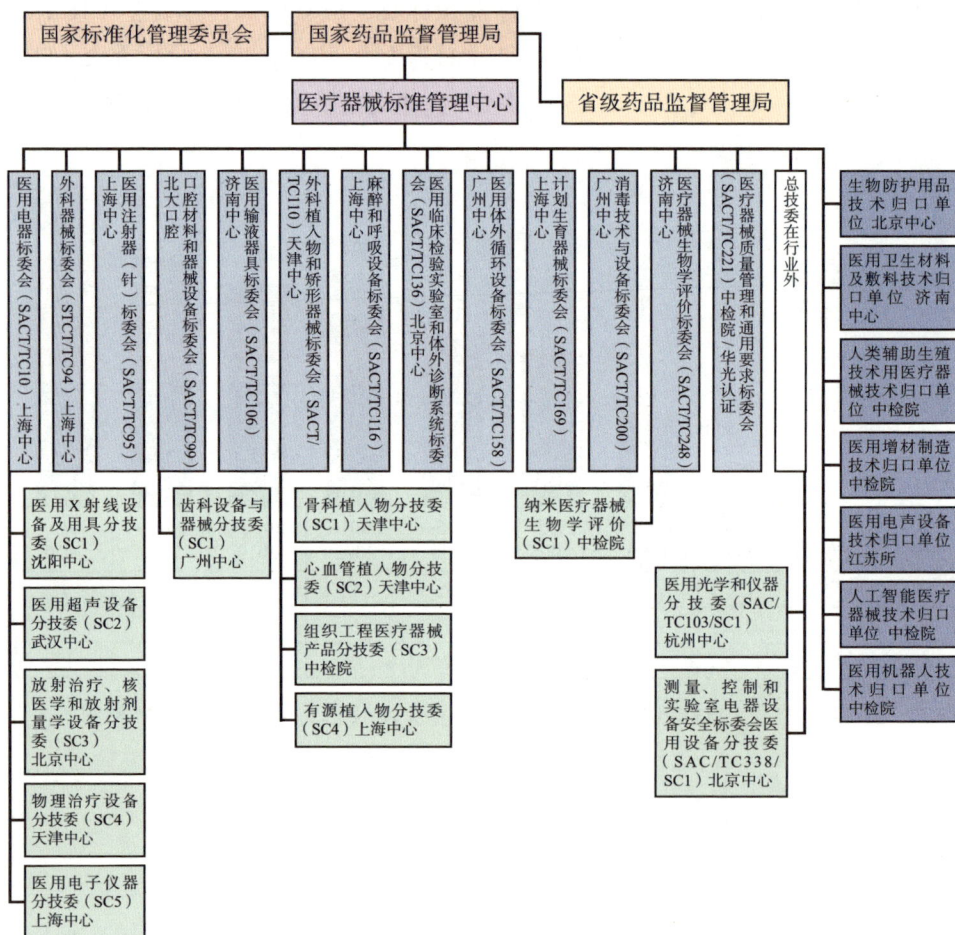

图 1-2-26　医疗器械标准组织架构图

（三）强化标准宣贯培训

制定并对外公布 2020 年医疗器械标准宣贯培训，组织召开医疗器械标准综合知识线上培训班，加强重要基础通用标准宣贯解读，在全国医疗器械安全宣传周期间举办 GB 9706.1-2020《医用电气设备 第 1 部分 基本安全和基本性能的通用要求》免费网络培训公开课，共 5900 余人参训，进一步统一对该标准的理解。

六、参与国际标准制修订情况

（一）积极研提国际标准新项目

2020 年共提出《医用输液器 第 15 部分：避光输液器》《组织工程医疗产品 – 脱细胞基质支架材料的残留 DNA 定量检测方法》等 9 项医疗器械国际标准立项申请，其中 1 项已成功立项，2 项已通过成员国同意，进入项目立项（NP）投票阶段。

（二）有序推进国际标准制修订

推动由我国主导或牵头的 8 项医疗器械国际标准制定，其中由我国提出并成功立项的首个新冠疫情防控相关医疗器械国际标准项目已结束国际标准草案（DIS）投票；《心血管植入物—心脏封堵器》《医用输液器 第 15 部分：避光输液器》等 2 项国际标准项目已通过了委员会草案（CD）阶段投票，进入到 DIS 投票阶段；《组织工程医疗产品 软骨核磁评价 第 1 部分：采用 dGEMRIC 和 T2 Mapping 技术的临床评价方法》由技术报告（TR）调整为技术规范（TS），项目立项（NP）投票阶段获得成员国一致同意，进入工作组草案（WD）讨论阶段。

（三）鼓励积极参与国际标准化活动

组织参加国际标准化会议 20 余次，及时跟踪国际标准新动态，代表我国参与国际标准投票共计 150 余次。

七、标准信息公开情况

2020 年，在国家药品监督管理局医疗器械标准管理中心（简称标管中心）网站对外公开 322 项医疗器械强制性标准文本和 808 项非采标推荐性标准文本，公开率均为 100%。对外公开征求 182 项医疗器械标准立项项目和 125 项标准征求意见稿及编制说明意见，公开时间分别为 1 个月和 2 个月。对外公开了 94 项各标委会（技术归口单位）医疗器械标准项目征集、委员征集、标准审定会等相关信息，鼓励各方积极参与医疗器械标准制修订工作。及时公布 2020 年度医疗器械标准宣贯计划，加大标准宣贯的力度。对从标管中心公众反馈平台反馈的 137 项意见建议及时进行答复处理。建立了各相关方广泛参与医疗器械标准制修订全过程的机制（表 1-2-4）。

表 1-2-4　医疗器械标准制修订全过程参与方式一览表

	阶段	社会各方参与方式
1	√ 预立项	可在标管中心网站全年提出标准立项提案
2	√ 立项	可在立项公式期间提出意见建议
3	√ 起草	可申请作为标准起草单位、验证单位
4	√ 征求意见	公开或书面征求意见时反馈意见建议
5	√ 技术审查	标管中心网站公开标准审查会信息，各相关方参与
6	√ 审核发布	标准目录、标准文本、标准年报信息公开
7	√ 宣贯培训	在标管中心网站公开年度培训计划和培训通知
8	√ 复审、实施评价	在公众交流平台和实施评价中反馈实施问题和建议

附表 1

附表 2

附表 3

附表 4

附表 5

附表 6

2021 年度中国医疗器械标准管理年报

2021 年，国家药监局坚持以习近平新时代中国特色社会主义思想为指导，把握新发展阶段，贯彻新发展理念，以推动高质量发展为主题，以规范管理为切入点，严格落实"最严谨的标准"要求，统筹推动医疗器械标准各项工作。

一、做好标准体系顶层设计

2021 年 3 月 26 日，国家药监局、国家标准委联合发布《关于进一步促进医疗器械标准化工作高质量发展的意见》（国药监械注〔2021〕21 号，简称《意见》）。《意见》明确了到 2025 年基本建成适应医疗器械全生命周期管理需要，符合严守安全底线和助推质量发展高线新要求，与国际接轨、有中国特色、科学先进的医疗器械标准体系，实现标准质量全面提升，标准供给更加优质、及时、多元，标准管理更加健全、高效、协调，标准国际交流合作更加深入、更富成效的目标；提出了推进医疗器械标准化工作高质量发展的六大任务和三大保障措施。结合各领域"十四五"标准体系发展规划和监管实际，印发了《意见》任务分工，擘画了"十四五"期间医疗器械标准体系建设的顶层设计和标准化工作高质量发展的蓝图。

二、健全标准组织架构

2021 年，国家药监局整合各方资源，积极推动在监管急需领域、创新领域成立标准化技术组织，先后批准成立全国医疗器械临床评价、医用高通量测序 2 个标准化技术归口单位。

截至 2021 年 12 月 31 日，医疗器械标准化（分）技术委员会或技术归口单位［以下统称标委会（技术归口单位）］数量已增长到35个，包括13个总标委会（TC）、13个分标委会（SC）和9个技术归口单位，医疗器械标准组织架构见图1-2-27。

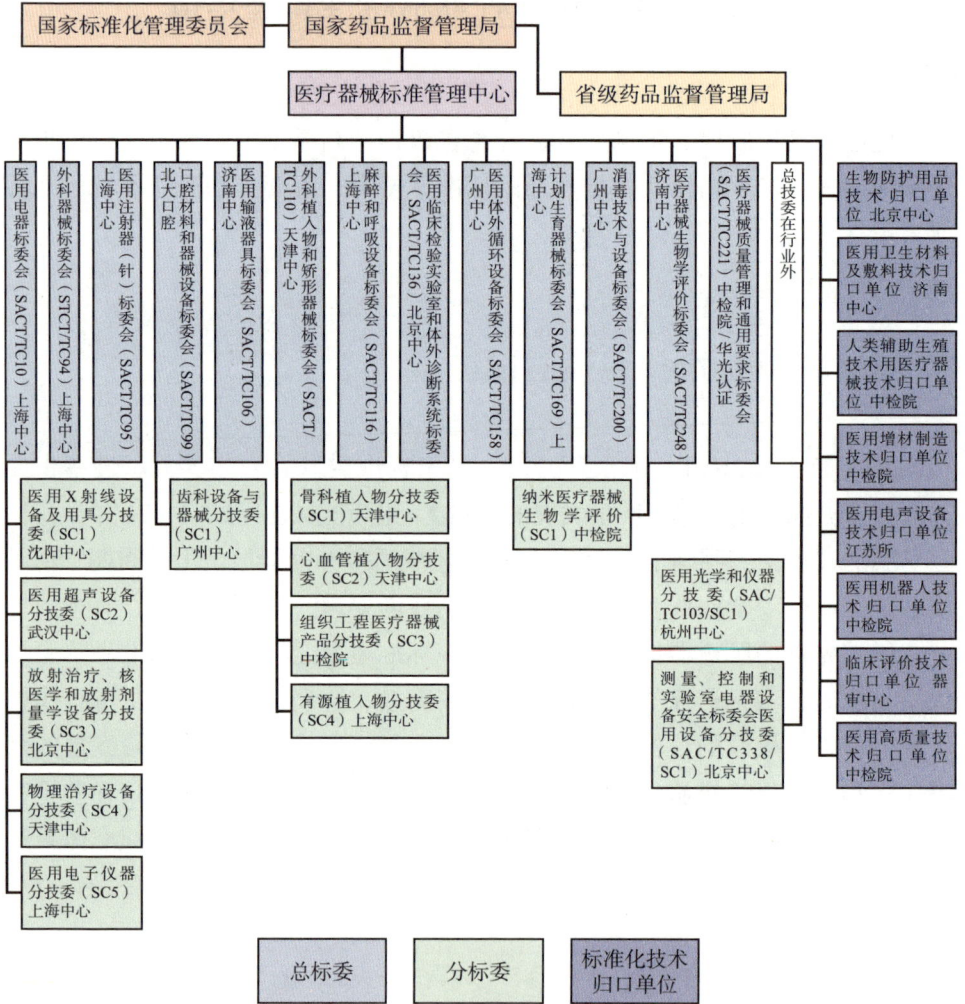

图 1-2-27 医疗器械标准组织架构图

指导全国外科植入物和矫形器械等4个标准化技术委员会换届和全国麻醉和呼吸设备等9个标委会委员调整。全国医用临床检验实验室和体外诊断系统标准化技术委员会（SAC/TC136）及全国医疗器械生物学评价标准化技术委员会（SAC/TC248）2个标委会先后在国家标准委组织开展的全国专业标准化技术委员会考核评估中结果为一级。

三、研制疫情防控标准

（一）健全我国疫情防控标准体系

1. 组织制定《新型冠状病毒核酸检测试剂盒质量评价要求》《新型冠状病毒抗原检测试剂盒质量评价要求》《新型冠状病毒抗体检测试剂盒质量评价要求》《新型冠状病毒 IgM 抗体检测试剂盒质量评价要求》《新型冠状病毒 IgG 抗体检测试剂盒质量评价要求》5 项推荐性国家标准，已于 2021 年 11 月 26 日正式发布，从核酸、抗原及抗体检测为新型冠状病毒检测试剂的质量评价提供技术支撑。

2. 结合疫情防控常态化管理的要求，以及医用防护产业发展的需求，组织 GB 19083-2010《医用防护口罩》和 GB 19082-2009《医用一次性防护服》修订；组织制定正压防护服、传染病患者运送负压隔离舱等 4 项生物防护相关行业标准。

（二）积极助力国际疫情防控

1. 2021 年 8 月 30 日，国际标准 ISO 80601-2-90：2021《医用电气设备 第 2-90 部分：高流量呼吸治疗设备的基本安全和基本性能专用要求》，由国际标准化组织（International Organization for Standardization，ISO）和国际电工委员会（International Electrotechnical Commission，IEC）官网发布，这是由我国提出并负责完成的首个新冠肺炎疫情防控医疗器械国际标准项目。该标准的发布填补了此类产品国际标准的空白，为保障高流量呼吸治疗设备的安全有效，促进国际流通起到了积极作用，为全球疫情防控提供技术支持和贡献中国智慧。

2. 积极参与国际标准技术规范 ISO/TS 5798《通过核酸扩增方法检测新冠病毒的质量规范》制定工作，目前已进入工作组草案（WD）阶段。

3. 组织制定的《医用防护口罩技术要求》等 2 项新冠疫情防控相关国家标准外文版已正式发布。

四、优化评估强制性标准

2021 年 3 月 29 日，为进一步优化医疗器械强制性标准体系，国家药监局综合司印发《医疗器械强制性标准优化工作方案》，确定了工作目标、总体要求，进一步明晰了医疗器械强制性标准和推荐性标准的范畴，以及标准修订、废止、转化的情形，明确了职责分工、进度安排和工作要求。

根据工作方案，拟转化为推荐性标准 126 项，转化为强制性国家标准 14 项，废止 17 项，修订（含整合）122 项，保持继续有效 179 项（图 1-2-28），上述优化评估结果正在国家药监局网站公示。

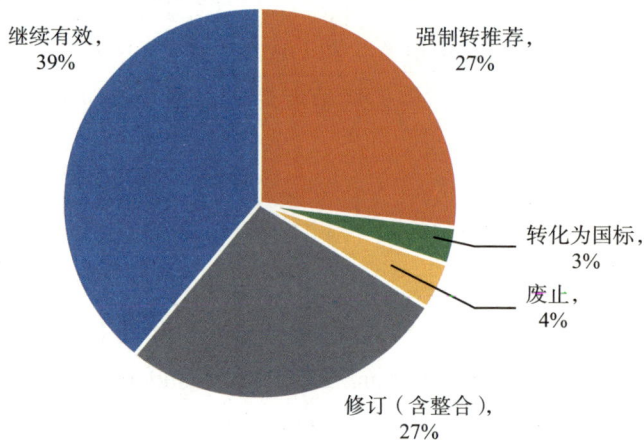

图 1-2-28　医疗器械强制性标准优化评估公示结果统计图

五、完成标准制修订任务

2021 年下达医疗器械国家标准制修订计划 38 项，医疗器械行业标准制修订计划 79 项；发布医疗器械国家标准 35 项，医疗器械行业标准 146 项，医疗器械行业标准修改单 3 项。截至 2021 年 12 月 31 日，医疗器械标准共计 1849 项（表 1-2-5），医疗器械标准体系持续优化。

表 1-2-5　医疗器械标准情况统计表

	强制性	推荐性	合计
国家标准	91	144	235
行业标准	298	1316	1614
合计	389	1460	1849

（一）标准数量持续提升

2021 年共发布医疗器械标准 181 项，标准发布数量较上一年度增长21%。近 3 年来，医疗器械标准发布数量稳步提升（图 1-2-29）。其中，国家标准发布数量增长显著。

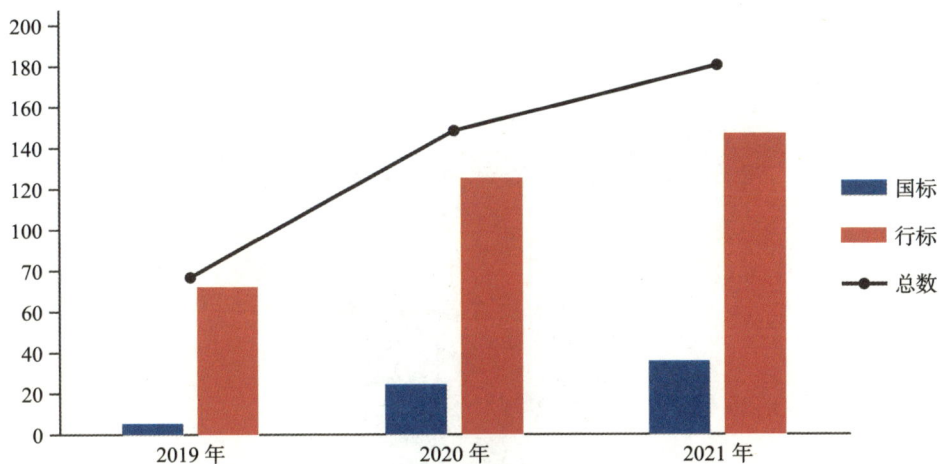

图 1-2-29　2019~2021 年医疗器械标准发布情况统计图

（二）体系结构更加优化

截至 2021 年 12 月 31 日，按标准规范对象统计，现行有效的医疗器械标准中基础标准 301 项，占比 16%；管理标准 47 项，占比 3%；方法标准 448项，占比 24%；产品标准 1053 项，占比 57%。

2021 年发布的 181 项标准中，基础标准 44 项，占比 24%；管理标准 8项，占比 4%；方法标准 32 项，占比 18%；产品标准 97 项，占比 54%。

重点支持基础通用和监管急需标准制定，2021 年发布的 35 项国家标准中，18 项为医用电气设备 GB 9706.1 配套的系列专用安全标准，5 项为新冠病毒检测试剂质量评价要求标准，6 项为临床检验医学实验室质量和能力要求系列标准，2 项为医疗器械生物学评价系列基础通用标准，基础通用标准和疫情防控、监管急需标准占比达 89%。

（三）覆盖领域更加全面

截至 2021 年 12 月 31 日，按标准规范对象统计，现行有效的医疗器械标准按照《中国标准文献分类法》，主要归类在医疗器械综合（C30）至医用卫生用品（C48）之间，占比前 5 位的分别是：医用化验设备（C44）14%，矫形外科、骨科器械（C35）11%，一般与显微外科器械（C31）11%，口腔科器械、设备与材料（C33）10%，医用射线设备（C43）9%（图 1-2-30）。医疗器械标准基本覆盖医用电气设备、手术器械、外科植入物等医疗器械各技术领域。

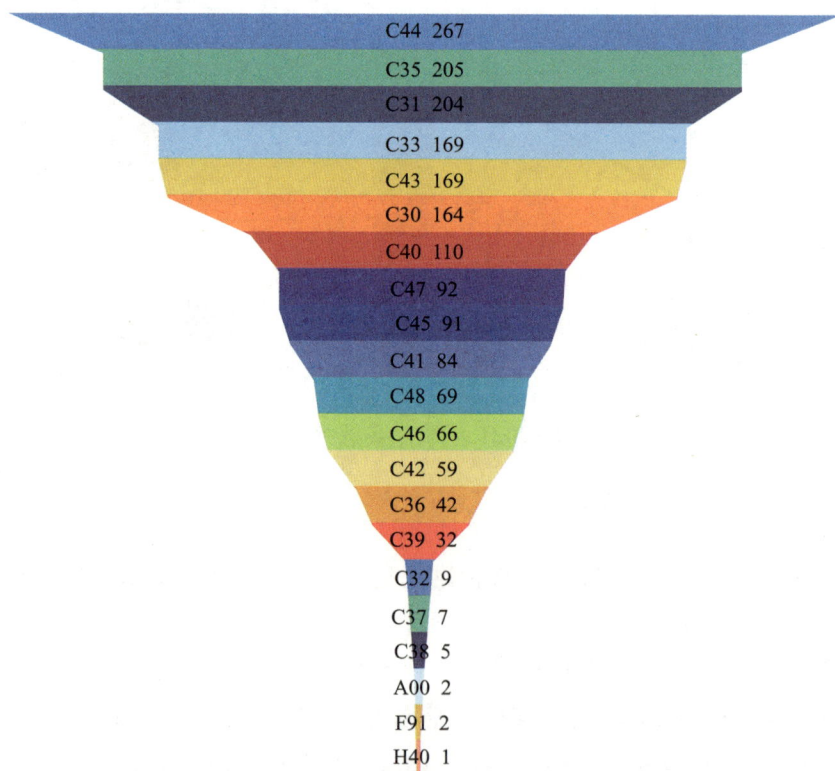

图 1-2-30　医疗器械标准各领域覆盖情况统计图（文献分类法）

2021 年发布的 181 项标准中，发布数量排名前 3 的领域分别是医用化验设备（C44）、医疗器械综合（C30）、医用射线设备（C43），各领域发布标准数量见图1-2-31。

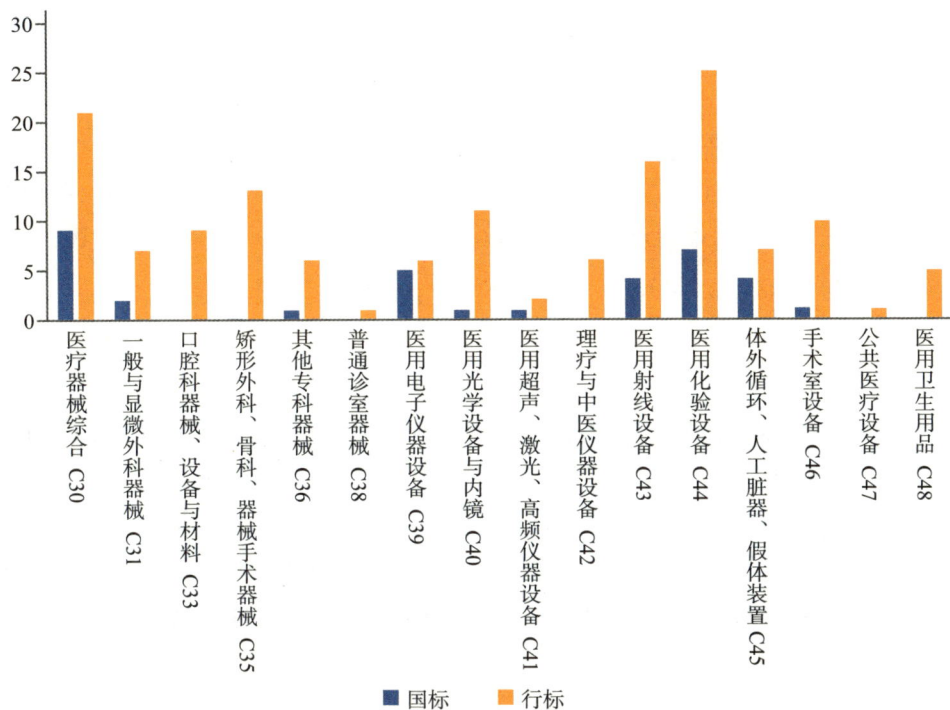

图1-2-31 2021年发布医疗器械标准各领域分布情况统计图

推进急需标准快速制定，落实《意见》要求，对新兴产业等监管急需标准紧急立项、快速制定、及时发布。如加快组织制定发布《重组胶原蛋白》等产业监管急需标准。

（四）标准效力得到增强

在对存量医疗器械强制性标准进行优化评估的基础上，进一步落实《意见》要求，将增量医疗器械强制性标准严格限定在涉及基本安全、性能要求，涉及安全的基础通用性技术要求和涉及《医疗器械安全和性能的基本原则》有关要求的范畴。2021年共发布医疗器械强制性标准41项，其中国家标准17项，行业标准24项。41项强制性标准中，34项为GB 9706.1配套的医用电气设备并列和专用安全标准，占比达83%；其余7项强制性标准中，有2项强制性标准整合代替了原来的8项强制性标准。

六、建立标准管理长效机制

（一）优化标准制修订工作机制

鼓励企业、科研院所、社会团体等各相关方积极参与标准制修订工作。建立并完善标准信息化平台，在标管中心网站及时公开标准发布公告、计划通知、立项 / 委员征集信息等，标准制修订过程信息 100% 对外公开，引导各方积极参与标准制修订工作。

（二）完善标准实施反馈机制

2021 年国家药监局建立并运行医疗器械标准实施反馈机制，形成了标准制修订全链条闭环管理。

建立医疗器械标准意见反馈信息系统。自 2021 年 7 月 1 日起在标管中心网站运行，进一步健全了医疗器械标准实施反馈平台和沟通渠道。对公众反馈的标准实施意见，组织研究处理，做到条条有回复，件件有处理。

七、参与国际标准制修订

（一）我国主导制定的 2 项国际标准正式发布

除由我国主导制定的首个新冠疫情防控相关医疗器械国际标准 ISO 80601-2-90：2021 外，首个由我国医疗器械行业标准（标准号：YY/T 1553-2017）转化的国际标准 ISO 22679-2021《心血管植入物 - 心脏封堵器》于 2021 年 11 月正式发布。该国际标准的发布标志着我国医疗器械标准在持续提升与国际标准一致性程度的基础上，逐步开始探索将我国标准推广到国际。

（二）积极研提国际标准新项目

2021 年共提出《计算机体层摄影设备的能谱成像 性能评价方法》《外科器械 吻合器 第 1 部分：术语和定义》《外科器械 吻合器 第 2 部分：通用要求》《胶原蛋白特征多肽定量测定方法标准》《脱细胞基质支架材料中残留

DNA 定量测定方法标准》等 6 项医疗器械国际标准立项申请。

（三）积极推进国际标准制定

我国主导制定的国际标准 ISO 8536-15《医用输液器 第 15 部分：一次性使用避光输液器》目前处于最终国际标准草案（FDIS）投票阶段；国际标准 ISO/DIS 24072《输液器进气器件气溶胶细菌截留试验方法》和技术规范 ISO/TS 24560-1《组织工程医疗产品 软骨核磁评价 第 1 部分：采用延迟增强磁共振成像和 T2 Mapping 技术的临床评价方法》已进入国际标准草案（DIS）阶段。

（四）积极参与国际标准化活动

组织参加国际标准化会议 50 余次，及时跟踪国际标准新动态，代表我国参与国际标准投票共计 193 次，新推荐 16 名专家成为国际标准组织注册专家，积极参与国际标准化活动。

八、提升标准服务水平

一是按技术领域研究编印《医疗器械标准目录》，在国家药监局和标管中心网站面向社会公开。二是现行 333 项医疗器械强制性行标文本和 871 项非采标推荐性行标文本全部公开，提高标准可及性，服务标准各相关方。三是制定并公开医疗器械标准年度宣贯计划和通知，共组织对 123 项医疗器械标准进行宣贯培训。

九、宣传推广标准理念

一是成功举办 2021 年"世界标准日"医疗器械标准化主题宣传活动。在北京举办"标准助推医疗器械高质量发展"为主题的首届中国医疗器械标准论坛活动，并组织医用 X 射线分标委在深圳举办了以"创新科技时代下的医疗器械标准"为主题的第七届 IEC 国际医疗器械标准论坛。

二是配合"2021 年全国医疗器械安全宣传周",组织举办医疗器械标准管理线上分会。解读最新医疗器械标准规划政策,讲解医用电气设备基础通用安全标准相关要求和实施要点,进一步宣传标准理念。

三是举办医疗器械标准综合知识培训班和 GB 9706.1–2020 免费线上公益培训班,5300 余人参训,进一步统一认识、提高理解、促进标准顺利实施。

附表 1

附表 2

附表 3

附表 4

附表 5

引自国家药品监督管理局网站 https://www.nmpa.gov.cn/

2020~2021 年医疗器械分类界定结果汇总

　　本次汇总的 2020 年 7 月 ~2021 年 12 月医疗器械产品分类界定结果共
1077 个，其中建议按照Ⅲ类医疗器械管理的产品 155 个，建议按照Ⅱ类医疗
器械管理的产品 505 个，建议按照Ⅰ类医疗器械管理的产品 143 个，建议不
单独作为医疗器械管理的产品 51 个，建议不作为医疗器械管理的产品 197
个，建议按照药械组合产品判定程序界定管理属性的产品 20 个，建议视具体
情况而定的产品 6 个。

　　相关产品分类界定结果是基于申请人提供的资料得出，不代表对其产品
安全性和有效性的认可，仅作为医疗器械产品注册和备案的参考；结果中产
品描述和预期用途是用于判定产品的管理属性和类别，不代表相关产品注册
或备案内容的完整表述。《医疗器械分类目录》中暂无对应一级产品类别的
"分类编码"以"00"表示，如"X 射线骨龄检测设备"的分类编码：06-00。

　　具体情况请扫码。

二维码

引自国家药品监督管理局医疗器械标准管理中心 https://www.nifdc.org.cn/
nifdc/bshff/ylqxbzhgl/

第三节　地方创新实践

广东省医疗器械监管综合改革

　　广东省医疗器械产业发达，截至 2021 年底，全省医疗器械生产企业数量约占全国 1/6。"十四五"时期，是推动制造业高质量发展的关键期，也是产业进入全面工业化的攻坚期、深度工业化的攻关期。2019 年 2 月 18 日，中共中央、国务院印发《粤港澳大湾区发展规划纲要》，提出粤港澳大湾区将重点"塑造健康湾区"。2020 年 11 月 25 日，国家市场监管总局、国家药监局、国家发展改革委等 8 部门联合发布《粤港澳大湾区药品医疗器械监管创新发展工作方案》。2020 年 12 月 23 日，国家药品监督管理局医疗器械技术审评检查大湾区分中心在广东省深圳市挂牌成立并投入实质性运行。2021 年 6 月 1 日，新修订的《医疗器械监督管理条例》正式施行，明确提出推动医疗器械产业高质量发展。2021 年 8 月 9 日，广东省人民政府发布《广东省制造业高质量发展"十四五"规划》，明确提出"十四五"期间广东省将着重推动高端医疗器械研发产业化。2021 年 12 月 31 日，广东省人民政府印发《广东省推动医疗器械产业高质量发展实施方案》，明确要加快推进广东省医疗器械产业高质量发展，提升核心竞争力。

　　近年来，在国家药监局的坚强领导和大力支持下，广东省药品监督管理局（简称广东省药监局）持续加快推进监管体系和监管能力现代化，不断强化创新服务意识和服务能力，持续探索靠前服务、资源整合、社会参与的新方法，加快推进省内创新医疗器械产品上市，目前已取得了显著成效。基于此，本文在梳理广东省医疗器械监管综合改革成效的基础上，提出促进医疗器械产业创新和产业高质量发展的探索方向，为提高全国医疗器械创新监管水平提供"广东经验"。

一、广东省医疗器械产业现状

近年来，广东省医疗器械产业规模稳步壮大，产业结构不断优化，创新能力不断增强，发展水平位居全国前列。省内拥有广州国际生物岛、深圳国家生物产业基地、金湾生物医药产业园、中山国家健康科技产业基地等医疗器械相关产业集聚区，拥有 3 家国家临床医学研究中心、1 个药品监管科学研究基地、1 家国家药监局重点实验室、2 家省级实验室，建有国家基因库等一批重大科技基础设施，拥有中山大学、南方医科大学等一批知名医科大学，以及一大批具有国际竞争力的龙头骨干企业和创新型企业。

截至 2021 年 12 月 31 日，广东省共有医疗器械生产企业 4457 家，位居全国第一；医疗器械 A 股上市企业 23 家，位居全国第一；经营企业 179251 家，位居全国第一；获批医疗器械注册证 12749 个，位居全国第二，其中国家药监局批准的创新医疗器械注册证 23 个，位居全国第三；经备案的第一类医疗器械产品 16733 个，呈稳步上升趋势[1-2]。

截至 2021 年底，广东省共有 44 家企业 59 个第三类创新医疗器械产品进入国家药监局特别审查程序，占境内认定创新产品总数的 17.62%[3]；共有 19 家企业 23 个第三类国产医疗器械创新产品获批上市，占境内上市创新产品的 18.11%[2]。上述两个创新指标均位居全国前列。

2021 年广东省医疗器械产值约达 2600 亿元，第二类医疗器械首次注册 1870 件，占全国 14.34%，排名第二；第三类医疗器械首次注册 192 件，占 16.98%，排名第二；国家药监局共批准 35 个创新医疗器械，广东省 6 家企业 7 个创新产品获批，占全国 20%，并列排名第一[4]。

二、推进医疗器械监管综合改革助推产业创新的举措

2020 年以来，广东省药监局深入推进医疗器械监管综合改革，发挥医疗器械监管科学研究基地作用，加强医疗器械监管科学研究，提升医疗器械科学监管水平。以医疗器械监管综合改革为抓手，推进体制机制创新，提高监

管效能，形成更加有利于产业高质量发展的监管生态，推动广东省医疗器械监管能力率先达到国际先进水平[5]。

（一）牵头起草《广东省推动医疗器械产业高质量发展实施方案》

经过充分调研、征求意见、沟通交流、达成共识，经广东省人民政府同意，广东省药监局牵头起草的《广东省推动医疗器械产业高质量发展实施方案》由省人民政府办公厅印发。该方案可推动提高广东省医疗器械创新链整体效能，提升高端医疗器械源头创新能力，聚焦前沿技术领域，加快核心关键技术攻关与应用研究，着力解决产业链中"卡脖子"的问题，加快创新医疗器械临床推广和使用等[6]。

（二）创新第二类医疗器械审评审批工作机制

广东省药监局着力开展医疗器械监管科学研究，加强医疗器械监管方法创新，不断提升医疗器械科学监管水平。实施第二类医疗器械检验检测、审评审批全过程信息化管理，实现医疗器械注册"五个网上"全流程无纸化审批[7]，全面启用电子证照。打造省内"24小时在线申报"模式[8]，突破时间和空间限制，实现申请人办事"零跑动"。开通辅助报告填写，在线获取核验营业执照、注册检验报告等功能，提高审评审批整体效率，实现省内第二类医疗器械注册技术审评时限比法定时限平均提速50%[9]，产品注册周期整体缩短，加快推动优质产品获批上市，显著提升企业的获得感和满意度。

（三）开展第二类创新医疗器械特别审批工作

原广东省食品药品监督管理局制定发布了《广东省第二类创新医疗器械特别审批专人辅导程序与工作要求（试行）》，充分发挥专业监管部门、技术机构的优势，服务好创新产品落地，进一步明确和规范技术服务环节的专人辅导流程，以专业化的业务指导和服务工作为核心，整合省内生物医疗方面优势资源，协调产、学、研、医、检各方力量，推动创新产品研发和关键技术创新成果转化进度，带动医疗器械产业发展。同时构建以第三方权威认证机构、行业组织、业内专家为核心的生物医疗行业智库，为创新项目产品检测、技术审评、生产许可、产业规划布局、厂房设计、对接地方政府等提供政策咨询、智库服务和决策参考，全力配合做好全链条服务工作。

（四）开展"三重"创新服务

2021年1月12日，广东省药监局印发了《广东省药品监督管理局生物医药产业重点项目、重点企业、重点地区创新服务管理办法（试行）》。一年以来共公布2批"三重"服务名单，遴选出重点项目7个，重点企业4个，重点地区5个。名单发布后，广东省药监局以创新发展需求为导向，创新监管与服务方式，在全系统各部门指定专人，提前介入做好对接，通过提供政策法规咨询、指导申报资料报送、协调检验检查资源，对接审评审批环节等方式，全程做好项目服务工作，助推创新产品上市、企业做大做强、产业创新发展。同时，广东省药监局内部持续规范服务流程，优化办事程序，提高审批效率，提升服务质量，力争每个"三重"服务均达到预期目标。

（五）产业规划创新工作

在医疗器械发展方面，针对省内医疗器械省级实验室数量不足、医疗器械基础技术研究平台体系不完善等情况，广东省药监局提出要加快推进基础技术研究设施建设，推动材料生物性能安全评价、分子生物学评价等涉及无源医疗器械产品省级实验室的建设，推动基础研究成果向应用技术转化等措施。同时，广东省药监局联合广东省科技厅等部门开展年度广东省重点领域研发计划"高端医疗器械"重点专项项目组织申报工作，在创新器械研发投入、创新器械市场准入、创新器械平台建设（产、学、研、医、检）等方面予以支持。广东省药监局还深度参与了2020年9月25日发布的《广东省发展生物医药与健康战略性支柱产业集群行动计划（2021–2025年）》制定工作，明确4个"工作目标"，提出5大"重点任务"和8大"重点工程"。

（六）推动省级临床资源服务创新

广东省药监局牵头组织成立了全国首个公益性医疗器械临床试验专业委员会，构建了与临床试验单位沟通交流平台，及时传递和解读权威政策。

与此同时，创造性地在广州、深圳组织召开医疗器械临床试验资源对接交流会，破除"医企"沟通障碍，寻找医疗器械产业发展的创新点。除此之外，广东省药监局还积极组织专家学者有针对性地开展创新医疗器械临床应用研究、风险分析等，向医疗机构提供专业咨询服务，并对创新产品的临床试验提供临床核查服务，及时发现问题，及时落实整改，不断推动医疗器械临床试验规范化发展，构建优良且便捷的广东省医疗器械研发及转化生态圈。

（七）加强行业间创新申报交流

广东省药监局多次依托行业协会，组织创新医疗器械申报培训，主要包括以下几种类型的培训：①邀请国家药品监督管理局医疗器械技术审评中心负责审核创新申报资料的相关专家进行现场培训，梳理企业申报过程中的常见问题，整理审查要点清单，并对企业提出的问题进行解答。②由广东省药监局相关处室和广东省药监局审评认证中心具体经办人员开展创新申报程序培训及常见问题梳理分析交流会，以及由获得国家药监局创新认定的企业分享申报经验。同时，广东省药监局审评认证中心依托创新服务工作站，开通模拟答辩环节，并进行专业指导，有效地提高企业答辩通过率。通过这一系列的举措，进一步提升了广东省医疗器械创新申报质量，促进了整个医疗器械产业创新发展。

（八）先行先试推进粤港澳大湾区医疗器械产业融合

按照《粤港澳大湾区药品医疗器械监管创新发展工作方案》等文件要求，广东省药监局会同广东省市场监管局、广东省卫生健康委、海关总署广东分署等部门，在香港大学深圳医院进行"港澳药械通"试点，组织建立从申请、采购、进口、通关、贮存、配送、使用等全过程监管制度及追溯机制。还制定出台了《广东省粤港澳大湾区内地临床急需进口港澳药品医疗器械管理暂行规定》等8项配套管理制度规范。截至目前，已批准内地临床急需进口港澳药品15个品种、医疗器械3个品种[10]，215名患者获得及时有效救治，惠及更多粤港澳大湾区居民。积极研究制定港澳医疗器械注册人在大湾区内地9市生产实施方案，通过支持将本应在港澳地区生产的医疗器械转移到粤港澳大湾区内地进行生产和上市，充分发挥对接港澳国际创新要素和大湾区内地创新转化及产品制造的优势，进一步推动粤港澳大湾区生物医药产业深度融合，实现粤港澳大湾区医药产业共同发展。

（九）积极推动医疗器械唯一标识试点

广东省药监局联合广东省卫生健康委、广东省医保局印发《广东省进一步推进医疗器械唯一标识系统全域试点工作方案》，进一步明确了推进试点的工作目标、试点品种、职责分工、组织保障和完成阶段，包括：①拨付专项经费用于委托行业组织、医疗机构开展两码映射规则的专题研究，尽快出台"广东映射规则"。②将医疗器械唯一标识试点开展情况纳入年度信用 A 类企业考核，以优惠政策鼓励生产企业积极投身试点工作，并按月通报全省注册人开展赋码及上传数据情况。③积极开展《医疗器械唯一标识系统规则》培训工作，组织试点效果较好的生产企业、经营企业、医疗机构进行专题案例分享，截至目前共举办相关培训 10 余场。深圳市启用了广东省首个医疗器械唯一标识（UDI）追溯平台，通过 UDI 编码串联各环节信息，直观展示了深圳市生产经营使用医疗器械产品的追溯链条，从生产厂家到产品供应商，再到患者，都可清晰展现。在平台试运行期间，追溯平台已经采集了深圳市 81 家生产企业上传 35 486 条产品信息、两家试点医院 7640 名患者的使用信息，工作取得阶段性成效。截至 2021 年 12 月 31 日，在国家药监局医疗器械唯一标识管理信息系统中，广东省共有 447 家企业开通了账号，其中注册人 / 备案人 426 家，代理人 21 家；共填报总数 74663 条，已发布总数 71559 条，发布的数据中涉及第一类产品 958 个、第二类产品 2370 个、第三类产品 1066 个。

三、促进医疗器械产业高质量发展的探索

为促进广东医疗器械产业持续创新和高质量发展，广东省药监局将在以下几个方面继续探索。

（一）持续优化第二类医疗器械审评审批

持续提升第二类医疗器械检验检测、技术审评能力和整体效率，优化工

作流程，建立立卷审查制度，完善注册补正资料沟通机制，建立从检验检测、注册受理、技术审评、审批发证全过程效率评估体系，积极推动检验检测、技术审评提速率，提高第二类医疗器械产品注册效率。

（二）加强技术支撑能力建设

按照国家药监局和广东省人民政府关于加强药品监管能力建设的有关要求，广东省药监局将着力加强医疗器械审评、检测能力建设，依托重点实验室建设契机，科学拓展研究方向，提升应用基础研究创新能力，解决行业实际问题，不断提供更高效、更优质、更专业的技术服务，满足新形势、新技术发展下对医疗器械审评、检测能力的需求。

（三）强化基础技术研究协同指导

利用实施《广东省药品监督管理局生物医药产业重点项目、重点企业、重点地区创新服务管理办法（试行）》的契机，主动从各市挑选医疗器械相关创新项目，提前介入指导，统筹衔接基础研究、应用开发、成果转化、产业发展等各环节工作，形成以市场信息为源头、产业发展需求为导向，促进基础研究与应用研究融通创新发展，着力实现前瞻性基础研究、引领性原创成果重大突破，全面提升医疗器械创新能力。

（四）积极吸引研究团队创新项目

借助推进粤港澳大湾区建设，出台有关支持进口转国产、外省优势研发项目转入广东的快速注册等政策，推进粤港澳大湾区国际科技创新中心建设，积极吸引粤港澳大湾区及其他地区的人才落户广东。充分发挥医疗器械企业创新主体作用，鼓励龙头骨干企业联合行业上下游企业和高校科研机构组建创新联合体，构建政、产、学、研、用深度融合的创新组织模式[11]。

（五）协同推动创新产品临床应用

创新医疗器械能否增进人民群众的福祉重点在于临床应用，以形成市场反哺创新从而激励更多创新的良性循环。2021年《深化医疗服务价格改革试点方案》发布，在此基础上，广东省药监局将积极联合有关部门探索出台相关制度，推动创新医疗器械产品纳入医保和政府采购相关目录，加强对创新医疗器械产品临床应用的绩效评价，将创新医疗器械产品的"最后一公里"打通。

（六）建设创新产品临床研究基地

利用国家建设高水平医院、区域医疗中心的契机，鼓励有条件、有基础的医疗机构根据自身学科建设情况，建立创新医疗器械临床研究基地。鼓励医疗机构主动对接相关科研单位、企业，合作开展医疗器械上市前临床研究，建设医疗器械真实世界数据应用中心，为创新医疗器械产品的临床研究提供优良的土壤，为加快创新产品的上市应用打下坚实基础。

（七）推进监管体系和监管能力现代化建设

对标国际先进水平的核心指标体系，深入推进医疗器械监管综合改革。持续强化医疗器械监管能力提升，创新监管机制，强化省、市、县协同监管，形成医疗器械监管工作全省"一盘棋"格局。加强医疗器械职业化专业化检查员队伍建设，着力化解医疗器械领域监管存在的突出问题，以高质量、高效能的监管不断推进医疗器械产业高质量发展。

（八）加大医疗器械监管科学研究力度

积极与高等院校、科研机构合作，发挥其熟悉科研技术和方法的优势，建立健全工作交流和沟通机制，加强协作，有效联动。研究推进医疗器械企业和行业参与的长效机制，致力于监管新制度、新工具、新标准、新方法研究，着力解决医疗器械监管工作中面临的突出问题和特色需求，提升医疗器械科学监管水平。

四、结语

在粤港澳大湾区建设的时代背景下，广东省药监局勇于开拓，探索前行，持续深化医疗器械监管综合改革，坚持系统思维，强化监管，统筹监管和服务，在质量提升、监管机制等领域深化改革，在更高起点上推进监管理念创新、机制创新、制度创新、措施创新，推进高质量监管、助力高质量发展。

同时推动广东省建立与港澳衔接、与国际接轨的监管标准和制度规范，为粤港澳大湾区医疗器械产品的转化注入更多动力和活力，努力探索医疗器械监管改革助力创新的"广东经验"。

（苏盛锋　邱　楠　张　锋）

引自《中国食品药品监管》杂志 2022 年第 12 期《广东省药品监督管理局　深入推进医疗器械监管综合改革助力医疗器械创新发展》

参考文献
请扫描二维码查询

福建省医疗器械唯一标识系统实践

医疗器械唯一标识（Unique Device Identifier，UDI），是指基于标准创建的一系列由数字、字母和（或）符号组成的代码，包括产品标识（UDI-DI）和生产标识（UDI-PI），用于对医疗器械进行唯一识别。UDI 是医疗器械产品身份证，是医疗器械的"国际语言"[1]。

一、UDI 发展概况

（一）国际发展概况

UDI 目前已成为解决医疗器械全球监管问题的通用语言。国际医疗器械监管机构论坛（International Medical Device Regulators Forum，IMDRF）于 2013 年 12 月发布《UDI 指南》（*UDI Guidance*）[2]，拉开了全球实施 UDI 的序幕。由于《UDI 指南》只是一个框架性文件，不包括具体应用层面的指导，2017 年 9 月，IMDRF 重开 UDI 工作组，并于 2019 年 3 月发布《UDI 应用指南》（*UDI Application Guide*）和《在电子健康系统中记录 UDI》（*Record UDI in Electronic Health System*）、《UDI 数据元素在不同 IMDRF 成员国的使用》（*Usage of UDI Data Element in Different IMDRF Member States*）2 个信息文件，为各国实施 UDI 提供细化的指导[3]。美国从 2007 年起提出实施 UDI 原则要求，自 2013 年 9 月美国食品药品监督管理局（Food and Drug Administration，FDA）发布《UDI 系统最终规则》（*Final Rules of UDI System*）起，制定 UDI 实施战略，建立不包含 UDI-PI 的 UDI 数据库，要求生产企业在 2017 年 9 月完成第Ⅲ类产品、在 2020 年 9 月完成第Ⅱ类产品的 UDI-DI 提交，目前第Ⅰ类产品暂未实施 UDI。欧盟（EU）已启动强制使用欧盟医疗器械数据库，从 2021 年起，按照医疗器械产品的类型和风险等级，对所有医疗器械实施 UDI，为追溯创造条件。目前，日本、韩国等国家均已有 UDI 法规出台。

（二）国内发展概况

1. 我国 UDI 体系正逐步形成

2018 年 2 月，原国家食品药品监督管理总局发布《医疗器械唯一标识系统规则（征求意见稿）》。2019 年 7 月，《医疗器械唯一标识系统试点工作方案》[4] 印发，要求 2019 年 7 月确定试点品种、参与单位，2020 年 7 月组织召开试点总结会，形成试点报告，完善首批产品唯一标识实施方案。随后，国家药监局发布了《医疗器械唯一标识系统规则》[5] 和《关于做好第一批实施医疗器械唯一标识工作有关事项的通告》[6]。2020 年 12 月 21 日通过的新修订《医疗器械监督管理条例》以法规的形式明确了"国家根据医疗器械产品类别，分步实施医疗器械唯一标识制度，实现医疗器械可追溯"。2021 年 9 月，国家药监局、国家卫生健康委、国家医保局发布《关于做好第二批实施医疗器械唯一标识工作的公告》将试点品种扩大至全部三类医疗器械（含体外诊断试剂）。

2. 福建省 UDI 工作以"三医联动"为抓手，积极践行"四码映射"

福建省是国家全域推进 UDI 试点省份之一。2019 年 8 月，福建省 4 家医疗器械生产企业、5 家医疗器械使用单位入选首批国家 UDI 试点单位。2020 年 6 月，福建省召开 UDI 系统试点工作会议，主要围绕实施"三医联动"机制、列入考评落实责任、强化宣传培训、扩大试点范围 4 个方面，有效组织全力推进试点工作。2020 年 7 月，福建省药监局、福建省卫生健康委、福建省医保局联合印发《关于进一步推进全省医疗器械唯一标识系统试点工作的通知》，明确了医疗器械生产、经营和医疗机构实施 UDI 流程图。2021 年 2 月，福建省药监局、福建省卫生健康委、福建省医保局联合印发《关于全面推进医疗器械唯一标识系统建设工作的通知》，调整和充实 UDI 建设工作机构，增设"四码映射组"负责推进 UDI 码与"医保编码""收费编码""字典编码"的映射工作，探索全域医疗器械监管、生产、流通、使用全环节"一码联通"。2021 年 3 月，国家药监局对 UDI 工作成绩突出的单位予以通报表扬，福建省榜上有名。

截至目前，福建省有 30 家第三类医疗器械生产企业和 13 家第二类医疗器械生产企业已完成产品的赋码并上传国家药监局 UDI 数据库。163 家集中带量采购的医疗器械配送企业、医疗器械代储代送经营企业已完成 UDI 实施建设，可实现与国家药监局 UDI 数据库对接及扫码出入库等核验及追溯功能，实施 UDI 扫码出入库，及时为上游赋码企业纠错，形成生产企业、经营企业与使用单位的良性互动，并对其他经营企业形成示范效应。20 多家医疗机构已实施 UDI 系统管理，已有 12 家医疗机构实现了院内全程扫码流转，其中 7 家医疗机构通过院内系统平台的人工关联实现已赋码的部分高值耗材"一码联通"。另有 10 多家医疗机构正在积极建设中。医院可直接通过患者腕带绑定的 UDI 码实现一对一扫码计费，患者可通过该院自助小程序查询植入单，确认自己使用产品的真实性。

二、UDI 在不同领域的实施现状、问题及建议

（一）生产企业

1. 现状

医疗器械产品种类多、材料多、规格多，鉴于我国 UDI 实施尚处于初级阶段，为了确保 UDI 数据载体的牢固、清晰、可读，生产企业需要探索基于法规和企业管理需求制定适合自身的 UDI 编码规范，再将 UDI 与现有标签系统相融合，综合生产线改造和软件升级等情况，确立包装层级编码设计，选择适宜的赋码设备和技术，在出厂前通过数据载体验证的方式确保赋码内容和质量符合行业标准和要求[7]，目前各生产企业推进状况良莠不齐。

2. 问题

目前，生产企业最大的问题是赋码质量问题，如何做好产品出库前的扫码验证工作，防止无效码流入市场是问题的关键。最大的难点是各生产企业需根据自身产品的特点，充分考虑流通企业和使用机构在流通和临床使用中最小销售单元与最小使用单位 UDI 的异同与关联性，在包装层级设计、条码布局、序列号唯一性等各方面提升赋码的科学性、合理性和便利性。

（1）部分医疗器械生产企业对 UDI 了解有限，赋码质量科学性和合理性不足。在改造生产线、选择发码机构、码制、赋码布局和打印机等方面经验不足，再叠加应用场景、软硬件适配度、包装层级、材料、储存环境和多品规等问题，医用耗材同行间可借鉴的价值较低。生产企业需要先学习国家药监局 UDI-DI 数据库如何上传数据，在商品流通后，聆听客户反馈，产品入

院使用后，汇总医疗机构反馈意见，再做出相应调整。

（2）部分生产企业产品的 UDI-PI 组成的内容缺乏合理性，在码制选择和单双行布局等方面仍有待完善，有的选择只用一维码，有的选择一维码＋二维码，有的选择一维码＋二维码＋69 开头的流通码，问题各异。

（3）UDI-DI 上传 UDI 数据库后，竞争对手或可更容易获取到已上传产品的更多信息，导致生产企业在将产品信息上传国家药监局 UDI-DI 数据库时慎之又慎。

（4）UDI-PI 的元素组成中，原则上，产品批号或序列号均应保持"唯一"。实践中，个别医疗机构和经营企业的信息化系统无"序列号"字段，便要求生产企业将批号和序列号二者合并；个别医院又因系统需要，要求生产企业将批号和序列号分开，导致生产企业出现"两难"状况。

（5）标识术语的定义与使用仍不清晰。例如，"有效期""使用期限""失效日期"均需更明确的定义及使用规范（如无菌产品标识"失效日期"，非无菌产品标识"有效期限"等）。

3. 建议

（1）由有关部门牵头入围专业第三方咨询机构白名单，确定后发送给医疗器械生产企业，明确若干家 UDI 咨询服务机构，由药品监管部门开展再培训，再由专业咨询机构根据生产企业需求提供服务，扶持生产企业 UDI 标准化快速实施。

（2）开发 UDI-DI 数据库上传纠错和报警功能，如 UDI-DI 名称与注册证不符，文字输入时全角半角、中英文、大小写、多空格等问题。

（3）由中国物品编码中心、阿里健康科技（中国）有限公司、中关村工信二维码技术研究院（MA 码 /IDcode）牵头，组成专业的第三方赋码咨询团队，为生产企业提供专业的赋码辅导，建立医疗器械 UDI-PI 全流程追溯平台，使消费者利用手机扫码即可获取相关产品的基础信息。

（二）流通企业

1. 现状

医疗器械流通企业多，规模和质控水平良莠不齐，在资质首营、采购销售、入库出库、借货出库以及货品调拨时，由于产品品种繁多、名称、型号、效期、生产批号、生产企业、运输储存条件等信息量较大而导致手工录入效率低、误差多、效果差，人工成本居高不下且风险责任大。个别流通企业为了生存，利字当头，对资质审核、质量安全、运输储存规范等漫不经心。UDI的应用能从根本上解决流通企业对于产品基础信息筛选与录入问题，也为药品监管部门监管数据的采集提供了系统保障。

2. 问题

在实践中，流通企业存在如下 4 个难点。

（1）生产企业上传 UDI-DI 信息与流通企业基础数据存在普遍性差异，仅有小部分商品 100% 匹配。企业信息化系统在导入国家药监局 UDI-DI 数据库时，存在大量多字段不匹配的数据，需逐一人工审核后才能明确标准化数据。吞吐量越大的企业，数据标准化的工作量就越大。

（2）由于医疗器械新旧分类切换产生的差异，在《第一批实施医疗器械唯一标识的产品目录》中，部分产品实难界定是否应纳入"第一批"管理，导致个别流通企业被动选择将全部三类医疗器械均纳入"第一批"管理范畴。鉴于《关于做好第二批实施医疗器械唯一标识工作的公告》中已明确将其余第三类医疗器械（含体外诊断试剂）纳入第二批实施唯一标识范围的要求，该问题目前已解决，建议第二类医疗器械实施唯一标识时能考虑整类实施。

（3）包装层级逻辑关联问题。医疗器械产品运输、储存要求高，物流成本高，流通过程中，商品一般分为大、中、小 3 个包装层级。其中，小包装、最小销售单元和最小使用单元之间仍存在有差异的情况。流通企业扫大包装 UDI 码入库后，拆箱出库中小包装时，若系统无法自动拆分，将一个大包装 UDI 和多个小包装 UDI 逐一对应，将导致流通企业只能采取扫码最小（包装）销售单元入库，严重影响商品入库效率，进一步增加了商品的物流成本。

（4）大型医疗器械流通企业的信息化包括企业资源计划管理系统（enterprise resource planning，ERP）、仓库管理系统（warehouse management system，WMS）、医院物资管理系统（supply processing distribution，SPD）和第三方物流软件等多个系统，实现仓库管理系统对生产企业已赋码产品扫码出入库的同时，需以 UDI 为线索实现多系统协同兼容或同步升级。

3. 建议

（1）建议医疗器械流通企业通过购买专业对码平台服务实现数据自动对码。国家药监局信息中心旗下的中国医疗器械信息网（https://www.cmdi.org.cn/）上的"UDI 服务公益平台"已正式上线，旨在帮助医疗机构快速解决医院编码与 UDI 对码难题，通过提升医疗机构主数据标准化程度，加速推进 UDI 实施及应用，提高医疗机构供应链管理效能。UDI 服务公益平台利用国家药监局 UDI 数据库和某大型医疗器械央企标准化大数据库，为医疗机构提供 UDI-DI 对码、数据规范化诊断和资质管理等服务。同时，增加或改造医疗机构数据字典的字段内容。但该平台目前仅针对医疗机构免费开放，尚未对小微型医疗器械流通企业免费开放。

（2）尽快编制关于大中小包装层级、新旧注册证、标签/合格证/一二维/单双行等编码逻辑规则的指导规范。帮助企业实现扫码大包装入库，拆零大包装后，扫码中小包装出库时，系统可逐一对应逻辑关系。帮助医疗机构实现商品新旧注册证和新旧供应商更替时，无需手工录入或人工备注，便可实现全流程精准追溯。

（三）医疗机构

1. 现状

医疗器械供应链管理的首要任务便是保障医疗器械质量安全。应用 UDI 的目标之一，也是为医疗器械建立一个通用的编码与标识方案，除帮助医疗机构提高工作效率和最大限度地减少错误外，更重要的是优化医疗器械供应链质量控制的全流程，保障患者用械安全。医疗器械从注册、生产到流通环节所有信息最终汇聚于医疗机构，是 UDI 实施的"最后一公里"，是实现一码联通的"牛鼻子"。同时，医疗机构承载着医疗器械质量安全保障、使用安全规范、支付结算有效等多项管理职责，是药监局、卫生健康委和医保局 3 个部门职能汇聚之地，是"四码映射"的主战场。随着 UDI 编码与国家医保编码的协同推动，UDI 的应用效果也将更为显著。

医疗机构医疗器械信息流、实物流、资金流在实际运行中不断产生。其中，信息流会被多个系统应用，推动实物流和资金流的运行，不标准的数据将严重阻碍信息交互，当某个产品出现不良事件后，无法快速、准确地实现精确召回和终止使用，后果不堪设想。UDI 不同于一般"分类码"，具备唯一性和标志性，等同于医疗器械的"身份证"，以 UDI-DI 为核心，关联其他业务数据，可在多个系统上建立完整、可控、有效的核心数据库。根据各医院信息化队伍的强弱情况、对信息化水平的重视程度、对信息安全的开放程度和系统实施经费预算等客观因素制约，医疗机构对推进 UDI 政策落地的主动性和积极性参差不齐。

2. 问题

医疗机构在实践中主要有如下 3 个难点。

（1）系统升级及串联难。UDI 的推进需要医疗机构对包含医院管理信息系统（hospital information system，HIS）、检验科信息系统（laboratory information system，LIS）、医院资源规划（hospital resource planning，HRP）系统等已有的信息系统进行升级，在医院众多科室中，还涉及各院内系统如何有效串联及信息流转等问题。UDI 数据库不同于日常文件，下载后无法直接使用，需要依靠第三方软件公司"升级"，导致医院面临软件"升级"费用和大量的对码工作。

（2）确保信息安全难。由于医疗机构的信息系统需要通过《信息系统安全等级保护基本要求》三级及以上等保验证，大多数医疗机构在未通过再次验证的情况下，院内的信息系统原则上不可以或不可完全与外网对接。若该医疗机构原有信息系统未开放内外网交互，则无法与国家药监局 UDI-DI 数据库对接实现实时更新。部分医疗机构为了信息安全，不接受前置机、堡垒机、网闸、U 盘等交换工具进行数据对接。

（3）建立规范耗材数据字典难。医疗机构现有耗材基础数据字典标准不一致，对于耗材的名称、型号规格、分类等描述不规范，存在字段颗粒度粗、信息录入不规范、同一注册证品规未拆分、分类标准不明确等问题。例如，相同产品名称多个 UDI-DI 码、同一注册证多个 UDI-DI 码、新旧 UDI-DI 码叠加新旧供应商切换等问题层出不穷。

3. 建议

（1）医用耗材管理事关人民群众健康，医疗机构可更积极地面对大型医疗器械流通企业提供的战略合作。结合医疗机构耗材精细化管理需求，搭建基于 UDI 的医院物资管理系统，解决医疗机构 UDI 落地难和耗材管理粗放的问题。利用技术手段和软件功能设计"院外供应商协同平台"和院内医院物资管理系统，利用 UDI 打通院内院外信息孤岛，并在院内各信息系统中实现贯通，实现医疗器械耗材全生命周期的可追溯[8]。

（2）充分利用中国医疗器械信息网"UDI 服务公益平台"，对医疗机构的数据进行对码，对不规范数据进行规范化转换，为医疗机构解决人工对码工作量大的问题，将数据字典进行标准化整理。

三、关于 UDI 未来发展的建议和构想

医疗器械种类繁多，从源头生产到临床使用链条冗长，没有"身份证"，再多的"银行卡""社保卡""公交卡""电子邮箱"终将是空中楼阁。鉴于我国 UDI 应用尚处于初级阶段，生产企业、流通企业、医疗机构真正应用的实际案例或者场景尚不成熟完整，笔者提出如下 4 点建议。

1. 呼唤"三台联动"

一是国家药监局已建的 UDI-DI 数据库平台，或可进一步优化。例如，利用人工智能技术，或在网页端插入标准的字符等方式探索解决标准化输入问题。二是呼唤 3 家发码机构[9]积极推动 UDI-PI 平台建设，实现不分段的追溯。问题的关键在于信息存储可信，如利用区块链技术，或政府主导的大数据平台等。三是在尚未建设的消费者使用追溯平台中，植入微信和支付宝等软件，使产品信息向消费者透明，消费者可通过扫码识别相应医疗器械信息。

2. 加强标准化建设

UDI-DI 数据库能从"形式审查"升级为"类实质审查"，在与注册证一致性、字符大小写、全角半角和单位等方面形成标准化，建立更多联通的逻辑关系，制定医疗器械 UDI 标准化指导原则，甚至能收集现存的共性问题，给出权威、标准、一致的解决方案。

3. 以 UDI 促"三医联动"

医疗器械从生产、流通到终端消耗，会经历从生产企业到流通企业到医疗机构各个环节，而各个环节都有各自独立的信息系统来承载和记录其相应的出入库情况及品名、规格、批号、效期等基本信息。同样的商品，在不同的信息系统内的"表达"不同，也就是说各环节间的信息是无法连通的[10]。各医院和医保部门承担着"四码映射"（即 UDI 码、医保编码、收费编码、字典编码）主力军的任务，建议从企业和医院抽调相关技术人才，集中火力速战速决，避免因政策过渡期过长而出现各种问题。使用 UDI，可以实现精准识别医疗器械，让商品的这个"统一身份"，在各个独立系统内成为"线索"，进而让全流程追溯成为可能[11]。

4. 加速信息多码融合

将国家药监局 UDI-DI 数据库与医疗器械产品注册证及变更页实现信息联通，以电子货单为载体探索信息多码融合。

UDI 是医疗器械行业近年来最重磅的政策之一，必将通过提升医疗器械全产业链的信息化水平，强化医疗器械产品的可追溯性，推进医疗器械行政主管部门的智慧监管、生产过程的质量控制、流通过程的风险管控和医疗机构的用械安全，助力我国医疗器械产业的高质量发展，为"健康中国"战略保驾护航。

（赵宇　王景涛　梁庆涛）

引自《中国食品药品监管》杂志 2022 年第 6 期《医疗器械唯一标识系统实践浅析》

参考文献
请扫描二维码查阅

山东省医疗器械产业发展现状

近年来，山东省委、省政府高度重视医养健康产业，将医养健康产业纳入全省"十强"产业范围，出台一系列政策措施促进产业发展。同时，持续强化药品、医疗器械质量监管，大力实施"安全提升"等三大工程，深入推进"药械创新"等三大计划，监管和服务水平稳步提升，产业发展环境不断优化。作为医养健康产业的重要组成部分之一，山东省医疗器械产业呈现出快速发展的态势，在全国医疗器械产业中具有重要影响力。

一、山东省医疗器械产业发展现状

（一）产业规模居全国前列

截至 2021 年底，山东省共有医疗器械生产企业 3152 家，约占全国医疗器械生产企业数量的 1/10。全省已初步建成产品种类相对齐全的医疗器械产业体系，形成以济南、淄博、威海为核心，青岛、烟台、菏泽、济宁、潍坊等多点布局的产业格局，培育出威高集团、新华医疗等一批技术水平高、创新能力强的骨干企业。其中，4 家企业进入 2021 年中国医疗器械行业百强前 10 名[1]，5 家企业成为医用防疫物资供应主力军，威海高新区高端医疗器械产业集群成为山东省内被列为国家创新型产业集群试点的 4 个产业集群之一[2]。

（二）产业集中度相对较高

山东省各地市借助资源与区位优势，持续加大对医疗器械产业的引导扶持力度，医疗器械生产企业趋向集中。截至 2021 年底，济南、淄博、威海、青岛、烟台、济宁、菏泽、潍坊 8 个地市的医疗器械生产企业数量之和占全省总数的 77%，规模以上企业产值占比达 70%。同时，产品品种也相对集中，如体外诊断试剂、定制式义齿主要集中在济南、青岛，一次性输注器具主要集中在淄博，医用耗材主要集中在威海，医用高压氧舱主要集中在烟台，手术无影灯和电动手术床主要集中在济宁，医用卫生材料主要集中在菏泽。

（三）产品种类覆盖面广

截至 2021 年底，在山东省医疗器械生产企业中，第三类医疗器械生产企业有 167 家，占比 5%；第二类医疗器械生产企业有 1046 家，占比 33%；第一类医疗器械生产企业有 1939 家，占比 62%。涉及第三类医疗器械产品注册证 739 张、第二类医疗器械产品注册证 4861 张、第一类医疗器械产品备案证 11 607 张，占比分别为 4%、28%、68%，覆盖《医疗器械分类目录》22 大类产品以及体外诊断试剂。其中，医用口罩、医用防护服等疫情防控医疗器械生产企业有 301 家，无菌医疗器械生产企业有 241 家，植入性医疗器械生产企业有 29 家，有源医疗器械生产企业有 254 家，义齿类生产企业有 169 家，体外诊断试剂生产企业有 79 家，其他企业的产品多为中低端医用耗材，少数企业能够生产可降解冠脉支架等高值医用耗材和磁共振系统、手术机器人等高端医疗器械。

（四）优势产品不断涌现

山东省医疗器械生产企业质量管理水平持续提升，催生了可吸收生物材料、消毒和灭菌设备、生物安全柜、医用检查手套、一次性输注器具、体外诊断试剂等一批优势产品，如新华医疗的消毒和灭菌设备、威高集团的一次性输注器具、英科医疗和蓝帆医疗的丁腈检查手套等均为国内知名医疗器械产品；赛克赛斯的可吸收硬脑膜封合医用胶是国内首个进入创新型医疗器械特别审批绿色通道的产品；吉威医疗的心脏支架成为首次国家医疗器械集中带量采购中标的 8 个企业产品之一[3]；博科生物的生物安全柜产品市场占有率超过 50%，中保康的一次性使用病毒灭活装置配套用输血过滤器市场占有率达 60%；海尔生物的医用冷藏冷冻箱、华熙生物的透明质酸类产品、康华生物的体外诊断试剂、烟台宏远的医用高压氧舱、正海生物的软组织修复产品、康力医疗的医用防护产品等在国内市场也具有相对优势。

（五）监管服务力度持续加大

一方面，严格监管。近年来，山东省围绕医疗器械监督检查、监督抽检、不良事件监测等重点工作，相继出台《山东省医疗器械生产企业分类分级管理办法》等一系列规范性文件，编写发布《山东省医用防护服和医用防护口罩生产现场检查指南》《山东省医疗器械工艺用水现场检查指南》《山东省医疗器械唯一标识（UDI）实施应用指南》等一系列指南性文件，不断完善医疗器械监管制度体系。深入开展"安全提升"工程，创新实施"罚帮并重"等机制，纵深推进医疗器械风险隐患排查治理，不断强化医疗器械全生命周期监管。大力推进"铁军锻造"工程，加强职业化专业化检查员队伍建设，拥有国家级医疗器械检查员 24 名，人数居全国前列。医疗器械检验能力达全国领先水平，抽检质量分析报告连续 7 年获国家药品监管部门表扬。医疗器械不良事件监测工作走在全国前列，全省 16 市均建立市级监测机构，县级监测机构达 156 个。医疗器械唯一标识制度实施成效显著，在全国率先实现在产第三类医疗器械注册人全部实施唯一标识。此外，山东省义齿制造行业协会、山东省体外诊断试剂行业协会和山东省医疗器械行业协会相继成立，积极推进医疗器械安全社会共治。

另一方面，优化服务。山东省深入推进"放管服"改革，大力实施"药械创新"计划，是全国第二个出台《关于深化审评审批制度改革鼓励药品医疗器械创新的实施意见》的省份[4]，并陆续出台第二类创新医疗器械特别审批、优先审批[5]和医疗器械注册人制度试点[6]等有关制度，建立实施重大创新产品、重点建设项目全程帮扶机制，推动医疗器械产业发展环境不断优化。

（六）政府重视程度不断提高

山东省政府在《山东省国民经济和社会发展第十四个五年规划和 2035 年远景目标纲要》[7]、《山东半岛城市群发展规划（2021—2035 年）》[8]、《山东省黄河流域生态保护和高质量发展规划》[9]、《山东省"十四五"药品安全规划》[10]等重要规划中，明确提出搭建高端医疗器械技术创新中心、打造高端医疗器械产业集群、建设医疗器械创新和监管服务平台、布局医疗器械应急产业园、大力发展高性能医疗器械、助推产业高质量发展等政策措施。济南、青岛、烟台、威海等市陆续出台促进药品、医疗器械产业发展的有关举措，如烟台市政府出台《关于促进全市生物医药产业高质量发展的若干意见》[11]，聚焦高端医疗器械等领域，实施链主领航、创新平台、临床协同、载体建设、人才培育、金融助力、数字融合、招引扩容、技术攻坚九大工程，全面培育壮大研发体系、生产基地、物料供应商、技术服务商等产业主链条，提升产业发展支撑能力。

二、促进山东省医疗器械产业高质量发展的建议

医疗器械产业是朝阳产业，也是最具发展潜力的高新技术产业之一，市场前景广阔。近年来，凭借雄厚的产业基础、良好的营商环境、过硬的质量信誉，山东省医疗器械产业取得长足发展，正处于快速发展的"黄金时期"，但也存在部分企业创新能力不足、产业协同程度不高、高端专业人才紧缺等问题，在一定程度上制约了产业创新发展。展望未来，随着健康中国战略的深入实施，公众将对医疗器械安全有效寄予新的期盼。因此，突破核心技术"卡脖子"问题，加快发展高端医疗器械，实现国产替代，将成为产业发展的必然趋势。为鼓励医疗器械创新，助推山东由医疗器械产业大省向产业强省转变，笔者提出以下措施建议。

（一）强化政策支持

建议进一步加大医疗器械产业政策扶持力度。加强医疗器械产业园区总体规划，引导企业、项目集中布局。在省科技计划项目中建立医疗器械科研引导型基金，支持企业开展高端医疗器械研发和共性关键技术研究。加大人才引进政策保障力度，打造高端医疗器械产业人才集聚高地。进一步压减或取消医疗器械注册费用，营造良好创业创新环境。

（二）加大服务力度

建议争取设立国家药品监督管理局医疗器械技术审评中心山东创新服务站，服务创新医疗器械产品审评审批。支持具备条件的医疗机构、医学研究机构，按规定开展相关临床试验。探索建立临床试验协作机制，打造临床资

源合作战略联盟。进一步优化流程，压缩审评审批时限，对高端医疗器械等重大项目提供一对一、全过程服务。建立重点项目跟踪、常态化咨询服务等工作机制，进一步优化服务、靠上指导，助力企业加快产品研发上市进度。

（三）鼓励企业创新

建议引导企业在医用成像设备、手术机器人、血液透析设备及耗材、3D打印医疗器械、高端医用生物材料等领域加强原始创新。支持企业充分利用物联网、云计算、大数据、人工智能等新一代信息技术，实现生产经营模式智能化升级。鼓励企业与科研机构、高等院校合作建立医疗器械研发中心、中试转化中心或临床研究中心。鼓励企业兼并重组或并购国内外高端医疗器械品牌，支持中小企业为融入龙头企业供应链而实施技术改造、自主创新。

（四）加强基础支撑

建议鼓励支持有条件的高等院校增设医疗器械相关专业学科，培养与产业发展相适应的复合型、专业型、创新型人才。加强职业化专业化医疗器械审评、检查、检验队伍建设，进一步提升医疗器械监管能力和服务水平。加快建设医疗器械创新服务大平台，及时开展检验检测能力扩项，拓展服务领域。支持各类创新主体在重点园区以及高校、科研院所、医疗机构集中区域布局建设医疗器械服务平台，开展原创性研究和科技攻关，推动高端医疗器械创新。

（五）严格质量监管

建议加强医疗器械全生命周期监管，综合运用监督检查、监督抽检、风险监测等手段，推动企业全面落实质量安全主体责任，提升质量保证水平。大力推进医疗器械唯一标识制度实施，强化医疗、医保、医药"三医联动"，逐步实现医疗器械产品全程可追溯。加强医疗器械产品不良事件监测，建立不良事件数据利用制度和数据交流机制，为医疗器械产品研发提供不良事件数据和技术支持。纵深推进医疗器械质量安全风险隐患排查治理，严格监管、严控风险、严打违法，切实保障公众用械安全。

三、结语

随着经济社会发展，人民对美好生活的需求不断提高，社会老龄化程度进一步加剧，人们健康意识和健康消费意愿将持续提升，医疗需求将持续释放，医疗器械产业将进一步加速发展。同时，《"健康中国 2030"规划纲要》《中华人民共和国国民经济和社会发展第十四个五年规划和 2035 年远景目标纲要》《"十四五"医疗装备产业发展规划》《"十四五"医药工业发展规划》等政策规划的相继发布实施，也为医疗器械产业发展提供了有力支撑[12]。在此大背景下，可以预见，"十四五"乃至更长一段时期内，山东省医疗器械产业仍有充足的发展空间和潜力，并有望实现从"制械大省"到"制械强省"的跨越。

（张　斌　吴世福）

引自《中国食品药品监管》杂志 2022 年第 12 期《山东省医疗器械产业发展现状及对策研究》

参考文献
请扫描二维码查阅

第二章
医疗器械上市后监管

第一节　上市后监管情况

2021年医疗器械上市后监管概况

　　2021年是我国医疗器械行业发展和监管事业全面进步的一年，药品监管系统认真落实"四个最严"要求，以习近平新时代中国特色社会主义思想为指导，积极服务常态化疫情防控大局，全面加强医疗器械质量安全监管。本文简要介绍了2021年医疗器械上市后监管相关工作的开展情况，对医疗器械行业面临的形势进行分析、医疗器械行业发展和上市后监管工作进行展望。

一、2021年医疗器械上市后监管工作回顾

（一）完善法规制度体系建设

　　2021年3月，新修订的《医疗器械监督管理条例》（简称《条例》）发布，并于2021年6月1日正式施行。《条例》发布后国家药监局迅速组织开展宣贯行动，全国药品监管部门形成学用《条例》的浓厚氛围。同时，国家药监局还全力推进《医疗器械生产监督管理办法》《医疗器械经营监督管理办法》等配套规章的制修订工作。医疗器械相关规章和规范性文件的制修订工作，在充分汲取地方监管工作实践经验和社会各界意见建议的基础上，多角度全方位夯实医疗器械风险防范的法治基础。在实际工作中，充分发挥国家药监局组织的医疗器械监管法规制度研究组的积极作用，围绕监管实践中的热点、难点、重点问题开展专题研究。

（二）服务疫情防控工作大局

　　2021年，针对新冠病毒检测试剂、呼吸机、医用口罩、医用防护服和红外体温计以及一次性使用无菌注射器等疫情防控医疗器械，国家药监局部署开展专项检查、飞行检查、督导检查等，督促指导各省（自治区、直辖市）

药品监管部门加强巡查检查，消除安全风险，全力保障疫情防控需要。特别针对新冠病毒检测试剂生产企业开展常态化监督检查，组织三轮次产品质量监督检验。截至目前，全国新冠病毒检测试剂生产企业所在地省级药品检验部门均已具备相应检验能力。

（三）开展风险隐患排查治理

2021 年，药品监管部门组织全系统开展了医疗器械安全风险隐患排查治理。以疫情防控医疗器械、集中带量采购产品、网络销售产品等九大类产品为重点开展全面排查，着力消除区域性、系统性隐患。国家药监局按季度召开医疗器械上市后监管风险会商会，坚持问题导向，从八个维度中发现风险信号，及时处置主体责任落实不到位、多次多品种不合格、未经许可从事网络销售等风险隐患。并会同有关部门开展医疗美容相关医疗器械整治行动，梳理投诉举报，逐一调查处置。

（四）以问题为导向加强安全监管

加强集中带量采购中选医疗器械、医疗美容产品等重点产品质量监管。国家药监局要求各省级药品监管部门将国家组织高值医用耗材集中带量采购中选品种和省级组织高值医用耗材集中带量采购中选品种纳入重点监管，全面精准防范集中带量采购医疗器械安全风险。国家药监局积极会同有关部门开展可用于医疗美容的医疗器械专项整治，全面梳理相关产品的投诉举报情况，逐一调查处置，跟踪督办，切实排除产品质量安全隐患。

深入开展医疗器械飞行检查。国家药监局坚持有的放矢，精心组织开展国家医疗器械飞行检查，2021 年共计安排飞行检查任务 89 家次；并建立由国家药监局医疗器械监督管理司、国家药监局食品药品审核查验中心、现场检查组和属地省级药监局共同参与的现场发现严重缺陷问题快报工作机制，对检查发现的问题及时开展风险评估，检查结果主动公开，接受社会监督。

加强案件督办指导。2021 年全国药品监管部门查办医疗器械案件 27 336 件。国家药监局从各地 2018 年以来查办的案件中遴选典型案例，编写了《医疗器械典型案例汇编手册（2021）》并印发各地，以期指导医疗器械案件查办。

（五）强化质量抽检工作

始终坚持以风险为导向的抽检工作原则。药品监管部门通过深入研究，选取综合风险较高的企业和产品进行抽检，充分发挥国家级抽检和地方抽检的协同作用，其中国家级抽检以高风险产品为主，地方抽检以辖区内生产产品为主，各有侧重分工协作，在扩大抽检覆盖面的同时突出重点产品监管。对于抽检中发现的不合格产品，督促地方药品监管部门严格依照法规要求及时查处并督促企业控制问题产品，分析不合格产品产生的原因并整改到位。2021年，国家质量抽检共计63个品种，新冠病毒检测试剂和集中带量采购中标支架专项抽检覆盖全部品种。国家药监局还发布了医疗器械国家抽检质量公告5期和2020年医疗器械国家抽检质量分析报告。

（六）加强安全监管能力建设

改进优化医疗器械生产监管平台。药品监管部门着力提升监管部门科学监管水平和智慧监管能力，研究新的法规体系和监管形势下充分运用信息化监管手段实现跨区域监管的新方法和新措施。截至2022年初，全国已有山东、四川、河南等15个省（自治区、直辖市）及新疆生产建设兵团使用生产监管平台，北京、上海、广东等16个省（自治区、直辖市）进行了数据对接。

开展网络平台销售监测处置工作。加强网络销售监测平台建设，以实现网络销售违法行为的监测、研判、移送等功能。大力开展"清网"行动，组织开展网络销售企业和第三方平台检查。

建立完善国家医疗器械不良事件监测信息系统，强化企业全生命周期安全责任。2021年实现了医疗器械不良事件的在线直报和在线评价及对风险信号的实时预警和调查处置，强化了企业全生命周期责任，并要求企业主动开展医疗器械不良事件监测工作。2021年监测医疗器械不良事件65万余份；遴选105家监测哨点，提高了风险预警能力，有效采取针对性措施降低了风险。国家药监局还指导医疗器械注册人评价52个风险信号，督促采取277项防控措施，组织对14个省（自治区、直辖市）的36家企业开展医疗器械不良事件专项检查，对存在的问题，督导整改到位。

加强检查员能力建设。药品监管部门积极推进检查员实训基地建设，

2021 年共计组织开展了 2 期 99 名国家级医疗器械检查员培训；聘任了 70 名国家级医疗器械检查员；重点针对体外诊断试剂、植入类医疗器械生产控制等，举办了 9 期专题培训，参训 6285 人次，医疗器械检查工作能力和水平持续提升。

（七）营造社会共治新格局

国家药监局医疗器械监督管理司牵头组织了 2021 年"全国医疗器械安全宣传周"活动，主要围绕展示建党百年医疗器械发展成果、促进行业创新与高质量发展等进行科普宣传。期间，国家药监局举办 15 场主题活动，7.7 万人参加《条例》公益培训，4.4 万人参加《医疗器械注册与备案管理办法》公益培训。各省（自治区、直辖市）药品监管部门举办了形式多样的宣传活动，营造浓厚宣传氛围，起到良好宣传效果，推动形成社会共治新格局。

二、医疗器械上市后监管面临的形势和存在的问题

（一）新发展阶段提出新的时代要求

医疗器械与人民群众生命健康息息相关，党中央、国务院高度重视医疗器械质量安全，人民群众对高质量医疗器械在新发展阶段有了新期盼，医疗器械行业发展在新发展阶段也有了新诉求。近年来，我国医疗器械产业发展迅速，年均复合增长率保持在 15% 以上，医疗器械生产企业已达到 2.8 万家，医疗器械经营企业约 125 万家。党中央、国务院的要求，人民群众的期盼以及产业的诉求要求药品监管部门在工作中要把握好监管与发展的关系，既要严监管又要促发展，在监管中为企业营造良好的发展环境。在保障质量安全底线的基础上，引导企业优化质量管理体系，提升质量效益，鼓励企业进行质量竞争，引导全行业形成重管理、重安全、重信用的质量文化氛围，促进医疗器械行业高质量发展，增强人民群众的获得感。

（二）新发展理念带来新的挑战与机遇

新发展理念，是以习近平同志为核心的党中央对经济社会全面发展规律认识的深化，是针对我国发展面临的突出问题及挑战提出的战略指引，是管

根本、管全局、管长远的指导理论和实践指南，必须贯穿医疗器械监管的全过程和各领域。2021 年颁布实施的《条例》全面实施医疗器械注册人（备案人）制度，是贯彻新发展理念的重要举措。医疗器械注册人制度的全面实施，带来了注册人委托生产、跨省委托、多点委托等新的生产模式，进一步释放了生产力，同时涉及注册人质量管理体系的建立和完善、属地药品监管部门生产监管与产品注册的衔接以及跨区域监管的信息互通和协同合作等，对药品监管部门的监管能力和水平带来了挑战。为保障医疗器械注册人制度的全面实施，国家药品监管部门既要通过在法规政策方面出台相关文件对各地的监管工作进行指导，也要在监管实际工作中同步调整监管重点，加强对注册人的监管，规范各类委托生产，堵漏洞、强弱项，保障产品质量安全。

（三）新发展格局要求准确厘清风险和问题

在新发展格局下，医疗器械监管肩负着新的使命任务，需要不断分析研究新形势下的风险和问题，持之以恒提升监管效能。面对行业快速发展，新材料、新产品、新技术、新业态和新生产方式层出不穷，对监管部门和监管人员科学监管能力和智慧监管水平提出更高要求，需要其不断创新工作方式方法。同时医疗器械产业发展不平衡不充分，虽然涌现一批创新企业，但医疗器械行业整体仍呈现多、小、散、低的特点，企业仍存在主动报告不良事件率偏低、质量管理体系管理能力不足等问题，假冒伪劣、虚假宣传等情况也时有发生，反映出企业的合规意识、责任意识和风险管理意识仍有待加强。为此，药品监管部门要坚持把防范医疗器械质量安全风险作为首要目标，审慎把握风险本质，及时预防和处置医疗器械质量风险，实现风险全覆盖监管，牢牢守住不发生系统性风险的底线。还要加快监管体系和能力建设，充分运用好监管科学成果，推动智慧监管，提升监管效能。

三、医疗器械产业发展及上市后监管展望

（一）医疗器械产业发展挑战与机遇并存

从国际形势看，世界正经历百年未有之大变局，加之新冠肺炎疫情影响，经济全球化遭遇逆流。我国高端医疗器械仍面临关键核心技术和关键原材料

"卡脖子"的突出问题，发达国家争夺医疗器械竞争高地日趋激烈，致使我国医疗器械产业发展的阻力明显加大。从国内形势看，我国经济情况也存在压力较大，发展不平衡不充分持续显现。我国医疗器械产业发展尚存在一些不容忽视的短板弱项，产业结构和产业集中度仍需进一步优化，创新引领力、国际竞争力与世界一流水平尚存在差距。

但也要看到，近年来，尤其是在抗击新冠肺炎疫情时期，我国医疗器械产业蓬勃发展，产品研发投入、创新产品上市、企业增长、主营收入均呈上升趋势。《中华人民共和国国民经济和社会发展第十四个五年规划和2035年远景目标纲要》《"十四五"医疗装备产业发展规划》提到，到2035年，医疗装备的研发、制造、应用提升至世界先进水平，该要求形成了对公共卫生和医疗健康需求的全面支撑能力，构建了医疗器械产业发展的美好蓝图，也形成了巨大的市场预期，为保障全生命周期健康服务提供有力支撑。可以预计，"十四五"乃至更长时期，我国医疗器械产业发展前景持续向好。

（二）切实加强医疗器械上市后监管

1. 加强疫情防控医疗器械监管

（1）加强生产环节监管

对新冠病毒检测试剂、医用防护服和各类医用口罩及疫情以来跨界转产、监督检查和抽检发现问题较多、有投诉举报的企业，加大监督检查力度，对不符合生产质量管理规范要求的限期整改，存在严重缺陷的立即责令停产。国家药监局应组织对部分重点企业开展飞行检查，对存在的问题要及时处置。

（2）加强经营使用环节监管

各级药品监管部门要加强疫情防控医疗器械经营使用环节监管，特别是对承担防疫物资储备的经营企业加强监管，还要重点关注体外诊断试剂储存和冷链运输环节管理，以及网络销售疫情防控医疗器械相关产品，必要时及时开展飞行检查。

（3）加强产品抽检

继续加大对新冠病毒检测试剂抽检力度，对疫情防控医疗器械抽检不合格的要及时控制产品，并督促企业分析原因、切实整改到位，跟踪抽检合格后企业方可上市放行。

2. 持续开展风险隐患排查治理

（1）聚焦重点产品、重点企业和重点环节，深入开展风险隐患排查

以疫情防控医疗器械、国家集中带量采购中选医疗器械、无菌和植入性医疗器械、创新医疗器械等为重点产品，以新的注册人、新建企业（车间、生产线）、注册人跨省委托、多点委托以及既往监督检查、抽检、监测、投诉举报等发现问题较多的企业为重点企业，以网络销售及第三方交易服务为重点环节，深入开展风险隐患排查治理，确保排查工作取得实效。对监督检查、抽检监测、舆情反映和投诉举报的问题和风险，实行清单销号制，并定期通报。

（2）深入开展医疗器械"线上清网线下规范"治理

以社会关注度高、舆情反映较多的贴敷类等医疗器械为重点，以违法违规行为频发的注册人备案人、违规从事网络销售经营者为重点企业，开展"线上清网线下规范"治理。

（3）加大网络销售监测力度，及时移送相关线索

对监测发现和移送的违法违规线索，要立即开展调查处置；涉及虚假宣传的，移送有关监管部门查处；对无法查实违法主体的，要通报有关部门列入经营异常名录，依法责成平台对违法企业停止服务，同时，加大对平台履责情况检查，要求其持续合规经营。

3. 强化企业落实主体责任

（1）持续开展飞行检查，保持高压态势

国家药监局对部分高风险产品和企业持续开展飞行检查，对既往检查中发现存在严重问题的企业开展"回头看"，同时对省级药品监管部门的日常监管工作情况进行监督检查，将检查结果纳入年度考核。探索境外非现场检查工作模式，监督进口医疗器械注册人落实主体责任。省级药品监管部门要有针对性地加大飞行检查力度，发现问题及时处置，切实提升飞行检查的靶向性、时效性。

（2）不断强化质量监督抽检

国家药监局将对新冠病毒检测试剂、国家集中带量采购产品、疫情防控医疗器械等开展国家质量监督抽检和专项抽检。省级药品监管部门要强化对注册人产品的抽检力度，以风险高、质控难度较大、问题多发、集中带量采购中选、社会关注度高的品种为重点开展省级抽检，跟踪抽检既往国家级抽

检发现不合格产品，并将抽检工作纳入年度考核。

（3）不断加强不良事件监测工作

持续加强不良事件监测体系和能力建设，督促注册人、使用单位主动收集报告不良事件，充分挖掘医疗器械不良事件监测信息系统潜力，及时高效开展风险信号评价和处置。国家药监局继续对部分重点企业开展专项检查，省级药品监管部门要结合日常监测情况开展专项检查，督促企业完善不良事件监测体系，切实履行监测主体责任。省级药品监管部门还要按照国家重点监测工作部署，开展相关品种重点监测。

4. 加强监管能力建设

进入新发展阶段，医疗器械监管形势也在发生深刻变化。与科技进步和产业发展相较，药品监管部门的监管力量和专业能力明显不足，职业化专业化医疗器械检查员、审评员队伍建设急需加快推进，健全监管体系、提升监管能力刻不容缓。随着国内外环境的不断变化，各种风险可能会发生叠加、联动、传导、共振，医疗器械质量监管将面临更为复杂的环境，确保医疗器械质量安全任务繁重、艰巨，任重而道远。

（1）着力推进完善医疗器械法规体系

加速推进《医疗器械生产监督管理办法》《医疗器械经营监督管理办法》相关配套文件的制修订和发布。通过线上线下的方式举办医疗器械法规培训班，对监管业务骨干进行培训，提升监管能力。持续推进法规制度研究，及时将研究成果转化为监管制度，推动解决监管实际问题。

（2）持续加强检查员队伍和信息系统建设

国家药监局加强检查员继续教育、廉政教育和管理，对新增的医疗器械检查员要开展系统的培训。省级药品监管部门要健全完善本级职业化专业化检查员队伍，配合做好检查员抽调等相关工作。持续完善医疗器械生产监管平台功能，梳理企业和产品基础数据，加强抽检及不良事件监测数据更新，实现多维度查询统计分析。省级药品监管部门要重视生产监管平台的对接使用，实现数据的全面、准确和及时共享。充分发挥数据共享平台、生产监管平台的作用，加强医疗器械注册人制度下的数据信息互联互通，着力提升智慧监管水平。

（3）加强监管科学研究，推进社会共治

充分发挥监管科学研究基地和重点实验室作用，及时转化研究成果。跟踪关注国际医疗器械监管动态，有效借鉴国际先进管理经验。指导行业协会加强企业培训和经验交流，提升行业自律能力和水平。

（马忠明　杨　波）

引自《中国食品药品监管》杂志 2022 年第 12 期《2021 年医疗器械上市后监管回顾及展望》

参考文献
请扫描二维码查阅

2021 年国家医疗器械不良事件
监测年度报告

为全面反映 2021 年我国医疗器械不良事件监测工作情况，国家药品不良反应监测中心编撰了《国家医疗器械不良事件监测年度报告（2021 年）》。

一、医疗器械不良事件监测工作概况

2021 年，我国医疗器械不良事件监测工作以贯彻"四个最严"要求为根本导向，以实施《医疗器械不良事件监测和再评价管理办法》（简称《办法》）为主要抓手，持续加强制度体系建设，深入开展产品风险评价，积极拓展宣传培训方式，不断强化医疗器械注册人和备案人（简称注册人）不良事件监测主体责任，全面提升风险预警和处置能力，为保障公众用械安全提供了强有力的技术支撑。

（一）稳步推进报告收集工作，不断扩大系统覆盖用户

2021 年，国家医疗器械不良事件监测信息系统接收到医疗器械不良事件报告 65 万余份，每百万人口平均报告数为 461 份。28 个省（自治区、直辖市）的医疗器械不良事件报告县级覆盖率达到 100%。医疗器械不良事件监测信息系统基层注册用户数量持续提升，达到 37 万余家，其中医疗器械注册人达 29，436 家。

（二）深入开展产品风险评价，继续推进重点监测工作

2021 年，全国医疗器械不良事件评价处置工作持续深入开展，不断强化日常监测、预警分析及季度汇总制度，及时处置监测发现风险。根据发现的

风险情况，全年共发布《医疗器械不良事件信息通报》1 期、《医疗器械警戒快讯》12 期。在全面总结"十三五"医疗器械不良事件重点监测工作经验基础上，组织制定了"十四五"重点监测工作方案，启动 37 个医疗器械品种不良事件重点监测工作，助力医疗器械产业高质量发展。

（三）大力加强宣传培训，逐步强化监督检查

2021 年，国家药品不良反应监测中心共培训注册人、医疗机构、监测机构人员 1000 余人次，为各级药品监管部门、监测机构组织开展的相关培训提供师资，开展"安全用械进社区"活动，提升监测人员能力水平，增强公众不良事件报告意识。为深入了解《办法》实施情况和不良事件监测工作现状，国家药品监督管理局组织对 14 个省 36 家企业开展了医疗器械不良事件监测专项检查，进一步强化了注册人不良事件监测主体责任。

（四）持续开展监测评价研究，积极参与国际交流合作

2021 年，国家药品不良反应监测中心积极推进医疗器械不良事件监测评价制度和方法探索，围绕产业发展和监管需求，组织开展医疗器械警戒制度研究，积极推进医疗器械故障类不良事件报告试点工作，促进研究成果转化应用。持续跟进国际医疗器械监管机构论坛不良事件术语和编码（AET）项目工作进展，积极参与国家监管机构报告（NCAR）项目工作，认真履行信息交换职责，国际化水平进一步提升。

二、全国医疗器械不良事件报告总体情况

（一）年度报告总体情况

1. 全国医疗器械不良事件报告数量

2021 年，国家医疗器械不良事件监测信息系统共收到医疗器械不良事件报告 650，695 份，比上年增加 21.39%（图 2-1-1）。

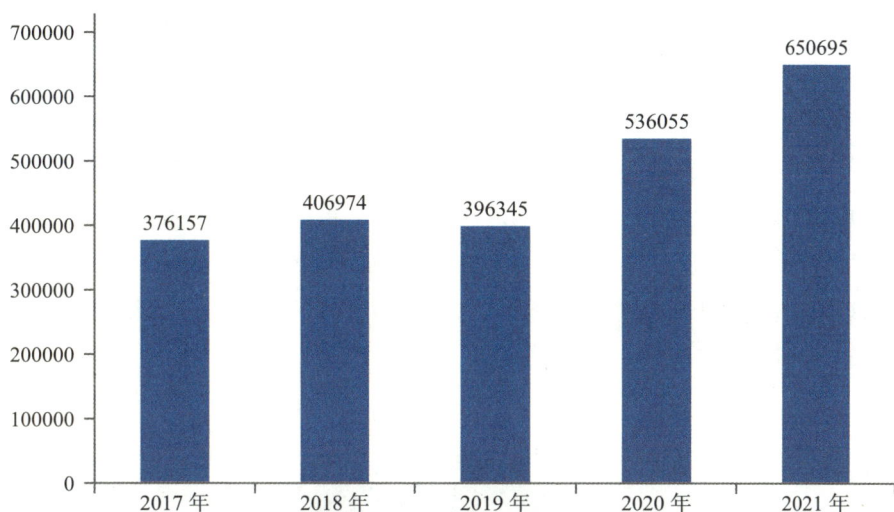

图 2-1-1　2017~2021 年全国医疗器械不良事件报告数量

　　1.医疗器械不良事件是指已上市的医疗器械，在正常使用情况下发生的，导致或者可能导致人体伤害的各种有害事件。

　　2.报告医疗器械不良事件遵循可疑即报的原则，即只要怀疑某事件为医疗器械不良事件，就可以报告。本报告所称医疗器械不良事件均是可疑医疗器械不良事件的简称。

2.每百万人口平均报告数量

　　2021 年，我国每百万人口平均医疗器械不良事件报告数为 461 份，比上年增加 14.68%（图 2-1-2）。

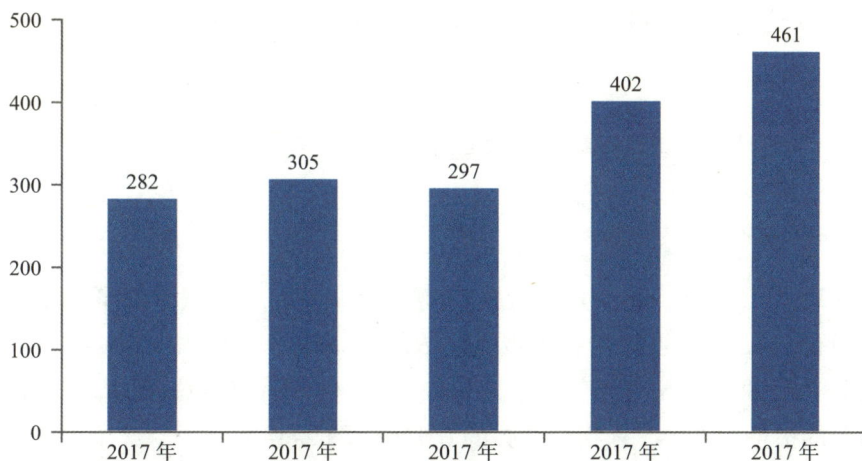

图 2-1-2　2017~2021 年全国每百万人口平均医疗器械不良事件报告数比较

（二）全国注册基层用户数量

截至 2021 年 12 月 31 日，在国家医疗器械不良事件监测信息系统中注册的基层用户（包括注册人、经营企业和使用单位）共 377，072 家，比上年增长 7.44%。其中注册人 29，436 家，比上年增长 8.24%，占注册基层用户总数的 7.81%；经营企业 219，340 家，比上年增长 10.29%，占注册基层用户总数的 58.17%；使用单位 128，296 家，比上年增长 2.68%，占注册基层用户总数的 34.02%（图 2-1-3）。

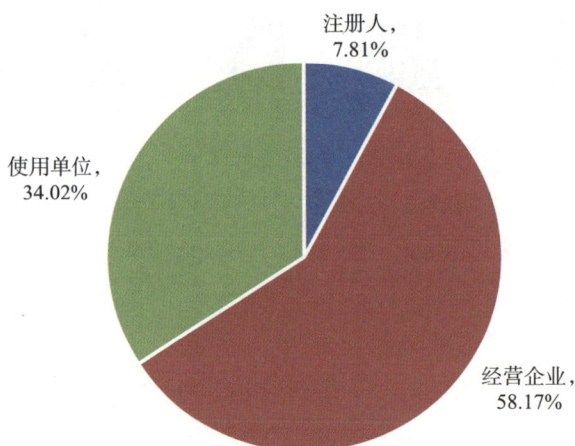

图 2-1-3　2021 年国家医疗器械不良事件监测信息系统注册基层用户情况

三、全国医疗器械不良事件报告统计分析

（一）按报告来源统计分析

2021 年，国家药品不良反应监测中心收到的医疗器械不良事件报告中，使用单位上报 562，928 份，占报告总数的 86.52%；注册人上报 14，853 份，占报告总数的 2.28%；经营企业上报 72，567 份，占报告总数的 11.15%；其他来源的报告 347 份，占报告总数的 0.05%（图 2-1-4）。

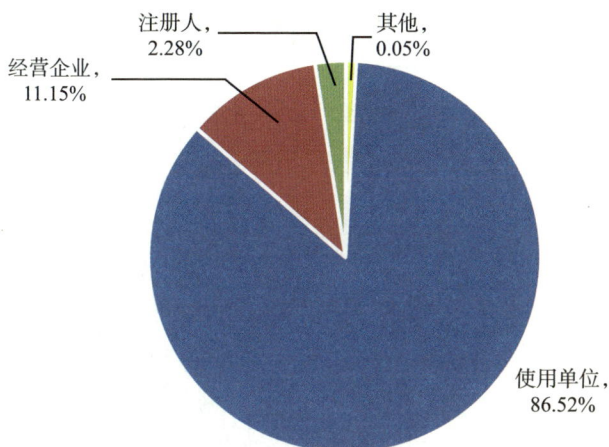

图 2-1-4　2021 年医疗器械不良事件报告来源情况

（二）按事件伤害程度统计分析

2021 年，国家药品不良反应监测中心收到的医疗器械不良事件报告中，伤害程度为死亡的报告 163 份，占报告总数的 0.03%；伤害程度为严重伤害的报告 36，610 份，占报告总数的 5.63%；伤害程度为其他的报告 613，922 份，占报告总数的 94.35%（图 2-1-5）。对于事件伤害程度为死亡的不良事件报告，国家药品不良反应监测中心督促注册人开展调查、评价，并及时进行了处置。在目前完成分析评价的报告中，尚未发现不良事件与涉及医疗器械存在明确相关性，后续监测中也未发现上述事件涉及产品风险异常增高情况。

（三）按医疗器械管理类别统计分析

2021 年，国家药品不良反应监测中心收到的医疗器械不良事件报告绝大多数涉及Ⅲ类和Ⅱ类医疗器械。其中，涉及Ⅲ类医疗器械的报告 224，287 份，占报告总数的 34.47%；涉及Ⅱ类医疗器械的报告 305，645 份，占报告总数的 46.97%；涉及Ⅰ类医疗器械的报告 57，108 份，占报告总数的 8.78%；未填写医疗器械管理类别的报告 63，655 份，占报告总数的 9.78%（图 2-1-6）。

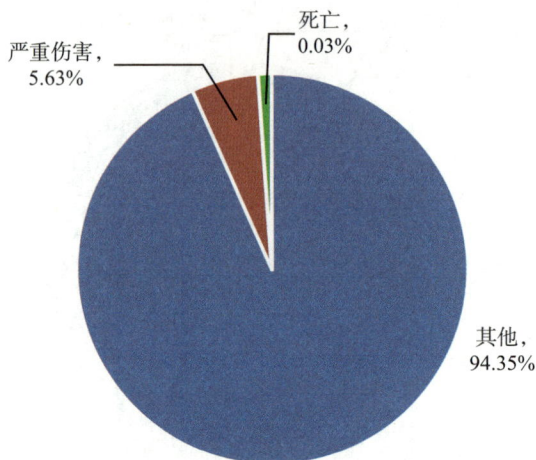

图 2-1-5　2021 年医疗器械不良事件报告涉及事件伤害程度情况

　　1. 国家医疗器械不良事件监测信息系统中各类伤害程度的报告，是按照"可疑即报"原则上报的真实反映。

　　2. 各类伤害程度报告的数量会受医疗器械风险程度、使用数量、临床使用情况，患者疾病进展以及报告人认知等诸多因素影响。因此，事件伤害程度为死亡或者严重伤害的医疗器械不良事件报告数量不直接代表医疗器械的安全性评价结论。

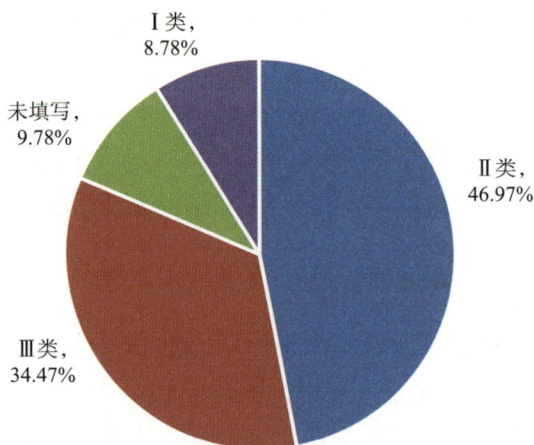

图 2-1-6　2021 年医疗器械不良事件报告涉及医疗器械管理类别情况

　　不同管理类别医疗器械的不良事件报告数量受使用数量、报告意识、风险程度等诸多因素影响。因此，各类医疗器械不良事件报告数量的多少，不直接代表医疗器械不良事件发生率的高低或者医疗器械的安全性评价结论。

（四）按医疗器械分类目录统计分析

2021 年，国家医疗器械不良事件监测信息系统收到的医疗器械不良事件报告涉及了医疗器械分类目录中的所有类别。其中，报告数量排名前十位的医疗器械类别见表 2-1-1。

表 2-1-1　2021 年医疗器械不良事件报告涉及医疗器械分类目录情况

排名	医疗器械分类目录	报告数	占总报告数百分比
1	14 注输、护理和防护器械	292627	49.85%
2	07 医用诊察和监护器械	63385	10.80%
3	09 物理治疗器械	47814	8.15%
4	22 临床检验器械	31913	5.44%
5	08 呼吸、麻醉和急救器械	28620	4.88%
6	06 医用成像器械	19549	3.33%
7	18 妇产科、辅助生殖和避孕器械	16917	2.88%
8	10 输血、透析和体外循环器械	16110	2.74%
9	02 无源手术器械	14121	2.41%
10	17 口腔科器械	8829	1.50%

（五）按医疗器械结构特征统计分析

2021 年，国家药品不良反应监测中心收到的医疗器械不良事件报告中，涉及无源医疗器械的报告 423,018 份，占报告总数的 65.01%；涉及有源医疗器械的报告 159,212 份，占报告总数的 24.47%；涉及体外诊断试剂的报告 4,794 份，占报告总数的 0.74%；未填写医疗器械结构特征的报告 63,671 份，占报告总数的 9.78%（图 2-1-7）。

（六）按实际使用场所统计分析

2021 年，国家药品不良反应监测中心收到的医疗器械不良事件报告中，使用场所为"医疗机构"的报告 569,693 份，占报告总数的 87.55%；使用场所为"家庭"的报告 67,369 份，占报告总数的 10.35%；使用场所为"其他"的报告 13，633 份，占报告总数的 2.10%（图 2-1-8）。

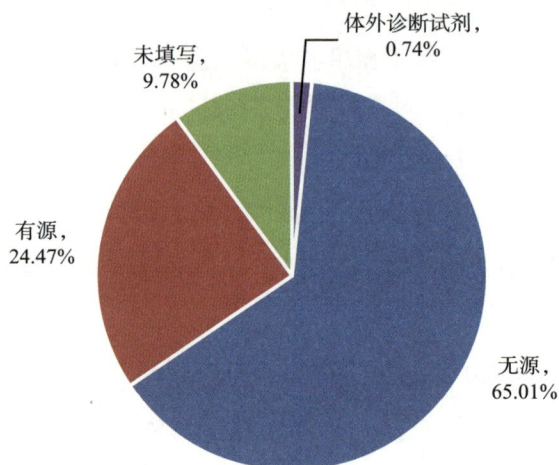

图 2-1-7　2021 年医疗器械不良事件报告涉及医疗器械结构特征情况

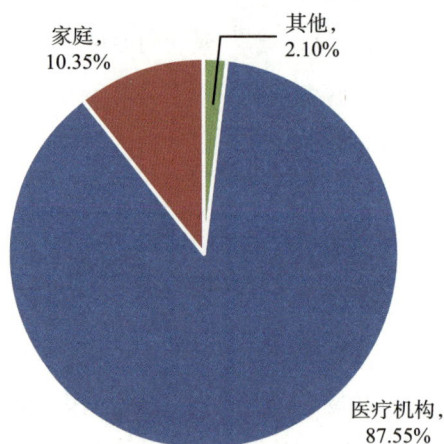

图 2-1-8　2021 年医疗器械不良事件报告涉及实际使用场所情况

四、医疗器械不良事件信息通报发布情况

为及时控制医疗器械风险，对可能出现的风险提出警示，2021 年，国家药品不良反应监测中心根据日常监测中发现的风险情况，汇总相关医疗器械的主要不良事件表现，发布了 1 期《医疗器械不良事件信息通报》，涉及医用

超声耦合剂产品，向相关注册人、使用单位等提出风险控制建议。

五、医疗器械警戒快讯发布情况

2021年，国家药品不良反应监测中心密切跟踪全球医疗器械监管情况，发布12期《医疗器械警戒快讯》，汇总了美国、英国、澳大利亚以及加拿大发布的医疗器械安全性信息共80条，涉及心室辅助系统、呼吸机、乳房重建假体、导丝、新型冠状病毒检测试剂等，为相关医疗器械在我国的安全性评价和风险控制提供参考借鉴。

六、有关情况说明

1. 我国医疗器械不良事件报告通过自发报告系统收集并录入到数据库中，即当怀疑某种事件可能与医疗器械有关时，就可以上报。受报告者主观意识、经验水平、认知程度、甚至所持立场等影响，医疗器械不良事件的报告可能存在片面性和局限性，如伤害程度判断不准确、报告填写不规范、信息不完善等，甚至将与医疗器械无关的事件也按照不良事件上报，因此统计结果与实际发生的医疗器械不良事件情况存在偏差。

2. 不同医疗器械的不良事件报告数量受使用数量、风险程度、报告意识等诸多因素影响，因此报告数量的多少不直接代表医疗器械不良事件发生率的高低或者风险严重程度。

3. 上述统计数据来源于国家医疗器械不良事件监测信息系统中2021年1月1日至2021年12月31日接收的数据，统计中由于四舍五入的进位规则，可能会出现百分比加和不等于100%的情况。

4. 本年度报告完成时，部分严重伤害医疗器械不良事件报告尚处在调查和评价的过程中，因此统计结果为统计时数据收集情况的真实反映，并不代表医疗器械安全性评价的最终结论。

小贴士

1. 医疗器械

是指直接或者间接用于人体的仪器、设备、器具、体外诊断试剂及校准物、材料以及其他类似或者相关的物品，包括所需要的计算机软件；其效用主要通过物理等方式获得，不是通过药理学、免疫学或者代谢的方式获得，或者虽然有这些方式参与但是只起辅助作用。其目的是：

（1）疾病的诊断、预防、监护、治疗或者缓解；

（2）损伤的诊断、监护、治疗、缓解或者功能补偿；

（3）生理结构或者生理过程的检验、替代、调节或者支持；

（4）生命的支持或者维持；

（5）妊娠控制；

（6）通过对来自人体的样本进行检查，为医疗或者诊断目的提供信息。

2. 医疗器械不良事件监测

是指对医疗器械不良事件的收集、报告、调查、分析、评价和控制的过程。

3. 医疗器械不良事件

是指已上市的医疗器械，在正常使用情况下发生的，导致或者可能导致人体伤害的各种有害事件。

4. 死亡医疗器械不良事件报告

指患者最终结果为死亡的医疗器械不良事件报告。不表示患者的死亡与使用医疗器械有明确的关联性。

5. 医疗器械不良事件报告原则

报告医疗器械不良事件应当遵循可疑即报的原则，即怀疑某事件为医疗器械不良事件时，均可以作为医疗器械不良事件进行报告。报告内容应当真实、完整、准确。

导致或者可能导致严重伤害或者死亡的医疗器械不良事件应当报告；创新医疗器械在首个注册周期内，应当报告该产品的所有医疗器械不良事件。

6. 国家医疗器械不良事件监测信息系统注册要求

注册人、经营企业和二级以上医疗机构应当注册为国家医疗器械不良事件监测信息系统用户，主动维护其用户信息，报告医疗器械不良事件。注册人应当持续跟踪和处理监测信息；产品注册信息发生变化的，应当在系统中立即更新。鼓励其他使用单位注册为国家医疗器械不良事件监测信息系统用户，报告医疗器械不良事件。

引自国家药品监督管理局药品评价中心 https://www.cdr-adr.org.cn/

2021 年医疗器械飞行检查情况汇总

为加强医疗器械监督管理，保障医疗器械安全有效，依据《医疗器械监督管理条例》《医疗器械生产监督管理办法》《药品医疗器械飞行检查办法》《医疗器械生产质量管理规范》及相关附录，以及《食品药品监管总局关于印发医疗器械生产质量管理规范现场检查指导原则等 4 个指导原则的通知》（食药监械监〔2015〕218 号）等要求，按照国家药品监督管理局 2021 年医疗器械检查工作部署，核查中心于 2021 年 3 月、4 月 ~5 月组织开展了医疗器械生产企业飞行检查工作。

具体情况请扫码。

第一批   第二批

体外诊断试剂监管现状

体外诊断试剂，分为按医疗器械管理和按药品管理两类。按医疗器械管理的体外诊断试剂，包括在疾病的预测、预防、诊断、治疗监测、预后观察和健康状态评价的过程中，用于人体样本体外检测的试剂、试剂盒、校准品、质控品等产品，可以单独使用，也可以与仪器、器具、设备或者系统组合使用。按药品管理的体外诊断试剂包括用于血源筛查的体外诊断试剂、采用放射性核素标记的体外诊断试剂[1]。本文主要对我国按医疗器械管理的体外诊断试剂近年来监管的现状及面临的新形势进行综述。

一、我国体外诊断试剂监管机构

我国体外诊断试剂监管机构包括国家和地方两个层级。国家药品监督管理局（简称国家药监局）主管全国体外诊断试剂注册与备案管理工作，负责建立体外诊断试剂注册与备案管理工作体系，依法组织境内第三类和进口第二类、第三类体外诊断试剂审评审批，进口第一类体外诊断试剂备案以及相关监督管理工作，对地方体外诊断试剂注册与备案工作进行监督指导。省、自治区、直辖市药品监管部门负责本行政区域内以下体外诊断试剂注册相关管理工作：①境内第二类体外诊断试剂注册审评审批；②境内第二类、第三类体外诊断试剂质量管理体系核查；③依法组织医疗器械临床试验机构以及临床试验的监督管理；④对设区的市级负责药品监督管理的部门境内第一类体外诊断试剂备案的监督指导。设区的市级负责药品监督管理的部门负责境内第一类体外诊断试剂产品备案管理工作[2]。监管方面，各级药品监管部门按照医疗器械分类分级监管规定分别落实属地监管责任，下面以国家级药品监管机构为例进行介绍。

1. 国家级药品监管机构及其内设机构

国家药监局是我国体外诊断试剂的行政管理机构，其中 4 个司负责体外诊断试剂相关的监管工作。药品注册管理司主要负责按药品管理的体外诊断试剂上市前注册管理工作。药品监督管理司主要负责按药品管理的体外诊断试剂上市后监管工作。医疗器械注册管理司主要负责按医疗器械管理的体外诊断试剂注册管理工作。医疗器械监督管理司主要负责按医疗器械管理的体外诊断试剂上市后监管工作，负责组织指导实施体外诊断试剂监督检查、检验检测、不良事件监测等监管工作。

2. 国家级药品监管机构的直属技术机构

国家药监局直属专业技术机构依职责承担实施体外诊断试剂监督管理所需的体外诊断试剂标准管理、分类界定、检验、核查、监测与评价、制证送达以及相应的信息化建设与管理等相关工作。例如，中国食品药品检定研究院（国家药监局医疗器械标准管理中心）主要负责体外诊断试剂上市前注册和上市后监管相关的检验检测和标准制定。国家药典委员会主要负责按药品管理的体外诊断试剂的国家药品标准制定相关工作。国家药监局药品审评中心主要负责按药品管理的体外诊断试剂的临床试验、药品上市许可受理及技术审评等工作。国家药监局食品药品审核查验中心主要承担体外诊断试剂上市前注册和上市后监管相关的现场检查、有因检查和境外检查等工作。国家药监局药品评价中心（国家药品不良反应监测中心）主要承担体外诊断试剂不良事件监测与上市后安全性评价工作。国家药监局医疗器械技术审评中心负责境内第三类和进口第二类、三类体外诊断试剂产品注册申请、变更注册申请、延续注册申请等技术审评工作。

二、体外诊断试剂相关法规文件

1. 行政法规

2000 年 1 月 4 日，国务院发布《医疗器械监督管理条例》，并于 2001 年 4 月 1 日开始实施，在我国医疗器械监管史上具有里程碑意义，标志着我国医疗器械监管真正迈上法制化管理的轨道。国务院分别于 2014 年和 2017 年对《医疗器械监督管理条例》进行了修订。为适应医疗器械监管和行业发展新形势需要，2020 年 12 月 21 日，国务院第 119 次常务会议修订通过《医疗器械监督管理条例》[3]，并于 2021 年 6 月 1 日起施行。

2. 部门规章及规范性文件

为推动《医疗器械监督管理条例》的贯彻落实，国家药品监管部门共制定了 13 部相关配套规章，形成以《医疗器械监督管理条例》为核心，相关配套规章和规范性文件为辅助的医疗器械全生命周期管理法规体系。部分规章阐述如下。

第一部分是体外诊断试剂说明书和标签管理、命名规则、标准管理、注册与备案管理等上市前监管 6 部规章。《医疗器械说明书和标签管理规定》于 2014 年 10 月 1 日起施行，规定医疗器械应当附有说明书和标签，要求医疗器械说明书和标签的内容应当科学、真实、完整、准确，并与产品特性相一致。《医疗器械通用名称命名规则》于 2016 年 4 月 1 日起施行，明确了通用名称命名应当遵循的原则、内容要求和组成结构、通用名称的禁止性内容。《医疗器械标准管理办法》于 2017 年 7 月 1 日起施行，明确了医疗器械标准的分类依据及种类，理顺了医疗器械标准体系。《体外诊断试剂注册与备案管理办法》于 2021 年 10 月 1 日起施行，强化体外诊断试剂注册人、备案人主体责任落实，要求加强体外诊断试剂全生命周期质量管理，坚持落实"放管服"改革要求。因《体外诊断试剂注册与备案管理办法》《体外诊断试剂分类规则》已发布实施，《医疗器械注册与备案管理办法》《医疗器械分类规则》在此不作具体介绍。

第二部分是体外诊断试剂生产、经营、使用、网络销售监管以及飞行检查、不良事件监测与再评价、召回管理等上市后监管方面的 7 部规章，如《医疗器械生产监督管理办法》《医疗器械经营监督管理办法》《医疗器械使用质量监督管理办法》《医疗器械网络销售监督管理办法》《药品医疗器械飞行检查办法》《医疗器械不良事件监测和再评价管理办法》《医疗器械召回管理办法》。在医疗器械上市后各个环节形成有力的监管法规体系，倒逼企业落实主体责任，保障产品质量安全。

第三部分是与规章配套的规范性文件体系。主要包括标准和分类、注册和备案、指导原则、临床试验、检验检测、创新优先程序、生产经营许可备案、生产经营质量管理规范、企业分类分级监管、监督抽验、不良事件监测评价、产品召回等。2020 年以来，为了防范新冠肺炎疫情，国家药监局发布了一系列做好新冠病毒检测试剂质量监管和专项抽检及加强新冠病毒检测试剂注册与监管等方面的文件，全力确保抗原检测试剂安全，服务疫情防控大局。

三、我国体外诊断试剂监管现状及工作成效

1. 行业现状

根据艾昆纬（IQVIA）报告预测，全球体外诊断试剂市场未来5年的年均复合增长率（compound annual growth rate，CAGR）超过5%。其中，发达国家未来5年的CAGR在2%左右，发展中国家未来5年的CAGR在9%左右，中国未来5年的CAGR预计将超过10%[4]。医疗器械产业是大健康产业中增长最为迅速的领域，已成为我国高新技术产业经济增长表现突出的重要产业之一[5]。2020年以来，受新冠肺炎疫情影响，国际市场对我国医疗器械产品需求增加，我国生产的防疫物资大量出口，体外诊断试剂产品呈井喷式增长，产品出口成绩亮眼。根据中国医药保健品进出口商会统计，2020年我国主要体外诊断试剂共出口50.87亿美元，同比激增901.96%。其中，免疫试剂产品出口31.78亿美元，同比增长率高达1540.84%，出口新冠病毒检测试剂10.8亿人份，体外诊断试剂成为出口增长最显著的产品[6]。

2. 注册审批情况

2014~2019年，医疗器械注册审批呈现一定波动，但2019年后呈持续上升趋势（图2-1-9）。

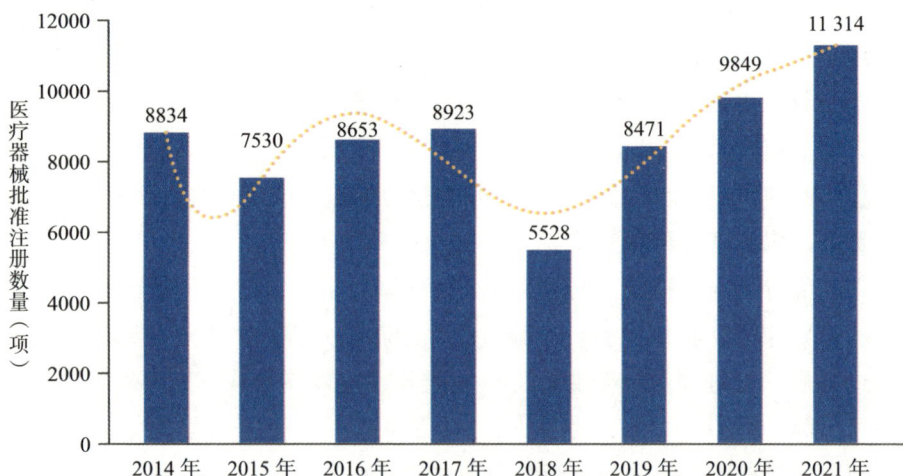

图 2-1-9　2014~2021 年国家药监局批准注册医疗器械情况

2021年，国家药监局批准注册境内第三类医疗器械4596项，与2020年相比增加27.6%，批准注册进口医疗器械6718项，与2020年相比增加7.6%。按照注册品种区分，体外诊断试剂3470项，占全部医疗器械注册数量的30.7%[7]。

截至2021年底，全国境内第一类医疗器械备案累计117198件；省级药监局共批准注册境内第二类医疗器械78561件。

3. 上市后监管工作成效

（1）医疗器械法制基础进一步夯实。全面实施新修订的《医疗器械监督管理条例》，积极开展条例宣贯培训。全力推进新发布的《医疗器械生产监督管理办法》和《医疗器械经营监督管理办法》的宣贯及配套规范性文件的制修订。

（2）防疫用械质量安全保障有力。常态化检查新冠病毒检测试剂生产企业，开展三轮全覆盖抽验，对新批准新冠病毒检测试剂生产企业全覆盖飞行检查，确保产品质量安全。组织各省（自治区、直辖市）开展新冠病毒检测试剂检验能力建设，生产企业所在省级药监局均具备检测能力。

（3）医疗器械风险治理成效显著。以防疫用械、集采产品、网售产品等九大类为重点，全面排查，着力消除区域性、系统性隐患。

（4）质量抽检靶向性逐渐增强。紧盯问题企业和产品，国家医疗器械质量抽检和省级抽检分工协作，互为补充。2021年，国家医疗器械质量抽检63个品种，新冠病毒检测试剂和集采中标支架专项抽检覆盖全部品种，抽检结果显示质量稳定。

（5）加强案件督办指导。从各地2018年以来查办的案件中遴选典型案例，形成《医疗器械典型案例汇编手册（2021）》印发各地，指导医疗器械案件查办工作。

（6）国际交流合作持续深入。2021年，国家药监局组织参与国际医疗器械监管者论坛（IMDRF）会议，我国牵头的"上市后临床随访研究"文件获批发布，并成功举办第十二届中国医疗器械监督管理国际会议（CIMDR）。

四、体外诊断试剂行业发展和监管面临的新形势及存在的问题

1. 竞争日趋激烈，但行业发展前景持续向好

从国际看，当前世界百年变局和世纪疫情交织，外部环境更趋复杂严峻

和不确定，经济全球化遭遇逆流。我国高端医疗器械面临关键核心技术和关键原材料"卡脖子"的问题突出，医疗器械行业竞争日趋激烈。从国内看，我国经济发展面临需求收缩、供给冲击、预期转弱三重压力，经济下行压力较大，发展不平衡不充分持续显现。在关键核心技术、产业链供应安全稳定、创新产品推广应用等方面，我国医疗器械产业发展还存在一些不容忽视的短板弱项，产业结构和产业集中度仍需进一步优化，创新引领力、国际竞争力与世界一流水平还有较大差距。

但近年来，尤其是在抗击新冠肺炎疫情阶段，我国医疗器械产业蓬勃发展，产品研发投入、创新产品上市、企业增长、主营收入均呈上升趋势，《"十四五"医疗装备产业发展规划》[8] 提出："到 2025 年，医疗装备产业基础高级化、产业链现代化水平明显提升，主流医疗装备基本实现有效供给，高端医疗装备产品性能和质量水平明显提升，初步形成对公共卫生和医疗健康需求的全面支撑能力。""到 2035 年，医疗装备的研发、制造、应用提升至世界先进水平。我国进入医疗装备创新型国家前列，为保障人民全方位、全生命期健康服务提供有力支撑。"这也将形成巨大的市场预期，可以预见，"十四五"乃至更长时期，我国医疗器械产业发展前景将持续向好。

2. 能力建设迫在眉睫，监管工作任重道远

进入新时代新发展阶段，医疗器械监管形势正在发生深刻变化。与科技进步和产业发展相比，我们的监管力量和专业能力明显不足，职业化专业化医疗器械检查员、审评员队伍建设急需加快推进，健全监管体系、提升监管能力刻不容缓。当前，内外环境的不断变化，各种风险有可能叠加、联动、传导、共振，医疗器械质量安全监管将面临更为复杂的环境，确保医疗器械质量安全任务繁重、艰巨，任重而道远。

五、体外诊断试剂监管工作相关建议

1. 加快推进配套规章制度的修订完善

加大《医疗器械生产监督管理办法》和《医疗器械经营监督管理办法》的宣贯力度，一体推进与生产、经营监管等规范性文件的制修订和发布实施。

2. 加大医疗器械监管能力建设力度

全面实施《"十四五"国家药品安全及促进高质量发展规划》[9]。指导督促各地贯彻落实《关于全面加强药品监管能力建设的实施意见》[10]，把握政策机遇，切实加强医疗器械监管能力建设。

3. 强化体外诊断试剂全生命周期监管

坚决落实企业主体责任，各地药品监管部门要加强对体外诊断试剂研发、生产、经营、使用各环节的监管，确保质量安全。首先要加大对体外诊断试剂生产企业的监督检查，要让生产企业在持续符合生产质量管理规范的基础上作业；其次要抓好流通使用环节监管，确保进入医疗临床使用的体外诊断试剂安全、有效。

4. 进一步完善体外诊断试剂相关标准

体外诊断试剂品种门类繁多，药品监管部门要加快制订完善体外诊断试剂国家标准，提升标准覆盖面。

5. 加强相关法规宣传和专业知识培训

鉴于体外诊断试剂品类多、专业性强，各级药品监管部门和卫生监管部门各自依职责定期组织监管人员、体外诊断试剂生产经营企业相关责任人、使用单位医疗机构有关科室人员进行体外诊断试剂相关业务培训，全力保障体外诊断试剂安全生产、有序流通、规范管理、质量安全有效。

（马忠明　杨　波）

引自《中国食品药品监管》杂志 2022 年第 6 期《我国体外诊断试剂监管现状、面临的新形势及其思考》

参考文献
请扫描二维码查阅

医用冷敷贴备案

近年来，部分"医用冷敷贴"被冠以"械字号面膜"，宣称可用于受损皮肤的护理、促进皮肤修复等。更有甚者打着"祖传秘方"的旗号在产品组成中添加植物提取物、中药、化学药品、抗菌成分等，宣称可用于颈、肩、腰、腿、关节疼痛的治疗。上述产品以"医用冷敷贴"为名进行第一类医疗器械备案，因其具有医疗器械备案凭证而被广大消费者信任和购买，易造成使用安全隐患。尽管监管部门对此类产品采取了相应的整治措施，但未能彻底净化市场，目前市场上仍存在不符合医疗器械产品备案规范的产品。本文梳理了目前备案的医用冷敷贴存在的问题，并提出对策建议，以期维护此类医疗器械产品的备案秩序，确保公众用械安全。

一、产品特点

医用冷敷贴按《医疗器械分类目录》[1]，属于"09 物理治疗器械"的"物理降温设备"，是第一类医疗器械。产品描述为"通常由降温物质和各种形式的外套及固定器具组成。降温物质不应含有发挥药理学、免疫学或者代谢作用的成分"。预期用途为"用于人体物理退热、体表面特定部位的降温。仅用于闭合性软组织"。同类型的产品有"医用降温贴、医用退热贴、医用冰袋、医用冰垫、医用冰帽、医用冷敷头带、医用冷敷眼罩、冷敷凝胶"。

二、存在问题探讨

以产品名称"医用冷敷贴"查询国家药品监督管理局国产医疗器械产品（备案）数据库，截至 2020 年 12 月 26 日，国产备案号 3250 个，进口备案号

18 个。医用冷敷贴备案数量在第一类医疗器械备案数量中排名第一位；医用冷敷贴生产企业 2781 家，占第一类医疗器械生产企业总数的 18.2%。医用冷敷贴备案产品和生产企业数量繁多，低质量重复备案现象十分严重。

《食品药品监管总局办公厅关于实施第一类医疗器械备案有关事项的通知》[2] 对第一类医疗器械备案产品的产品描述、预期用途的表述有明确要求"实施备案的医疗器械，应首先根据其'产品描述'和'预期用途'的实际情况，通过与目录中'产品描述'和'预期用途'的内容综合判定产品的归属类别""根据所属类别，应直接使用目录中'品名举例'所列举的名称，'预期用途'的基本内容应与目录中的相应内容一致，通常情况下对产品进行具体描述的，不应超出目录中'产品描述'相关内容的范围"。对已备案的医用冷敷贴进行分析探讨，主要存在以下问题。

（一）存在"高类低备"

部分产品存在"高类低备"现象，产品成分含有中药，如芦荟、蜂胶、蜂蜜、蜂蜡、冰片、没药、蓖麻子、乳香、威灵仙等；或天然植物及其提取物，如花青素、洋甘菊、库拉索芦荟叶提取物、仙人掌、茶树油、留兰香、山金车等；或透明质酸钠、胶原蛋白等。从产品组成来看，可能需要按照药械组合产品申请属性分类界定，或是按照第三类医疗器械注册，或是按化妆品类产品进行注册，而不应按照第一类医疗器械备案。

（二）产品名称不规范

第一类医疗器械备案产品的产品名称根据所属类别，应直接使用《医疗器械分类目录》中"品名举例"所列举的名称，即应使用"医用冷敷贴"进行备案。但是，已备案的产品中有使用不符合或是超出《医疗器械分类目录》的名称，如"医用冷敷面膜贴""医用面膜冷敷贴""医用冷敷贴（面膜贴）""医用透明质酸钠修复型冷敷贴""类人胶原蛋白修护面膜贴""前列腺医用冷敷贴""骨质增生医用冷敷贴""晕车医用冷敷贴""乳腺康医用冷敷贴""润目医用冷敷贴""瘦身医用冷敷贴"等。对淘宝、京东等电商平台销售的"医用冷敷贴"进行查询，发现许多产品名称直接注明型号规格，或是存在包含人名、企业名、品牌名、商标名等不符合医疗器械命名规则的情形。

（三）型号规格不规范

部分已备案的医用冷敷贴型号规格表述不规范，超出《医疗器械分类目录》中医用冷敷贴的预期用途"用于人体物理退热、体表面特定部位的降温。仅用于闭合性软组织"的范畴，甚至使用功效性词语进行表述，如"修复型""晕车型""骨质增生型""腰椎消痛灵型""医美型""跌打损伤型""痛经型""乳腺增生型"等。

（四）产品描述不具体

《第一类医疗器械产品分类判定及操作指南》[3] 指出："在进行产品分类判定时，应根据其'产品描述'和'预期用途'的实际情况，通过与目录中'产品描述'和'预期用途'的内容综合判定产品的归属类别，包括所属子目录、一级及二级类别。"汇总已备案医用冷敷贴的表述，发现许多产品只是照搬照抄《医疗器械分类目录》中"通常由降温物质和各种形式的外套及固定器具组成。降温物质不应含有发挥药理学、免疫学或者代谢作用的成分"的表述，未表述产品的实际情况。既无产品具体信息，也未明确降温物质、外套及固定器具的具体组成，无法体现产品技术特点。使用"通常""一般"等比较含糊的词汇，不仅导致备案部门无法准确判定产品归属类别，也导致后续监管无法通过产品表述判断其是否属于第一类医疗器械，从而可能造成监管缺失。

（五）预期用途不规范

医用冷敷贴预期用途的基本内容应与《医疗器械分类目录》中的"用于人体物理退热、体表面特定部位的降温。仅用于闭合性软组织"内容一致。已备案的医用冷敷贴存在不符合上述预期用途的表述。比如，"本品适用于皮肤过敏、痤疮，美容手术后冷敷理疗，缓解皮肤过敏等症状""本品适用于皮肤冷敷理疗，改善皮肤缺水症状，保持皮肤弹性""本品适用于关节炎、颈椎病、风湿病、风湿骨痛等多种疼痛的理疗"。

三、原因分析

（一）主体责任未落实

第一类医疗器械实行产品备案管理，企业对备案产品承担主体责任。实践过程中，部分企业对医疗器械相关法规知之甚少，对医用冷敷贴认识不足，甚至有意而为之，以医用冷敷贴的名义生产实则为化妆品或中药贴膏类产品。又因第一类医疗器械经营无须办理许可或备案，企业完成产品和生产备案后即可进行销售，销售监管层级较弱，特别是线上的销售，如电商平台、微信朋友圈等，监管难度大。

（二）备案规范不明确

第一类医疗器械备案权限为设区的市级食品药品监督管理部门。国家药品监督管理部门虽发布了第一类医疗器械备案操作指南，但尚未发布具体品种的备案操作规范和产品技术要求。部分第一类医疗器械产品无国家标准和行业标准，特别是医用冷敷贴，实际工作中容易被企业套用成"械字号面膜"或是"中药贴膏"等非医疗器械产品。

（三）监管机制不到位

《医疗器械生产企业分类分级监督管理规定》[4]要求："实施一级监管的医疗器械生产企业，设区的市级食品药品监督管理部门在第一类产品生产企业备案后三个月内须组织开展一次全项目检查，并每年安排对本行政区域内一定比例的一级监管企业进行抽查。"监管实际中，对企业生产体系是否符合《医疗器械生产质量管理规范》的要求关注较多，而对备案产品是否符合医疗器械法规的要求、实际销售的产品及说明书是否满足备案法规的要求则关注较少。日常监管中一般按比例抽查，无法及时发现企业存在的问题并提出整改。

四、对策建议

（一）制定备案规范，明确备案标准

对于基层备案部门在实际工作中不易把握和判断的第一类医疗器械品种，如医用冷敷贴、冷敷凝胶等，建议从国家层面制定统一备案规范，明确产品名称、型号规格、产品描述、预期用途、说明书和标签的具体表述和要求。各设区的市级食品药品监督管理部门依据统一的备案规范对此类产品进行备案，杜绝出现因备案部门认识不同而出现备案不规范，或因部分企业以发展地方经济为借口套用医用冷敷贴备案成化妆品面膜或是中药类膏药。

（二）开展专项检查，整治市场乱象

针对医用冷敷贴市场的乱象，急需开展专项检查，清理不符合医疗器械备案规范的产品。对已备案的产品建议从以下方面进行整治：一为是否存在非医疗器械作为医疗器械备案；二为是否存在"高类低备"的现象；三为是否存在产品名称不规范、断言功效、易与药品名称混淆情况；四为备案产品的预期用途是否规范、是否符合《医疗器械分类目录》的要求；五为备案的产品型号规格表述是否出现功效性倾向的词句；六为企业是否按已备案的技术要求组织生产；七为说明书和标签是否符合医疗器械说明书相关规范的要求。通过专项检查，清理非第一类医疗器械产品，净化市场环境，维护第一类医疗器械备案的秩序。

（三）加强沟通协作，健全监管机制

部分地区第一类医疗器械备案和监管分属于不同部门，对于此种情况，应进一步明确职责分工，加强备案和监管部门的沟通协作，健全备案工作的长效机制，使备案产品符合法规要求，及时发现备案产品在生产销售过程中出现的问题，进一步保障人民群众的用械安全。

五、结语

目前，医用冷敷贴备案产品存在"高类低备"以及产品名称、预期用途、规格型号不规范等问题。医疗器械属于特殊商品，其安全有效关乎公众生命健康。在监管实践中，第一类医疗器械的安全风险相对较低，但若备案产品不规范且不能进行有效监管，则易扩大不可控风险，给公众安全用械带来隐患。因此，有必要对医用冷敷贴等贴敷类第一类医疗器械加强管理。

（吴水金　谢诗晨　陈　鑫*）

引自《中国食品药品监管》杂志 2021 年第 3 期《浅谈医用冷敷贴备案中存在的问题及对策》

参考文献
请扫描二维码查阅

第二节　地方监管实践

安徽省防护类疫情防控用医疗器械生产现场检查情况

医疗器械行业是知识密集型的高新技术产业，是健康产业重要的基础组成[1]。疫情发生以来，我国医疗器械企业纷纷积极申报生产防护类疫情防控用医疗器械产品，除了满足国内需求外，还向世界许多国家和地区紧急提供救援物资抗击疫情，赢得受援助国家的赞扬[2]。医疗器械是特殊商品，是在符合要求的质量管理体系下生产的产品，事关公众健康，应加强对医疗器械的全生命周期监管[3]。面对保障疫情防控医疗器械质量安全的重担，安徽省药品监督管理局以辩证思维、风险思维、创新思维和法治思维为统领，敢于直面问题，勇于担当作为，努力在保障防疫器械市场供给、严守产品质量安全的战"疫"大考中交出一份满意答卷[4]。本文将安徽省2020年防护类疫情防控用医疗器械生产现场检查情况进行了汇总分析，以期为提升相关企业生产质量管理水平提供参考。

防护类疫情防控用医疗器械主要涉及产品品种为：一次性使用医用口罩、医用外科口罩、医用防护口罩、医用一次性防护服等，产品分"无菌"和"非无菌"两种形式，属于第二类医疗器械。根据《医疗器械注册管理办法》的规定，境内第二类、第三类医疗器械注册质量管理体系核查，由省、自治区、直辖市食品药品监督管理部门开展。目前，安徽省医疗器械注册质量体系核查和生产许可现场检查工作由安徽省药品审评查验中心具体承担。现场检查主要依据为《医疗器械生产质量管理规范》《医疗器械生产质量管理规范附录无菌医疗器械》。现场检查使用《医疗器械生产质量管理规范现场检查指导原则》和《医疗器械生产质量管理规范无菌医疗器械现场检查指导原则》对检查结果进行评估。

一、总体情况

2020 年安徽省药品审评查验中心共实施防护类疫情防控用医疗器械企业生产现场检查 151 家次，其中生产许可检查 15 家次，不通过 4 家，不通过率为 26.7%；首次注册核查 86 家次，涉及 114 个品种，不通过 23 家，不通过率为 26.7%；延续注册核查 50 家，涉及 71 个品种，不通过 14 家，不通过率为 28%。

二、缺陷项目情况

1.缺陷项目数量

151 家次检查共发现缺陷项 1802 项，其中关键项 244 项，一般项 1558 项，平均每家次发现缺陷项 11.9 项。

2.缺陷项分布

本文将缺陷项进行了归纳，详见表 2-2-1。

表 2-2-1 现场检查缺陷项构成情况

缺陷类别	关键项	占关键项总数比例	一般项	占一般项总数比例	总缺陷项
机构与人员	52	21.3%	214	13.7%	266
厂房与设施	16	6.6%	197	12.6%	213
设备	24	9.8%	221	14.2%	245
文件管理	10	4.1%	157	10.1%	167
设计开发	14	5.7%	172	11%	186
采购	27	11.1%	143	9.2%	170
生产管理	45	18.4%	158	10.1%	203
质量控制	42	17.2%	169	10.8%	211
销售与售后服务	3	1.2%	41	2.6%	44

续表

缺陷类别	关键项	占关键项总数比例	一般项	占一般项总数比例	总缺陷项
不合格品控制	3	1.2%	33	2.1%	36
不良事件监测、分析与改进	8	3.3%	53	3.4%	61
合计	244	–	1558	–	1802

3. 关键项缺陷情况

现场发现 32 项关键项存在缺陷，具体情况详见表 2-2-2。

表 2-2-2　现场检查高频次出现关键缺陷项情况

缺陷类别	条款	频次（次）
机构与人员	*1.1.2	7
	*1.2.5	6
	*1.3.2	13
	*1.5.2	7
	*1.6.1	19
厂房与设施	*2.2.1	8
	*2.7.1	5
	*2.9.1	3
设备	*3.1.1	9
	*3.3.1	11
	*3.8.1	4
文件管理	*4.1.1	3
	*4.1.4	7
设计开发	*5.4.1	11
	*5.10.3	3

缺陷类别	条款	频次（次）
采购	*6.1.1	3
	*6.4.1	11
	*6.5.3	13
生产管理	*7.2.1	16
	*7.6.1	16
	*7.8.1	4
	*7.10.1	3
	*7.16.2	2
	*7.20.2	4
质量控制	*8.3.1	12
	*8.4.1	14
	*8.5.1	10
	*8.7.1	6
销售与售后服务	*9.1.1	3
不合格品控制	*10.2.1	3
不良事件监测、分析与改进	*11.2.1	6
	*11.8.1	2

4. 高频次缺陷项情况

关键项缺陷项244项，涉及32个条款，一般项缺陷项1558项，涉及126个条款。缺陷项中出现频率较高的条款详见表2-2-3。

表2-2-3 现场检查高频次出现一般缺陷项情况

序号	条款	出现次数	出现频率%
1	1.4.1	89	58.9
2	7.6.2	55	36.4

续表

序号	条款	出现次数	出现频率%
3	4.2.2	53	35.1
4	2.6.2	51	33.8
5	3.2.1	43	28.5
6	3.2.3	42	27.8
7	3.4.1	42	27.8
8	3.2.2	40	26.5
9	5.5.1	39	25.8
10	11.7.1	38	25.2

三、主要问题分析

从缺陷项的构成可以看出，关键项缺陷项目主要集中在机构与人员、生产管理、质量控制、厂房与设施、设备、采购6个方面，占总缺陷项目的84.4%。有10个缺陷条款出现的频次超过25%，即每4家企业中至少1家企业存在类似的缺陷。最高频次的缺陷出现频率超过50%，即每2家企业中至少有1家存在类似问题。高频次缺陷项目客观地反映了安徽省防护类疫情防控用医疗器械生产企业在实施规范过程中普遍存在的一些问题。

1. 机构与人员

该项目存在的问题为各岗位人员履职能力不足等。主要包括企业管理者代表接受专业培训不足，对医疗器械法律法规和相关专业知识不熟悉，不能全面建立、实施并保持质量管理体系有效运行；技术、生产、质量管理人员对医疗器械法规不熟悉，缺少质量管理实践经验，对质量管理相关问题处理经验不足；从事影响医疗器械质量关键岗位的人员（管理者代表、质量管理人员、关键工序和特殊过程工序操作人员、检验员）培训效果不佳；现场检查时检验员无法完成企业规定的出厂检验项目的操作。

受疫情的影响，安徽省于2020年新注册了大量防护类疫情防控用医疗器械生产企业。这些新企业多存在负责人无医疗器械行业从业背景，企业管理者代表、生产质量部门负责人、检验员等关键岗位人员对医疗器械法律法规、技术要求不熟悉，医疗器械生产质量管理经验和能力不足等。这些情况导致企业缺少相关培训，不能全面建立、实施并保持质量管理体系运行。其中检验人员能力欠缺问题较为突出，一方面是由于类似新注册企业较多，用人缺口较大，企业难以吸引有经验和具有专业背景的检验人员；另一方面微生物、环氧乙烷残留等检测项目专业性较强，现有人员无相关专业背景或仅经过短期突击培训难以达到项目检测要求。

2. 厂房与设施、设备

该项目存在的常见问题为厂房与设施设备不能满足生产需要等。主要包括厂房设施未根据产品的特性工艺流程及相应的级别进行合理布局，洁净区与非洁净区的相连区域不受控；仓储区未进行有效区域划分，缺少分类标识和存储物料相关信息标识。部分企业存在新更换设备未及时建立设备台账，生产设备与设备清单不一致，新设备未进行设备验证，验证的生产设备参数与现场参数不一致的情况；出厂检验必需的检验设备配备不足，无微生物限度、阳性对照实验室，不具备微生物检测条件；未制定生产设备及检验设备维护保养操作规程；现场缺少生产设备及检验仪器的使用、维护保养记录。

存在上述问题的原因主要为：一是企业缺少医疗器械生产经验，缺乏洁净区管理意识和能力。空调和制水系统只会启动和关机，缺乏基础的维护和保养知识，维护保养均需依赖设备厂家进行，且不具备相应管理能力，缺少相关记录。二是仓库管理较为混乱，物料标识不清，缺少分区管理的概念。三是延续换证的口罩生产企业普遍更新了全自动口罩生产设备，但新设备未及时进行验证，也未根据新设备的参数及时修正工艺参数。四是部分无菌生产企业虽然建立检验室，购买了相关仪器设备，但对设备原理、日常维护保养不熟悉，生产和检验设备的使用、维护保养等记录意识较差，缺少关键设备的使用记录。

3. 采购

该项目存在的常见问题为原料采购不够规范等。主要包括企业未与主要原材料供应商（熔喷布、无纺布、耳带、鼻梁条等）签订质保协议，主要原材料（熔喷布）采购信息不全，无采购合同、购进票据、采购物品清单等，不能满足可追溯要求。

出现该问题主要由于企业对于关键物料（熔喷布、无纺布、耳带、鼻梁条）管理意识不足。前期受市场熔喷布原料资源紧俏的影响，部分关键原材料购入渠道不规范，缺少供应商资料及购入记录，不能保证所购入熔喷布的质量。2020年中下旬，由于熔喷布、无纺布等原料的产量和质量显著提升，目前该问题已明显改善。

4. 生产管理和质量控制

该项目存在的常见问题为生产管理不规范，质量控制流于形式等。主要包括企业未明确生产医用口罩关键工序和特殊过程；未对产品的关键工序（制片、上带、包装）和特殊过程（灭菌、解析）进行验证或确认；注册批产品无生产、检验记录，不能满足追溯要求；生产记录缺少原材料批号、记录的工艺参数与现场实际不一致。成品检验报告项目与企业制定的检验规程中部分检验项目不一致；产品无原始检验记录，无法溯源；现场未见产品放行程序、条件和放行批准要求；放行要求与实际不一致。

存在上述问题的原因主要为：一是企业对于生产工艺规程的制定和相关验证工作不理解、不重视，更缺乏这方面能力，其现有的工艺规程也是套用第三方资料，与企业实际不一致。二是管理人员不理解记录的意义和其重要性，生产、检验记录设计不合理，记录不规范，记录的收集整理不完全。三是检验员无专业背景，缺乏工作经验，短期培训后上岗，对较为复杂的检验项目检验能力不足。四是企业认为成品检验合格后即可放行，未能按《医疗器械生产企业质量控制与成品放行指南》的要求，严守产品放行规范流程。

四、建议

针对上述问题，生产企业需从自身出发，努力提升企业生产质量水平，监管部门也需在严格管理的同时，采用科学监管、创新监管等工作方式，引导企业高水平发展。

1. 企业应强化人员能力水平，全面提升质量管理水平

企业在机构人员、厂房设施设备、采购、生产管理和质量控制等方面存在的诸多问题，产生的深层次原因主要是相关人员能力欠缺导致的，因此想要全面提升质量管理水平必须要强化企业人员能力水平。一是企业负责人要

带头学习医疗器械相关法律法规，对医疗器械行业相关法规要做到心中有数，树立企业第一责任人的意识。二是要提高企业管理者代表，生产、质量负责人等关键岗位人员能力，采取请进来、送出去等方式，一方面引入有经验的管理人员，另一方面加强企业核心岗位人员的外出培训学习。切实增强关键岗位人员的法律意识、风险意识、责任意识和业务能力，确保企业质量管理体系的有效运行。三是通过不断组织内部培训，提升一线操作人员，尤其是提升洁净车间工作人员、检验人员质量管理的意识和技能水平。

2. 监管部门加强监管与引导

监管部门加强对新开办企业的日常监管，增加各级飞行检查在新开办医疗器械企业比例，重点关注新注册产品的体系运转情况[5]。从现场检查情况来看，特殊时期匆匆注册的企业存在问题较多。防护类疫情防控用医疗器械产品使用范围广，社会影响大，其质量好坏直接影响防疫工作以及人民安全健康，监管部门必须加强此类产品的上市后监管。因此，一是建议加大飞检和产品抽检频次，曝光不合格产品及生产厂家，对新注册企业实行全覆盖监督检查，并形成高压态势。二是针对特殊背景下该类生产企业普遍缺乏有质量管理经验的人员，不能根据产品风险有针对性开展质量管理工作的行业现状，建议监管部门可有计划的开展科学研究，以防护类产品的预期用途、结构特征、使用方法为出发点，找出这类产品生产和质量关键环节，制定更有针对性的规范要求。如安徽省药品审评查验中心制定的"医用口罩类、防护服类应急审批现场核查要点"，在引导企业评估产品风险点，确定质量体系运行的关键点上起了很好的作用，有效地帮助企业找到质量管理的关键点。三是针对企业普遍存在的技术难点，建议结合同类产品的共性，制定切实有效的技术指南和记录范本（如制定相关工艺验证指南，生产、检验记录范本等）帮助企业少走弯路，迅速提升行业技术水平。四是举办专题培训，提升从业人员素质；开展接待日活动，畅通咨询渠道，为企业解难答疑；定期开展风险分析，在门户网站设置专栏发布，供行业借鉴参考。

3. 加快职业化检查员队伍建设

加快推进职业化检查员队伍建设，发挥专职检查员职能作用，提升检查员能力水平，把每次检查作为一次对企业质量管理体系全面梳理、提升的契机，在找到企业存在的问题的同时，给出合理化改进建议，帮助企业切实提升关键岗位人员质量管理的意识和企业质量管理水平。

4. 探索发展新模式

针对前期应急注册的企业多、小、散、乱问题，监管部门应在加强监管的同时，加强疏导，探索适合此类企业发展的新模式。建议可采取一是对创新技术实力强的企业应加大培植力度，从资金、技术等方面予以倾斜，鼓励其研发新产品。对于发展后劲不足，技术力量薄弱的应加大转型或合并力度。二是可以探索在产业较为集中的地区，借助行业协会或第三方技术机构力量，打造资源共享的公共服务平台，如针对企业普遍存在的微生物限度、环氧乙烷等项目检验能力不足，缺少熟练检验员的问题，建立区域检测中心，取得相关资质后，为本区域内企业提供更为专业的检测服务。针对企业验证能力弱，空调、制水等设备维护保养能力欠缺等问题，成立专业技术服务公司，为企业提供相关工作。

（吴文华　王丽娜　王　昆）

引自《中国食品药品监管》杂志 2021 年第 8 期《2020 年安徽省防护类疫情防控用医疗器械生产现场检查情况分析及建议》

参考文献
请扫描二维码查阅

定制式义齿质量研究及监管建议

引言

义齿，医学上是对上、下颌牙部分或全部牙齿缺失后制作的修复体的总称，是经口腔医生设计，采集患者口腔印模后委托义齿生产企业定制加工的医疗器械产品[1]。在《定制式义齿注册技术审查指导原则》（2018 年修订）中定制式义齿是指人工制作的能够恢复牙体缺损、牙列缺损、牙列缺失的形态、功能及外观的修复体[2]。定制式义齿产品可以分为固定义齿及活动义齿两类。按照制作义齿的材料及加工工艺的不同来分类，义齿可以大致分为全金属义齿、金属烤瓷类义齿、全瓷类义齿三类。

定制式义齿是生产企业依据临床机构提供的义齿设计单和患者的口腔模型，按订单指定的材料和工艺，生产符合医生设计要求的医疗器械产品[3]，作为定制式产品，在生产管理和质量控制方面与其他批量生产型产品有较大的区别[4]。一是定制式生产，定制式义齿的个性化需求特点较为显著，且产品的制作工艺更依赖于技工的个人技能，对企业的生产管理及质量控制提出了更高的要求。二是交付时限，由于义齿的定制特性，普遍加工时间为 3~5 个工作日，口腔医生和义齿技师的交流协作有效性尤为重要[5-6]。三是售后服务，由于模型误差、义齿设计不够理想、患者使用效果不好等情况需要对义齿产品进行调整或重新制作，这也涉及企业和临床口腔医生、医生和患者之间及时有效的沟通交流[7]，因此良好的售后服务是必要的。

一、我国定制式义齿行业发展现状

1. 我国定制式义齿厂家分布情况

近年来，我国义齿市场每年均保持两位数增长率，2018 年达到 203.34 亿人民币[1]。2016 年四川省义齿企业达 54 家，定制式义齿制作行业 94% 的企业注册资金集中在 200 万元以下[8]。截至 2019 年，安徽省共有义齿生产企业 50 家，以小型企业为主，无年产值超过亿元企业[9]。义齿需求与地区经济发展水平呈正相关，因此市场分布并不均匀，主要集中在华南和华东地区，国内市场需求分布情况见图 2-2-1[1]。

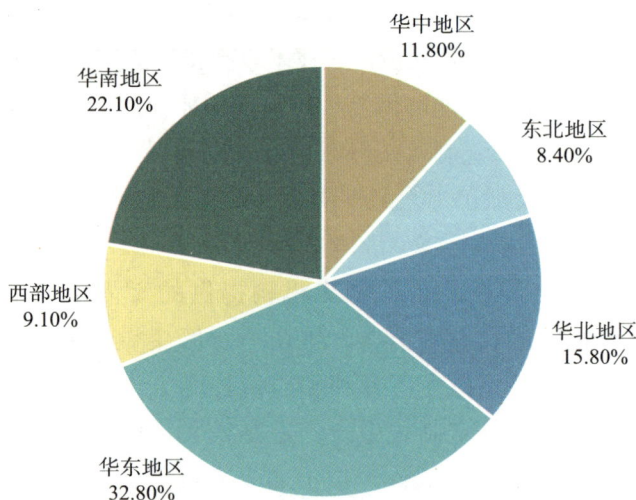

图 2-2-1　我国义齿市场需求分布图

2. 我国定制式义齿标准化情况

2002 年原国家药品监督管理局发布《关于规范口腔义齿生产监督管理的通知》，义齿开始纳入二类医疗器械进行管理，之后相继发布相关法律规定[10]。定制类义齿的行业标准还处于初级阶段，目前在国内尚无相应的国家标准和行业标准。根据公开数据查询，2014 年原陕西省质量技术监督局发布了地方标准《定制式固定义齿通用技术要求》（DB61/T 945-2014）和《定制式活动义齿通用技术要求》（DB61/T 946-2014）。2015 年原广东省质量技术监督局发布了地方标准《定制式固定义齿》（DB44/T 1727–2015）。2018 年国家药监局发布《定制式义齿注册技术审查指导原则》（2018 年修订）更新了相应的行业标准和国家标准[11]。2020 年 4 月广东省医疗器械管理学会颁布及实施定制式义齿团体标准《定制式固定义齿》（T/GDMDMA 0001–2020），对定制式义齿标准行业化、国家化奠定了坚实的基础。

目前义齿的性能指标主要参考《定制式义齿注册技术审查指导原则》2018 年修订制定，同时参考地方性指导原则。定制式固定义齿应体现出定制式义齿实际使用过程的状态[12]，其主要性能指标包括工作材料要求、牙冠颜色、金属部分抛光度、金瓷结合强度、耐急冷热性能、金属内部质量等；定制式活动义齿的主要性能指标包括材料要求、连接体要求、组织面不可残余石膏要求、基托不可有气孔裂纹要求、人工牙颜色要求等。同时，部分省（市）如广东省对硬度、金属 / 瓷块熔点、耐腐蚀等性能提出具体要求；福建省对 3D 打印义齿的耐腐蚀性、硬度、抗晦暗等性能提出具体要求。

义齿的生物相容性可参考《牙科学 口腔医疗器械生物学评价 第 1 单元：评价与试验》（YY/T 0268–2008）、《口腔医疗器械生物学评价》（YY/T 0127）、GB/T 16886 适用标准及《医疗器械生物学评价和审查指南》等文件进行评价[13]。

二、深圳市定制式义齿的产业发展情况

1. 深圳市定制式义齿厂家分布情况

深圳市得益于改革开放的政策，凭借毗邻香港特别行政区的经济地理位置优势，率先引进来料加工模式，成为我国最早的定制式义齿加工制造基地之一[14]。2018 年深圳市共有医疗器械生产企业 815 家，其中义齿类生产企业 96 家，其中宝安区为核心聚集区，共 62 家[1]。深圳市义齿生产企业年总产值较 2017 年同比增长 9.78%，达到 15.09 亿人民币，详细的年增长情况见图 2-2-2[1]。

2. 深圳市义齿监管措施

深圳市市场监督管理局作为政府监管部门，除了日常监管之外，还根据行业特点和发展现状，以帮扶企业贯彻实施医疗器械生产质量管理规范，提

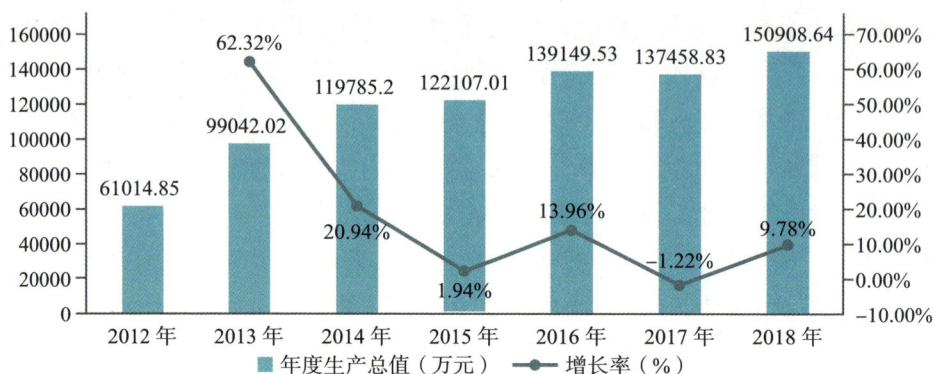

图 2-2-2 2012~2018 年深圳市义齿企业生产总值增长情况

高产品质量为目的开展了多项创新举措。一是通过购买服务的形式，利用第三方行业组织的力量，组织实施针对行业企业的生产质量管理体系检查工作，2016~2018 年期间，深圳市共有 37 家义齿生产企业接受了质量体系检查，主要问题集中在《医疗器械生产质量管理规范》中的生产管理、设备管理、机构人员、采购、文件管理、不良事件监测、分析和改进几个环节。二是开展深圳市口腔义齿专项质量评估抽检，首创针对义齿产品的"定制式抽验"模式，统一定制"抽验模型"，确定抽样检验标准，向各义齿生产企业下发抽检订单，企业完成后送样，交付检测机构进行成品检验，并邀请临床医院口腔专家对抽验产品开展临床评价。

3. 义齿监管结果分析

根据原国家食品药品监督管理总局于 2014 年首次开展的定制式固定义齿和定制式活动义齿两类产品的国家监督抽验工作结果[5]，定制式义齿生产质量问题主要体现在产品包装不规范、产品标识不规范以及样品无菌（灭菌、消毒）或微生物限度（表面初始污染菌）不合格等方面。依据国家药品监督管理局 2018 年修订的《定制式义齿注册技术审查指导原则》中对产品有效期和包装方面的要求：应明确定制式义齿产品的安装有效期，即在患者口腔内取模至安装的最长期限，还应明确产品的保质期。根据义齿产品的特性结合口腔变化的情况，产品的安装有效期的时效多为 15~45 天；产品的保质期可用加速老化或模拟实验验证。由于影响义齿保质期的因素较多，患者应根据医生的建议定期复查。义齿的消毒工艺，生产企业应依据《医疗机构消毒技术规范》以及《医疗器械生产质量管理规范定制式义齿现场指导原则》中的 7.3.1 对义齿模型进行清洁和消毒，并在产品说明书中推荐临床终端消毒方式。

2019 年深圳市共抽取定制式固定义齿 81 批次，检验发现 24 批样品不合格，不合格检出率 29.6%。抽检结果详见表 2-2-3[1]。

表 2-2-3　2019 年深圳市定制式固定义齿抽检情况统计表

检测项目	判定标准	不合格批数
色泽及融合性	肉眼观察，义齿牙冠的颜色应符合设计文件的要求，混色牙唇面的切缘和颈部之间不应有明显的分界线	0
密合性	肉眼观察，义齿边缘与工作模型密合，应无明显的缝隙，且用牙科探针划过时，应无障碍感	0
表面光泽度	义齿暴露于口腔的金属部分应高度抛光，将被测试样品与粗糙度比较样块同时放在 10 倍放大镜下，肉眼观察，被测试样品表面粗糙度应达到 Ra ≤ 0.025μm	0
孔隙度	金属烤瓷桥的瓷质部分，按照《牙科学　修复用人工牙》（YY 0300-2009）中 7.6 条规定的方法试验，在试样受试表面上，直径大于 30μm 的孔隙不超过 16 个，其中直径为 40~150μm 的孔隙不超过 6 个，并且不应有直径大于 150μm 的孔隙[15]	18
金属内部质量	按照原国家食品药品监督管理局 2011 年发布的《定制式义齿产品注册技术审查指导原则》规定的方法试验，非贵金属烤瓷内冠咬合面的厚度大于等于 0.3mm	5
耐急冷热性能	按照《牙科学　修复用人工牙》（YY 0300-2009）中 7.10 的规定进行试验，义齿的任何瓷质部分不得出现裂纹	2
耐腐蚀性能	义齿的金属部分应有良好的耐腐蚀性能，应不低于《不锈钢医用器械 耐腐蚀性能试验方法》（YY/T 0149-2006）中（沸水试验法）b 级	0
接触点	肉眼观察，义齿与相邻牙之间应有接触，接触的部位应与同名天然牙的接触部位一致。义齿的咬合面与对颌牙应有接触点，但不应产生咬合障碍	0
人工牙外形	肉眼观察，人工牙的外形及大小应与同名牙相匹配且符合牙齿的正常解剖形态。人工牙的唇、颊面微细结构，应与同名天然牙基本一致	0

判定原则：①表中任意一项判定不合格，本次抽检综合结论为不合格。
②样品在正常检验过程中不能正常使用，本次抽检综合结论为不合格。

由表 1 可知，不合格项主要包括孔隙度、金属内部质量和耐急冷急热性能。孔隙度可通过直接观察义齿截面气孔等微细结构考察其质量，是控制固定义齿产品质量的关键性能指标[16]。孔隙度不合格主要是存在直径＞150μm 的孔隙，无机物材料的弹性模量和强度均会受材料内部气孔的影响。造成产品孔隙度不合格的主要原因包括：①粉液比不合适；②粉液调不均匀；③烤瓷工艺不适当；④技工在上瓷过程中基体（金属或瓷块）表面空气未排尽而引入气泡或异物[17]；⑤加工厂缺乏生产环境控制的意识等。孔隙度中气孔容易引起应力集中，会显著降低材料的力学性能[18]，在临床使用过程中可能产生的不良后果包括影响义齿的表面形貌、容易造成菌斑附着影响牙周和黏膜的健康，以及影响义齿的强度，容易产生崩瓷，从而导致治疗失败或影响义齿的使用寿命。

金属内部质量不合格（主要是金属内冠的咬合面过薄）的原因包括：①医生对患者牙齿预备不到位，使得技工制作的义齿金属冠厚度过薄；②义齿加工企业设计和生产存在问题，导致金属冠厚度不足；③义齿加工企业生产工艺存在问题，导致金属冠内部有缺陷，从而缺陷部位厚度不足；④患者自身咬合空间不够，未用全金属冠，导致烤瓷冠金属厚度不足。其可能造成的后果包括：①强度下降，无法承载表面烤瓷层；②咬合面过薄，长时间咀嚼摩擦后，容易出现咬合面变薄以及变形的情况，甚至出现孔洞，与组织面形成缝隙，食物残渣滞留于此，与口腔中唾液相互作用加速修复体腐蚀，最终可能损坏修复体；③金瓷交界线处的金属带阶台处没有烤瓷层，金属直接暴露口腔内，如果厚度过薄，影响其耐腐蚀性，当食物积存在龈沟处时，极易对金属造成腐蚀，可能导致修复失败；④在铸造时金属内部容易产生气孔、缩孔和裂纹等缺陷，影响修复体使用寿命[19-20]。

耐急冷急热性能不合格产生原因可能是烤瓷过程中产生的缺陷，如瓷质部分出现裂纹，产品内应力较大，与孔隙度的产生原因类似。其不合格容易造成患者日常使用过程中产品崩瓷。

三、存在问题与建议

由于义齿定制化的特点，检验方式优化也应持续进行。首先，对于目前统一定制"抽验模型"，在未来可建立"抽验模型"库，每次检验从中抽取模型进行定制并检验，这样可以模拟义齿定制化的特点，保证模型多样性和覆盖性。除抽验模型外，还可通过医院或诊所以患者的名义向厂家进行下单，更能真实反映实际生产结果。另外，根据义齿材料的分类，现有检测项目主要针对烤瓷义齿，对于全金属和全瓷义齿，检验项目和判定标准可有依据的进行部分调整与增加，如：①采用《牙科学 固定和活动修复用金属材料》（GB 17168–2013）规范金属材料；②增加全瓷内冠厚度标准等。

总的来说，义齿检验相对于传统医疗器械检验有所区别，应根据其定制化，交付时限和售后服务三个特点来建立检验项目及判定标准。近 10 年来一系列政策法规的出台，标志着我国对于义齿行业的监管制度的从无到有，逐渐形成了完善的法规体系，这一体系不仅为企业的健康发展提供了指引，也为行业监管提供了依据。

（杨　涵　周靓丽　刘洪伟　刘付惠玲　吴娟洁　王　钺）

引自《中国食品药品监管》杂志 2021 年第 8 期《定制式义齿质量研究及监管建议》

参考文献
请扫描二维码查阅

第三章

监管科学研究

医疗器械监管科学发展和路径研究

一、医疗器械监管科学研究的紧迫性

（一）对监管科学定义、内涵与外延的理解

监管科学目前仍存在多种定义，美国食品药品监督管理局（FDA）认为"监管科学为监管工作提供科学依据，为监管人员提供工具、方法及标准"[1]。欧洲药品管理局（EMA）认为"监管科学为监管人员的科学决策提供科学支撑"[2]。我国药品监管部门强调监管科学为监管工作提供新工具、新方法及新标准[3]。总体来看，美国更多地将监管科学视作为一门基础科学，我国目前倾向于认为监管科学主要是一门应用科学，欧盟则更多地从政策层面理解监管科学的指导意义。目前国内外监管机构的普遍共识是：监管科学是监管机构在面对快速发展的技术进步和危机期间非常规监管决策所带来的挑战时所依据的科学研究，监管科学为监管工作提供科学依据，为监管人员提供新方法、新工具和新标准[4-5]。

监管科学的内涵就是监管决策的方法论研究，特别是针对非常规、非传统产品所做出风险收益平衡的科学决策。因此，监管科学研究注重于方法论研究、风险和收益的研究和计算、科学化决策程序的研究。

监管科学的外延则是监管科学应用于监管工作，支持产品创新，防范公共卫生危机，提高人民群众知情权的方法、工具和措施。监管科学在各类医疗产品监管的实际应用中将形成医疗产品的科学监管能力，这些能力将有助于监管机构解决面临的各种监管挑战[6]。

（二）医疗器械监管科学发展综述

医疗器械监管科学是监管科学在医疗器械领域的应用，因此医疗器械

监管科学的研究基础是监管科学，应用领域则是医疗器械的科学监管。美国FDA 在 21 世纪初开始全面启动监管科学研究工作，成立了专门的监管科学首席科学家办公室，全面指导和引领 FDA 的监管科学基础研究和所有监管领域的监管科学应用。FDA 监管科学基础研究主要聚焦于新型毒理学拓展，基于人工智能的产品评价体系，以及基于大数据和疾病模型的真实世界证据研究。FDA 在医疗器械行业的监管科学研究主要聚焦在采用创新生物材料的植入器械、人工智能医疗器械以及公共卫生危机的监管科学应用[7-9]。欧洲监管科学研究重点则主要在基因治疗和体外诊断试剂的全生命周期监管，医疗器械领域主要跟随美国的研究路径[2]。日本监管科学基础研究的重点在有效性评估和临床试验，医疗器械领域则重点在不良反应的统计和分析的科学方法和工具[10]。韩国监管科学基础研究的重点在产品生产质量保障的科学方法，医疗器械领域则重点在有源器械的安全性科学评价方法论研究[11]。同时，联合国经济合作与发展组织（Organization of Economic Cooperation and Development）于 2015 年发布了《加强数字安全风险管理促进经济社会可持续发展》（*Digital Security Management for Economic and Social Prosperity*）蓝皮书[12]，提出针对经济和社会的关键应用数字系统安全性开展跨国协同研究，这些关键应用包括医疗器械的智能控制系统以及物联网可穿戴或可植入医疗器械、人工智能医疗器械[13-14]。

　　我国药品监管部门自 2016 年起加快监管科学研究工作。于 2019 年启动"中国药品监管科学行动计划"[15]。2019 年 4 月，批准设立第一批医疗器械监管科学研究基地，四川大学正式成立我国第一个医疗器械监管科学研究基地。目前，在我国药品监管部门的大力支持下，研究基地针对当前医疗器械监管难点和痛点问题，如创新生物材料植入器械、药械组合器械、人工智能医疗器械、真实世界数据和全生命周期监管等，开展医疗器械监管科学基础研究和应用研究。此外，研究基地还积极开展监管科学教育体系的建设，探索在生物医学工程专业下开展医疗器械监管科学方向的本科及研究生培养模式，并形成一套较为完备的医疗器械监管科学学历教育培养体系。研究基地围绕我国医疗器械监管所面临的挑战，特别是创新医疗器械监管的迫切需求，从医疗器械监管科学的历史沿革、发展历程、知识图谱、发展战略、核心应用以及国际合作等各方面开展工作，取得了一系列显著成果，逐步形成从应对当前医疗器械监管领域的挑战出发，解决热点问题，到积极开展国际合作，宣传并推广我国监管政策的全方位、多平台医疗器械监管科学研究体系[6, 9]。

（三）医疗器械监管机构面临的重大挑战

近年来，生物材料技术的快速进步，物联网、5G、人工智能与大数据等相关信息与通信技术高速发展，使得创新型植入器械和人工智能医疗器械不断涌现。监管部门面对的是不断加快的材料创新周期、不断自我学习的人工智能软件和泛在化网络连接，这对传统监管模式提出了巨大挑战[7, 16]。例如，监管部门要在一个合理的时间内评估可再生植入器械的长期生物相容性，并且需要具备评估不断进化的人工智能系统安全性的技术能力。此次新冠肺炎疫情展示了在重大公共卫生事件中，监管部门要在尚未取得完整的证据和足够的临床试验周期情况下，对体外诊断试剂和个人防护用品的安全性和有效性做出最为科学的监管决策。这个决策可以带来巨大的疫情控制收益，但同时也可能埋下公共健康隐患。因此，做好应对全球疫情的能力准备也是监管部门的一个重大挑战。

人民群众对先进技术在创新器械中的应用充满期望，对监管部门工作周期和决策依据也希望有更多的了解，希望可以在临床中尽快应用到更多先进技术成果。因此如何有效地展示监管部门的科学化决策能力，获得人民群众和社会舆论的理解与支持也是当代全球监管部门的一个重要挑战[17]。

二、监管科学研究发展与实施路径建议

（一）背景

医疗器械监管科学研究必须要充分考虑我国还处于社会主义发展的初期阶段，国家经济建设正从粗放式发展转为高质量发展，国家经济建设的重心正逐步转向民生。因此，医疗器械监管科学研究发展规划的指导思想是坚持以人民群众生命健康为中心、坚持问题导向，注重研究实效并以科学化的态度推进监管科学研究及应用。以人民群众生命健康为中心，就是坚决贯彻习近平总书记关于监管工作的各项指示，牢记人民群众生命健康高于一切的原则，时刻记住人民群众对美好生活的向往，在各项工作推进中不断深入了解人民群众的意见、社会舆论的反馈，把监管科学发展建立在提高人民群众的

满意度上。问题导向是监管科学发展规划的核心，是聚焦工作领域、厘清工作次序的重要原则。我国处于社会主义建设的初级阶段，医疗器械监管科学研究工作无法短期内全面铺开，必须要优先解决目前监管部门最大的挑战、人民群众最关心的问题，并在解决这些问题的过程中逐步形成完整的监管科学研究和应用体系。在医疗器械监管科学具体研究工作中，要以有利于提高监管质量与效率以及人民群众满意度的可实际应用成果为工作目标，加快科研成果转化速度，提高转化质量。医疗器械监管科学研究的组织与推进必须要坚持科学发展观，以最严肃的科学态度安排项目，部署计划，整体考虑和分配资源。在组织工作中，不以量为重，而应以质评判，在现有研究基地基础上，切实落实工作开展进度、研究成果展示以及总体与我国药品监管科学行动计划的衔接。在推进工作中，不以快为重，而应以应用成效评判，争取每一个监管科学研究成果均有科学监管的实际案例予以支撑和验证。

（二）优先方向和实施路径建议

在"中国药品监管科学行动计划"的统一部署下，医疗器械监管科学发展势必全面对接国家计划，并根据我国医疗器械发展的实际情况及优势行业，笔者提出以下医疗器械监管科学优先研究领域及相应的实施路径。

1. 医疗器械安全风险及有效性研究

不论是创新型医疗器械还是疫情期间的个人防疫设备（PPE）或体外诊断试剂（IVD），均要求提高产品安全风险和有效性的研究能力，掌握更加先进的评测工具，以及更加科学的决策能力。针对监管部门目前在创新生物材料和人工智能医疗器械监管中面临的挑战，需要深入挖掘监管科学在这些新技术环境下安全性和有效性评价的科学方法和工具。考虑到我国医疗器械产业目前的发展现状和优势产品，建议以下研究工作路径。

（1）创新生物材料的生物相容性和生物活性研究

生物相容性是评价创新生物材料安全风险的关键内容，特别是在植入器械的临床应用，必须要有更加有效的评价方法和检测工具。生物相容性研究将为创新生物材料在医疗器械的广泛应用奠定基础，同时也为监管机构的审评工作提供科学依据。在监管科学研究框架中，生物相容性研究将从风险识别、风险机制、风险来源以及风险检测方法和检测工具等方面全面系统地开展研究工作，最终形成较为通用的生物材料生物相容性理论、模型以及评价方法。

生物活性是评价创新生物材料有效性的重要内容，特别是具有基因激活作用的第三代生物材料，其生物活性评价和传统植入材料有较大差别，其生物活性评价的有效方法学在国内外仍然缺位。通过研究更具适应性和更为有效的评价方法和工具，建立创新生物材料生物活性、有效性理论体系，有望在国际上率先实现相关工具、方法、标准及相关基础理论的建立和布局。

（2）医疗器械数字安全性

数字安全风险泛指信息系统应用于医疗器械后所带来的各种风险，包括系统风险、网络风险、运营风险、环境风险以及操作风险等。在监管科学研究框架中，数字安全研究将分析风险来源，建立风险控制模型，提出风险检测方法，并在人机界面、网络互联、数据与隐私保护以及算法、伦理等方面研制安全性评估模型、算法和工具。数字安全风险的科学研究将有助于快速发展的信息与通信技术与传统医疗器械的全面融合，为智能化医疗器械快速进入临床应用提供科学基础，以及医疗器械数字安全风险检测工具、评价方法和标准体系。

2.临床评价创新

临床评价一直是医疗器械产品安全性与有效性最直接的评价手段。然而创新生物材料所带来的生物相容性要求长期的临床应用来进行验证，无法在目前临床试验时间内按传统分析方法获得结果。人工智能医疗器械由于其系统的自学能力，系统不断演化升级，固定时间的临床试验也无法覆盖系统不断升级演变所带来的各类风险。因此，监管部门需要更加智能化的临床试验评价方法以及真实世界证据等验证方法，建议以下研究工作路径。

（1）真实世界数据研究

真实世界数据研究是医疗器械临床评价的重要方式，与传统临床试验互为补充，为高风险医疗产品的有效性和安全性评价提供重要证据支撑。在监管科学研究框架中，真实世界数据研究通过形成可靠、相关的真实世界数据体系，有针对性地构建基于真实世界数据的医疗器械临床评价研究设计和数据分析方法，建立完整的评价方法体系，可应用于临床评价不同场景，如特许临床使用器械的评价、适应症的开发、器械的长期随访等。真实世界数据研究通过与传统临床试验整合创新，将有助于构建更完整的器械临床评价方法体系。此外，由于医疗器械的随机化实验数据价格昂贵或不易获得，传统的随机临床试验研究往往样本量很小，很难得到可信度较高的结果。与此同时在临床上存在大量的观察性试验数据（即真实世界数据），这些数据在以往的分析中由于存在偏差，往往被丢弃。有效地利用大量真实世界数据将会大大提升医疗器械评价的准确性。因此需要发展对于真实世界数据分析的统计学方法，以及将随机化试验数据与真实世界数据联合分析的新方法等，以提高医疗器械诊断效果评估的准确性。

（2）计算机深度学习在临床试验中的应用

医疗器械产品开发流程中的主要障碍是临床试验的高失败率。据统计[18]，在Ⅱ期临床试验阶段的产品中，只有不到1/3进入Ⅲ期临床试验阶段。在Ⅲ期临床试验阶段的产品中，超过1/3未通过批准。Ⅲ期临床试验约占总试验费用的60%，试验失败所造成的损失在1亿~3亿元，构成了研发总投资的重大削减。临床试验失败的关键因素有2个：一是患者队列选择和招募机制无法及时将最适合的患者纳入试验中；二是缺乏技术基础设施来应对运行试验的复杂性，尤其是在后期没有可靠和有效的依从控制、患者监测和临床终点检测系统。人工智能可以帮助克服当前临床试验设计的这些缺点。

机器学习，尤其是深度学习能够自动找到大型数据集（如文本、语音或图像）中的参数关联模型。自然语言处理可以理解和关联书面或口头语言以及人机界面的内容允许计算机与人类之间自然地交换信息。这些功能可用于关联各种大型数据集，如电子健康记录（EHR）、医学文献和试验数据库，以在试验开始前改善患者与试验的匹配和招募，以及在试验过程中自动连续监测患者指标，从而可以改善依从性控制并产生更可靠和有效的终点评估。

3. 提高生产技术和质量

新科学技术的应用带来了新的生产方法和创新产品，而这些方法和产品往往是复杂的。为了促进这些创新，医疗器械监管部门与产业界、学术界合作开展研究，以评估这些新技术如何影响产品的安全性、有效性和生产质量，并利用这些信息来制定与这些创新相关的监管政策。此外，分析技术正在迅速发展，使产品结构测定和污染物检测的灵敏度、分辨率、精密度都有了显著提高。为了加强对新产品和改进的生产工艺的开发和评估，必须促进最先进生产策略的应用，如质量源于设计的理念、过程分析技术、连续生产。这些方法可能需要复杂的统计方法才能成功实施。医疗器械的安全性和有效性取决于诸多因素，包括设计、生产、质量保证、包装、标签、储存、安装和维修。医疗器械通常包含数百个复杂的组件和系统，所有这些都必须协同工作。该领域的研究集中在改进产品初始设计和生产过程上。建议以下研究工作路径。

（1）3D工艺创新

3D打印工艺从制造原理上实现人体组织复杂结构的单件低成本快速制造，使得个性化医疗器械产品成为提升医疗效果的最有效途径。以3D打印为代表的新技术从生物材料－个性设计－精确制造－功能再生，形成了一个高质量医疗器械制造流程，医工交互个性化产品设计、材料与3D打印工艺融合、个性化功能治疗效果评价等都为医疗质量提供了新的技术途径和评价方法，给医疗器械监管带来新的机遇与挑战。在3D打印技术支撑下，智能化医疗模型与辅助器械、组织融合个性化植入物、功能再生组织工程支架、多细胞打印类生命组织都将成为新一代医疗器械创新和监管科学发展的突破点。

（2）质量信用监管

根据企业质量信用等级和银行、税务、海关等部门反映的企业信用状况，在相关监管措施中出台分类监管规定，按照鼓励诚信、扶优限劣的原则，对生产企业实行分类监管。对守信企业、基本守信企业以合规化服务和质量提升建议为主，对失信企业、严重失信企业建立惩戒与淘汰机制。

4. 医疗器械监管的统计分析方法研究

医疗器械监管的实施与统计学方法密不可分。为了评价医疗器械的安全性和有效性，均需要进行良好设计的临床试验，并运用精密的统计学方法对试验效果进行严格的评价。此外，医疗器械监管还涉及大量临床上的观测性数据，以及产品上市后进行临床应用产生的数据。良好的统计分析方法可以提高医疗器械监管控制产品安全风险、保证产品临床效果、进行产品上市后再评估的能力，应当大力开发用于医疗器械监管的新的统计分析方法。

（1）临床试验有效性评估方法

想要通过临床试验判别医疗器械是否有效，需要严格的统计学方法。当下，临床试验的有效性评估面临着诸多问题。例如，金标准如何选取，在缺乏完美金标准的情况下如何进行统计分析；反映有效性的统计指标如何选取，用哪种指标可以准确地反映医疗器械的有效性；临床试验中是否存在偏差，如何通过统计分析来校正偏差等。为了应对这些临床试验数据分析可能面临的问题，需要建立新的统计模型和统计学方法，以得到更为准确的有效性评价。

（2）医疗器械上市再评估统计分析方法

医疗器械上市前的可利用数据规模是有限的，且临床试验具有一定随机性，因此医疗器械上市后仍需要对其安全性和有效性进行动态监控。医疗器械产品上市后将产生大量临床应用数据，大多是观测性数据，且由于未经过实验设计、缺乏规范的数据收集流程，数据质量参差不齐。为了通过上市后的数据对产品的安全性和有效性进行再评估，需要发展能够结合上市后观测数据和上市前临床试验数据以及能够处理数据缺失、数据质量低的统计分析方法，以实现产品上市后的再评估，提高医疗器械监控的动态性和有效性。

5. 应对技术创新能力

当前正处在一个关键时期，科学的进步使医疗和诊断方法的开发方式、使用方式发生根本性的改变。快速进步的信息与通信科学、纳米技术和材料科学已经给医疗器械带来了革命性的变革。诸如组织再生材料、纳米技术、高强度聚焦超声、信息与通信技术等新兴领域也在产出创新的方法，以改善人民群众的健康。组织再生材料和人工智能的不断发展给监管部门带来了生物相容性和数字安全性方面的新挑战。对使用新兴技术研发和（或）生产的医疗器械进行评估，需要多学科的工具和方法来充分摸清产品的特性，并对产品的质量、安全性、无菌度和临床安全性及有效性进行评估。例如，组织再生植入器械以及通过再生材料多学科领域研发出的产品，通常是由2种或者2种以上受监管成分组成的组合产品（如生物材料和器械的组合、生物材料和药物的组合等）。对其进行评估则需要一种复杂的系统生物学方法来理解其在生产过程中、在非临床模型中、在研究对象中的生物变化过程和属性，对这些变化和属性进行衡量和监测是非常关键的。此外，这些组件可能是使用截然不同的生产技术和控制方法来开发的，组件之间的相互作用可能会影响临床使用中产品的质量。在快速发展的复杂医疗器械及组合产品领域，开发一个用于认证医疗器械研发工具的框架（如临床结果评估、生物标志物、非临床评估模型），将为众多医疗器械申请人提交的评估和资格认证提供一条清晰的前行道路。如前所述，解决由新兴技术引起的产品研发和评估相关的复杂挑战，需要采取多部门、多学科协作的方式。其中一个机会是与外部合作伙伴协作，如医疗器械创新联盟，这是医疗器械监管科学领域的一个多方合作机制，旨在利用行业、政府和非营利组织的专业知识和资源来开发工具以推动创新。建议以下研究工作路径。

（1）动物等效模型及生物标志物研究

动物等效模型是研究植入器械生物安全性、生物相容性、功能有效性的主要手段。在植入器械生物安全性和生物相容性研究中，除了急性毒性试验、过敏性试验、遗传毒性试验、致癌性试验等以外，对于植入器械在体内产生的特异性生物标志物研究逐渐得到重视，这也是应用动物实验评价植入器械生物安全性和生物相容性的一个新方向。相对于应用动物模型研究植入器械生物安全性和生物相容性，动物实验的有效性研究在植入器械监管方面应用的重视程度还有待提高，尤其是医疗器械的个性化功能评价方面具有广阔的发展空间。

（2）医疗器械信息系统全程数字状态记录

在临床应用中，信息系统对物理器械的控制必须要完全满足人体安全的全面指标，因此对信息系统安全性的要求不能仅限于外部控制变量，而必须包括全系统变量，甚至中间变量。这样才能追踪关键智能化器械运营过程，监控其动态安全性指标，从而实现系统的安全性检测。

数字安全检测和评价的具体实施方法为基于软件系统运营中的核心转储（core dump）概念，在软件应用系统与操作系统之间植入一个代理应用，利用核心转储的系统函数实时记录软件系统运营中的所有变量，并将记录结果导入一个支持大数据处理的文件体系中。在文件体系中，解析各个系统变量的变化情况，将之与系统合规化运营目标中的各系统参数的量化要求进行分析比对，以此作为软件系统工作状态的判定依据。同时，通过对软件安全性和可靠性的信息模型研究，提出对系统变量全景记录的约束条件，利用大数据分析技术对系统运营产生的全景时序变量数据进行监测和评价，从而进一步实现软件的数字安全性检测。

6. 医疗器械全生命周期数据生成、归集和分析能力

监管部门从各种来源获得大量信息，这些来源包括产品提交、检验报告、不良反应事件报告、医疗保健提供者的已确认患者数据、调查和基础科学研究结果。成功地集成和分析这些不同来源的数据将为医疗器械全生命周期监管的所有相关方提供知识和洞察力，这是任何单独数据来源不可能做到的。解决知识差距的机会包括开发新的方法和数据来源，以便进行上市后监督。这方面的挑战包括确定和评估适当的上市后数据源和适当的数据标准，

以适用于主要数据库中未有效捕获其数据的部门。由于医疗器械显著的多样性和复杂性、产品开发的迭代性、技术应用相关学习曲线以及相对较短的产品生命周期，与药品、生物制品相比，医疗器械上市后监管存在着独特的问题。监管科学必须开发更好的方法，使用新的文本挖掘工具来梳理不良反应事件报告中的非结构化文本数据。除了整合患者结果的数据外，预测性安全评估工具还应当将上市后数据与其他信息源（如临床试验数据、潜在不良反应事件路径信息）相结合。另外，还必须开发和改进诸如语义文本挖掘之类的方法，这些方法可以从科学文献、病例报告等文本源可靠的检索信息。此外，也可能有机会利用智能手机技术，加强医疗专业人员和患者之间关于产品性能的双向沟通。

　　处理日益庞大和复杂数据的接收、存储、检索、分析和可视化是一个持续的挑战。随着临床试验设计的发展以及随之新出现的生物标志物、临床终点，也随着为探索性目标而收集到的新的数据类型的出现，数据数量和复杂性都增加了。这些类型的数据可能需要大量的内存以及新的分析和可视化工具。为了有效地管理和处理这些数据，数据标准必须得到普遍应用，医疗器械监管科学研究需要开发一个企业范围的信息模型，该模型应当足够稳健和灵活，能够容纳来自多个来源的科学数据。随着科学数据数量和复杂性的增长，上述举措将会把对信息系统和分析工具进行重组的需求降到最低。数据数量和复杂性的持续增长在带来技术挑战的同时，也带来了机遇，以从看似不同的数据源合成新知识。要实现这一点，需要新的数据挖掘和建模方法。建议以下研究工作路径。

　　（1）全生命周期监管数据采集、分析及应用

　　充分运用大数据、人工智能、物联网技术和5G+工业互联网等先进技术基础设施，建立"国家医疗器械全生命周期智能监管系统"。通过运用医疗器械监管科学体系、生物医用材料、医工结合创新和临床循证医学等学科知识体系，依托国家5G+物联网、工业互联网标识解析系统等新基础设施，构建基于高性能计算机算力中心和国家医疗器械大数据和人工智能系统支撑的医疗器械监管科学研究大装置，赋能医疗器械全生命周期监管与服务大平台。面向监管部门提供产品全生命周期智能监管服务，面向企业提供产业智慧公共服务，面向医疗机构和患者提供产品智慧随访服务，面向科研机构提供产品研发和科学研究支撑服务。

实现医疗器械全生命周期监管的关键是：需要建立"国家医疗器械监管大数据平台"，并与"国家卫生健康管理大数据平台""国家医疗行业工业互联网平台"互联互通。从医疗器械产品的基础研究、动物实验，到产品的设计、生产、注册、包装、运输，再到应用中的安全性和有效性评价、不良事件追溯，以及到医疗器械产品销售、服务的合法性和合规性，都将通过监管数据平台，使监管部门监管人员及时得到相关信息和数据，从而提高监管的效率和效能，以解决医疗器械监管所面临的现实问题和挑战。

（2）智慧审评与智慧监管

药品监管部门通过对掌握的医疗器械全生命周期数据和行业其他大数据资源的计算机深度学习和分析，提高审评效率，实现智慧监管。在注册上市应用方面，以缩短产品上市周期为抓手，提高审评审批质量和效率为目标，建立数据和知识驱动的产品检测、临床试验、审评审批全流程线上线下协同的智能化应用。通过专业化、数字化、网络化、智能化手段，提高产品上市注册效率，并将关口前移防范产品上市后风险，构建依据临床循证真实世界数据支撑的闭环安全与有效性评价体系。上市监管应用方面，以保障安全性、有效性为抓手，提高预防、处置效率为目标，建立全产业链跟踪监测、风险预警、溯源追踪以及不良事件智能化监控、处置的主动防控体系。

7. 防疫能力准备

防疫能力是指药品、生物制剂（包括疫苗）、医疗器械（包括诊断试剂和个人防护设备）以及其他设备和用品，用于应对自然发生的传染病（如新冠病毒）等威胁公共健康的紧急情况。目前，快速有效地应对已识别威胁所需的防疫产品还有待进一步开发。此外，一旦紧急事件发生，快速开发新的防疫产品以应对新的或者即将出现的威胁的能力比较有限，扩大一些现有防疫产品生产力的能力也很有限。监管部门对防疫产品的批准、审评或者许可的监管评估是数据驱动的，所以防疫产品在开发数据以支持监管决策方面面临与常规医疗器械相同的挑战。医疗器械监管科学所有优先方向的进展都应该适用于防疫产品的研发。然而，防疫产品在研发和注册审批方面也面临一些独有的挑战，这使得有必要开展针对防疫产品的监管科学研究工作。例如，某些正在开发的防疫检测产品在人体进行疗效研究是不符合伦理或者不可行的。相反，动物病理模型为体外诊断试剂提供了一条研发路径，即在动物身上进行有效性研究，并将结果外推到人体，同时试剂的安全性仍然通过人体研究来确定。此外，儿童只有在研究符合伦理要求并能为其提供直接获益的情况下才能参加临床试验。对于正在开发的用于儿童的防疫产品，监管部门通常依赖于成人人群数据的外推，以及依赖于在适当的、可用的情况下从儿科动物模型外推，从而进行儿科使用信息的批准或者许可。监管部门的防疫器械监管科学项目由内外两部分组成，重点包括：动物模型的开发和认证；用于安全性、有效性研究的生物标志物的识别和鉴定；下一代体外诊断平台的验证；应急医疗器械性能的评估；公共卫生突发事件中防疫器械的安全性和临床获益的跟踪和评估。建议以下研究工作路径。

（1）通用 PPE 安全性和有效性评价

通用 PPE（personal protective equipment）安全性和有效性是近年特别是新冠肺炎疫情以来具有重要现实意义的研究，通过加快推进 PPE 的相关法规及国家、行业标准的制定，与国际相关产品标准进行比较等手段，使 PPE 达到国际领先水平。利用现代信息手段，建立通用 PPE 追踪溯源体系，实现 PPE 的全生命周期管理。在基于安全性能指标完全满足要求的情况下，同时研发基于人体工程学的新型 PPE，增加穿戴便利性、舒适性。增加智能型 PPE 的研究。采取由有关部委牵头、地方配合、专业检测机构技术支持的方式，对市场流通领域和使用领域采取定期抽查与专项抽查相结合的方法，进行监督抽查，从生产源头严格控制 PPE 的总体质量，强化使用企业监管，建立健全 PPE 采购、验收、使用、检测等各项管理制度和 PPE 配发标准。

（2）优化体外诊断试剂评价、生产与监管

监管机构可以倡议组织体外诊断试剂产业联盟，围绕监管要求形成从研发到量产的产业价值链，并为快速开发体外诊断试剂提供多种服务和资源匹配。联盟将通过资源信息分享及对接监管机构的智慧审评系统为体外诊断试剂全生命周期的所有参与方提供提效增速保障质量的智能化服务，并以此服务吸引更多产业相关方参与联盟，分享信息。监管部门则将通过该联盟的信息分享机制尽早将最新的监管科学在体外诊断试剂的安全性和有效性研究成果、评价方法的改进、检测工具的革新以及标准化工作等与联盟各成员动态分享，并利用成员的反馈意见进一步改进研究方法，提高成果的可用性，共同为提高体外诊断试剂的应急研制、审批、生产提供最佳方案。

在应急评价方法和工具研究方面，体外诊断试剂假阳性率和假阴性率的估计是医疗器械安全风险研究的重要内容。假阳性率和假阴性率往往与体外诊断试剂作用的人群有关，并且在评估时往往缺少完美的金标准。因此，需要通过非完美金标准下的统计模型，校正非完美金标准带来的误差，并分析不同作用人群下的假阳性率和假阴性率，以达到对诊断试剂安全性的把控。

8.准确完整的信息传播，保障人民群众知情权和选择权

保护人民群众生命健康的重要方式是确保公众能够方便地获取可靠的信息。监管部门为产品信息披露设定和执行较高的标准，以确保产品的标签信息是准确的以及产品的广告是明确的、真实的、无误导性的。提供关于产品如何使用的明确信息，使临床用户和专业人员能够做出明智的选择。此外，及时发布创新产品或者即将出现技术创新的准确信息，从而使公众掌握市场上产品的最新信息。为了提高向公众提供信息的效用，本领域监管科学研究改进基于科学的有效沟通方法，包括信息开发、测试公众如何理解信息、确保信息向相关人群的最佳传递以及评估信息对公众认识、态度和行为的影响。本领域监管科学研究的挑战是使监管部门的信息沟通适应快速发展的技术，这些技术正在推动临床用户在选择如何接收和分享监管部门所监管产品的获益风险信息上发生重大变化。为了促进基于科学的监管决策和信息转化为公共健康收益，在理解和接触不同受众的领域，监管科学研究还须强化社会和行为科学，以确保受众的理解度，并对监管部门的信息发布对影响公众使用所监管产品行为方面的有效性进行评估。建议以下研究工作路径。

（1）信息披露考核机制

监管科学研究必须要医疗器械全生命周期各相关方充分参与，监管部门需要与这些相关方保持密切的信息交流，建立信息发布和披露制度，并接受统一的考核。监管机构可以通过这些平台发布和披露监管科学研究的最新进展、应用案例、重大难题以及需要各相关方共同参与的调查问卷、工作反馈、学术交流等信息。监管机构可以通过发放问卷的方式检查各部门信息发布和披露的工作质量，从而形成常态化的考核机制。

（2）公众信息反馈采集与分析

监管部门应及时了解人民群众的满意度，因此制度化的公众信息采集和分析，是指导监管工作发展的重要因素。可以利用其信息发布平台和各种线上线下交流活动介绍监管科学发展成果、面临挑战以及相应对策，并通过现场交流、网络互动以及公众信箱等方式收集公众反馈，经过数据清洗分析后，为监管科学研究工作提供重要参考意见。

（三）重点任务

1. 近期专项课题建议

植入材料生物相容性研究；组织工程与再生医学产品安全性和有效性评价；人源生物材料类医疗器械产品安全性和有效性评价；医疗器械数字安全性风险识别及检测工具研究；医疗诊断试剂假阴性假阳性评估方法；贯穿上市前后全生命周期的数据质控预警平台；医学影像类大型有源器械生物安全性的理论、模型、标准及检测工具；基于人工智能深度学习的临床试验评价研究；真实世界证据在临床试验中的应用；医疗器械 3D 打印能力建设和质量保障；基于质量信用的生产监管体系；全生命周期智慧审评与监管；监管机构、科研机构及研发企业的数据分享机制研究；疫情防护器械安全性和有效性评测公共服务平台；医疗器械应急审批及监管体制机制研究；体外诊断试剂安全性和有效性评价公共服务平台；医疗器械公众服务号及舆情采集与分析系统；医疗器械监管科学年度报告。

2. 长期研究领域建议

生物材料创新及生物相容性基础研究体系建设；智能器械及数字安全性基础研究；生物芯片及人体器官数字模型；医疗器械安全性和有效性数字化评价方法；医疗器械产品分类的深度学习训练库建设；中国特色医疗器械监管科学学科建设。

三、保障条件

系统的医疗器械监管科学研究在组织工作上涉及医疗器械监管的多个相关方，在研究领域上覆盖生物医疗、化学、材料科学、信息科学等多个学科方向，同时国内外、行业上下游、政府与产业的协同合作也非常必要。因此，在开展监管科学研究工作时需创造保障条件，构筑研究生态。具体工作思路建议如下。

（一）形成监管科学研究能力与资源

医疗器械监管工作需要不同领域的专家来分析与管理来源于形形色色医

疗器械所带来的各种风险，这些拥有专业背景并有丰富经验的专家可以提供高质量的科学建议。为了获得高质量的风险评估能力，必须提升科学研究水平和配置相应的资源，为监管机构提供科学资源和研究工具，提高医疗器械产品的监管水平。

为了达到这些目标，就必须要做到：保证监管科学研究框架和风险评估工具及时更新、持续建立目标明确并符合中国特色监管能力与政策；保障监管人员及时获得各种培训，包括风险评估与管理、工具使用以及基于风险评估的风险管理；保证风险评估能力能够处理所面临的各种风险；使用外部专业人才补充监管人才的不足；与国内外的监管部门保持密切联系和协作；保障监管人员可以随时获得关于监管科学的线上资源，如科学杂志或数据库；通过提供足够的成长空间和职业挑战吸引高端人才；倡导监管部门的多元化文化，构筑监管工作所需要的文化基础。

实现方法探索：研究专家和访问学者计划。

监管科学专家计划的主要目的是加强监管科学研究质量与能力，强化行业和公众对监管部门的信心。该计划所招募的专家都应该是医疗器械各领域的国内外知名专家。访问学者与研究专家角色略有不同，在功能上可以互补。研究专家对复杂和新型的监管问题、监管政策提供宏观指导，并参加出席监管机构组织的监管科学会议或论坛。访问学者则主要通过小型论坛、座谈会、讨论会等多种形式培训监管人员，并随时为监管人员就具体领域提供咨询指导。访问学者所编制的培训材料、报告等均可以随时在内部网上查阅。监管部门可以建立监管科学办公室（委员会）为监管科学专家计划匹配各种资源。监管科学办公室（或委员会）作为监管科学学术交流活动的重要支撑，并牵头逐步建立一个实用的科学咨询体系。

（二）建立国内外监管科学协作体系

我国药品监管部门可以发起并维护一个聚集内部与外部专家资源的平台机制，以不断提高监管能力的效率与质量。广泛的国内外监管人员交流非常有利于高质量、高标准的监管科学研究，通过广泛合作也有利于资源的有效利用。建立与科研院所研究人员和企业创新人士的联系渠道和交流网络将有助于监管人员获得深入及时的产品信息或技术进步，从而有助于作出正确的监管决策。这种广泛的交流协作平台也有助于尽早发现创新医疗器械所出现的新风险。

我国药品监管部门可以通过开展以下工作，持续建设和加强监管科学研究协作网：在加强现有合作机制的同时，建立国内外监管机构之间新型合作关系，分步实现信息共享和协同研究；建立国内外研究人员之间新型合作关系，让研究者能更好地获取领域专家的意见和最新成果，特别是对于新型医疗器械所带来的安全性和有效性挑战；在保持中立和公正的同时，可以与产业同仁分享监管科学研究进步所带来的新方法、新手段和新标准，提升整个行业的风险评估能力；积极参加国际机构和专家工作组的工作；不断加强能力建设，加强应对区域事件的特殊措施，成为一个更加负责任和受尊重的监管机构。

实现方法探索：监管科学学术交流网。

我国药品监管部门可以发起成立监管科学学术交流网。该网将聚集政府所有监管部门中与医疗器械监管工作相关的科研人员，共同加强监管科学和风险分析能力建设。由于不同监管部门的不同授权，存在对风险分析准则的不同理解和处理，因此该网可以更好地支撑研究人员对监管科学中风险分析基本准则的协同研究。该网的运营经验可以为今后国内外的监管科学合作提供参考。

实现方法探索：亚太经合组织（APEC）监管协同指导委员会（RHSC）。

RHSC 是 APEC 下生命科学创新论坛（LSIF）中关于医疗产品监管协同重要平台。RHSC 是在 2010 年由新加坡发起，由 APEC 23 个经济体成员参与组成的非官方协作机制。RHSC 通过建立医疗产品监管协同优先发展领域工作组提出各经济体在医疗产品优先发展领域的合作路线图和实施内容，然后通过鼓励各经济体承办监管科学卓越中心来推动这些优先发展领域对应的监管协同实施内容落地。四川大学医疗器械监管科学研究院是我国目前唯一的 APEC 医疗器械监管科学卓越中心。

（三）促进监管科学各相关方交流与参与

各监管部门对监管科学有不同的关注领域和关注程度，需要让公众、行业均能理解和认可在监管领域推行的新政策与措施，特别是对公共卫生与公众安全的产品。我国药品监管部门可以采用多样化的信息交流工具让各部门及时获得最新研究成果以及快速地收集新工具、新方法、新标准的反馈意见，便利地获得权威和独立的监管科学基础研究的最新成果，让监管部门有效地评估是否在其工作中采用。

为了提高研究成果的科学性以及广泛听取各部门的不同观点，我国药品监管部门可以建立合作机制促进各部门交流协作，并充分理解部门在研究框架中可以发挥的作用；保证基于监管科学研究成果的新方法、新工具、新标准合规合法并高度透明；有效地向各部门传播监管科学成果；充分调动各部门参与监管科学研究的积极性，并鼓励广泛地反馈意见与建议；及时回复公众和产业对新方法、新工具、新标准的询问。

实现方法探索：监管科学栏目。

我国药品监管部门可以在其官方网站中开设监管科学栏目，发布监管科学相关信息和最新成果。核心内容应该包括监管科学的定义、研究范围、基于监管科学的风险评估方法论和监管最佳实践等。网站内容还可以介绍我国药品监管部门开展监管科学研究的组织架构、行动计划、国家基地以及参与的各领域科研工作者和专家等。

（四）重视监管科学方法论研究与应用

我国药品监管部门不断探索创新的监管科学方法论和最佳实践，持续提升医疗器械安全性与有效性的最佳评价方法和工具，并通过以下措施不断维护并完善现有的监管体系，使之高效高质量：不断评估现有的风险评价方法和工具是否可以有效完成现有监管任务；不断考察所采用的基于监管科学的新方法、新工具是否可以有效地评价新产品带来的新风险；组织国内外监管机构交流风险评价方法和监管最佳实践；与区域内的各国监管机构密切合作，推进监管协同能力建设。

实现方法探索：人工智能医疗器械监管方法论研究。

2020 年 6 月 3 日，国家药监局医疗器械技术审评中心发布了《医疗器械软件技术审查指导原则（第二版征求意见稿）》，提出了人工智能医疗器械和通用医疗软件分类、审评的指导原则和技术审评路线图。这些文件和路线图借鉴了 2018 年美国 FDA 发布的相关评价文件，同时也参考了 2018 年欧盟的相关文件。路线图描述了风险评估的最新方法和工具，可以作为今后开展人工智能医疗器械监管工作的基础。

实现方法探索：数字安全风险研究。

近年来，互联网技术大量融入传统医疗器械。在有源器械领域，几乎所有诊断设备都在不同程度利用数字技术来存储、处理和显示各种检测数据。在无源器械领域，人工智能技术在感知和控制方面也被大量采用。由于数字技术的融入，医疗器械的安全性除了需要考虑物理、化学及生物安全性外，需要考虑网络安全、算法安全、数据安全、权限管理等多种数字安全风险。四川大学医疗器械监管科学研究院研究发现常规医疗器械风险与数字风险叠加后产生了多样的风险机制，并可能使得很多轻微器械故障转化为致命的安全问题。监管机构应该关注数字化医疗器械可能出现的多种数字安全风险，并建立针对数字化应用中可能出现的各种风险的新监管程序。

（五）建立广泛推广监管科学应用的流程与机制

对于重要的监管科学研究成果，监管部门可以选择该研究领域无利益冲突的独立专家，组织国内外专家审定。通过参与监管科学的国际协同研究，监管部门可以将这些国际合作研究内容作为评估研究进展的重要依据。我国药品监管部门将依据监管科学最新成果不断地审阅监管工作相关的技术政策、风险评价方法等，决定是否需要改进，停止或者废止相关政策与措施。

可以通过以下工作提高监管科学应用能力：成立监管科学专委会来评估研究成果和监管能力的产出质量；基于监管科学最新成果建设创新产品的快速注册通道；提高使用国际数据、评价方法、标准和决策的能力；大量编写技术指导文件向行业说明我国药品监管部门如何利用监管科学研究成果实现监管目标；通过考核监管质量提升和应对监管科学研究中系统性问题的能力，实现对监管科学能力的评测。

实现方法探索：建立监管科学首席科学家办公室。

建立医疗器械监管科学首席科学家办公室的主要目标是实现医疗器械监管科学研究达到国际先进水平。通过与国内外监管科学研究机构的广泛合作建立监管科学研究框架和工作准则，并制定旨在提高科学能力和应用水平的行动计划。该办公室还可以为国家药品监管部门提供直接了解国内外专家对监管决策能力和科学研究体系的独立意见和建议。同时，该办公室可以全面考核、评估、奖励监管科学研究成果。

（六）鼓励监管创新以应对不断出现的监管挑战

"放管服"改革与高质量发展要求监管机构加大创新与改革的力度，监管科学研究将会创新现有监管工作的方法、工具和标准，监管部门要得到法律依据支持监管科学在监管方法论和监管决策机制方面的变革与创新，这不但要求体制的许可，还需要免责的保障。因此，监管部门要基于监管科学研究的指导思想，提出有利于基于科学研究的监管创新条例和实施细则，以科学约束替代行政规制，让数据分析和科学研究指导监管工作。

实现方法探索：海南博鳌乐城国际医疗旅游先行区。

在海南建设中国特色自由贸易港，是习近平总书记亲自谋划、亲自部署、亲自推动的改革开放重大举措。推进博鳌乐城国际医疗旅游先行区建设，在海南自由贸易区创新药品医疗器械监管制度，对深化我国药品医疗器械审评审批改革、更好地满足人民群众医疗需求具有重要意义。

国家药监局与海南省人民政府对博鳌乐城国际医疗旅游先行区临床急需进口医疗器械政策试行一年来的情况进行了全面评估，认为先行区充分利用了该项政策，取得了显著的社会效果，提升了医疗技术水平，临床应用效果明显，患者负担明显减轻。我国药品监管部门在试点工作的基础上将在临床真实世界数据应用试点、创新药械监管制度、完善药械创新研发体系等方面进一步推动各项改革措施，其中临床真实世界数据应用试点作为"中国药品监管科学行动计划"的重点项目，将通过临床真实世界数据转化为真实世界证据研究，为药械全生命周期监管提供新的路径和方法，国家药监局和海南省将成立专门工作小组，建立有效工作机制，加快推进试点工作。

实现方法探索：国家健康医疗大数据北方中心。

国家健康医疗大数据北方中心（简称北方中心）是全国第一个通过国家卫生健康委试点评估并获得委（国家卫生健康委）、省、市共建签约的国家级健康医疗大数据中心，并由国家健康医疗大数据研究院承担相关医学数据研究任务。在山东省和济南市等各级政府的大力指导和支持下，北方中心建设正在快速推进。根据政府规划，北方中心将以山东省为起点，立志打造国内领先、世界一流的健康医疗大数据高地。北方中心可作为基于医疗器械大数据研究的重要数据基地，在真实世界研究、人工智能评测第三方数据库和医疗器械全生命周期数据研究等方面做出相应贡献。

北方中心初步完成了与山东省人民政府关于省内相关健康医疗大数据的数据运营权合作战略协议，将依托政策法规保障开放运营。在顶层设计和政策保障方面，山东省出台了国内第一个政府令形式的健康医疗大数据管理办法——《山东省健康医疗大数据管理办法》，确保了政策制度上为这个领域资源利用和开放运营保驾护航。北方中心也配合政府制定开放开发实施细则，进一步明确分级分类数据开放开发规范和可操作性，并制定《北方中心健康医疗大数据资源目录》，推动构建健康医疗大数据标准规范体系。在山东省卫生健康委和山东省大数据局的指导下，北方中心还制定了基础设施、大数据技术支撑平台、数据汇聚、安全保障等一系列技术顶层设计方案，已通过了国家级和省级专家评审，确保了北方中心建设的技术领先性和规范性[19]。

四、总结

监管科学研究是监管工作提质增效的重要基础，为监管部门提供应对技术创新的新工具、迎接公共卫生挑战的新方法以及提高监管效率的新标准。监管科学研究是医疗器械监管部门开展的重要工作。本文围绕人民生命健康为中心的指导思想，遵照"中国药品监管科学行动计划"的统一部署，以解决监管工作迫切需要的问题出发，参考国内外成功经验，循序渐进，提出监管科学研究的短期、中期及长期工作目标及相应的方法探索的建议，供监管部门及监管科学研究者参考。

（李安渝　童晓渝）

引自《中国食品药品监管》杂志 2021 年第 7 期《医疗器械监管科学发展和路径研究》

参考文献
请扫描二维码查阅

真实世界证据用于注册监管实例分析

近年来，真实世界证据已成为医疗器械和药品注册监管实践的热点之一。2016 年，美国国会通过了《21 世纪治愈法案》[1]，明确提出真实世界研究可用于产品的注册监管。随后美国食品药品监督管理局（Food and Drug Administration，FDA）颁发了在医疗器械和药品注册监管中应用真实世界证据的指导原则[2-4]。2020 年以来，我国国家药监局也发布了相应的指导原则[5-7]。

事实上，真实世界研究早已在临床实践中大量存在，真实世界数据也已在一定程度上支持了医疗器械或药品的注册监管。比如，2021 年 FDA 发布的《真实世界证据用于医疗器械注册决策实例》[8]中，就列举了 90 个真实世界证据支持注册决策的实例，其时间范围是 2012~2019 年，而 2016 年之前美国尚无相应的法规政策。

我国目前还未有类似的实例文件发布。但自 2020 年以来，已有 2 个医疗器械（青光眼引流管、眼科飞秒激光治疗机）和 1 个药物（普拉替尼）通过博鳌乐城真实世界研究获国家药监局批准上市。因相应的审评报告尚未公开，故其审评具体过程仍不清楚。本文精选了 5 个国内外真实世界证据支持产品注册监管的典型案例加以分析评价，以期为今后的真实世界证据应用带来参考和启发。本文仅为作者的个人观点，不代表任职单位的立场。

一、真实世界证据支持产品注册监管的典型案例

（一）NEST 实例

美国国家卫生技术评价体系（National Evaluation System for Health Technology，NEST）成立于 2015 年，是一个利用真实世界证据进行医疗器械评价及支持注册监管决策的自愿网络系统[9]。2016 年 FDA 开始资助 NEST

协作中心（NEST coordinate center，NESTcc），众多研究机构、企业也陆续加入。目前该系统已有 21 个测试案例（Test-Case），收集了 1.6 亿来源于美国和英国的样本数据。测试案例中有 1 例消融导管适应症的扩充，该射频消融导管由美国强生公司研发，已获批治疗阵发性房颤，该案例希望将适应症扩展至持续性房颤[10]。强生作为共同申办方，与 3 家医院合作开展了一项基于医院电子病历的回顾性真实世界研究，从启动至完成仅耗时 11 个月。该研究符合真实世界的特点，比如在确定目标产品时，各家医院的途径并不一致，有的采用医疗器械唯一标识（unique device identification，UDI）；有的已建立医院内部的消融登记研究；有的参加了国家心血管数据注册登记（National Cardiovascular Data Registry，NCDR）房颤消融登记研究。网络协作各方对该研究均给予了充分的支持，NEST 宣称这将是第一个仅凭医院电子病历的真实世界证据获得产品适应症扩充的案例。

（二）NCDR 实例

NCDR 是美国心脏病学院（American College of Cardiology，ACC）主导的心血管疾病及产品临床登记研究，该项目已开展了 20 多年。目前有 10 个子项目，包括房颤消融导管、左心耳封堵器（left atrial appendage occlusion，LAAO）、经导管瓣膜治疗（transcatheter valve therapy，TVT）等[11-12]。

依据 NCDR TVT 注册登记的数据，爱德华公司研发的 SAPIEN 经导管主动脉瓣置换术（transcatheter aortic valve replacement，TAVR）已获 FDA 批准扩大其介入治疗路径的范围[13]。NCDR TVT 由美国胸外科医生协会（The Society of Thoracic Surgeons，STS）与 ACC 共同发起，FDA 积极参与合作。FDA 于 2011 年首次批准 SAPIEN TAVR 的介入治疗路径为股动脉或心尖途径，而 TVT 登记数据（27000 多条记录，每条记录 300 多个变量）和一些在专业期刊上发表的文献提示该设备也可通过其他路径获得良好的结果，比如直接主动脉途径。基于此，FDA 于 2013 年批准了 SAPIEN TAVR 的其他介入路径。该研究中，登记研究数据对于适应症扩展的决策起了关键作用。目前，登记研究已成为美国市场上所有 TAVR 治疗产品附条件批准所必需的项目。FDA 认为登记研究的优点在于：①确认了真实世界数据可以用来追踪和评价医疗器械；②有助于回答产品上市后的问题，帮助监管机构评估医疗器械是否可以扩展至其他患者人群；③使 FDA、临床、企业、支付方及其他利益相关方能从丰富的数据库中了解到医疗器械的长期表现，最终造福患者。

（三）产品实例

某公司在心脏植入式电子器械的远程监测领域开展了 ALTITUDE 项目，积累了海量的临床数据[14]。下面介绍 3 个真实世界证据支持注册监管决策的实例。

1. 心血管介入产品实例：WATCHMAN 左心耳封堵器

WATCHMAN 于 2015 年 3 月获 FDA 批准，是在美国上市的第一个左心耳封堵器。FDA 对其提出了上市后要求：①对 3 个支持注册的研究器械豁免（investigational device exemption，IDE）研究继续随访至术后 5 年；②开展一项前瞻性单组的上市后研究。纳入 1000 例患者且随访 2 年，并与医疗保健及医疗救助服务中心（Centers for Medicare and Medicaid Services，CMS）数据库对接，获取患者术后 3~5 年的预后数据。该研究需达到 3 个主要终点的目标值，比如手术急性期主要并发症发生率的 95% 可信限上限不得高于 2.66%；③开展上市后监测，积极参与 NCDR LAAO 登记研究，连续入选至少 1000 例未加入上述上市后研究的患者且连续监测 12 个月，同样要求与 CMS 数据库对接，获得患者术后至 5 年长期监测的预后数据。

针对第①项要求，该公司以常规方式进行了研究的继续随访；而对于第②、③项，该公司决定以一项大规模的真实世界研究同时完成。基于此，NCDR LAAO 在 2016 年 1 月 ~2018 年 12 月期间共纳入 38158 例患者，于 2019 年发布了首份报告，并于次年正式发表在 JACC 杂志上[15]。该研究结果显示 WATCHMAN 器械植入成功率 98.1%，急性期主要并发症发生率 2.16%（95% 可信限为 2.0%~2.3%）。项目定期稽查，在最近一次稽查中随机选择了 5% 的研究中心，结果显示登记数据与原始数据的一致性为 93.3%，登记数据与 CMS 数据的一致性为 100%，质控管理数据表现良好。重要的是，NCDR LAAO 登记研究在短期内入选了大量的患者，远超 FDA 的要求，并且尽管真实世界的患者一般情况比随机对照研究中的患者要差（比如 NCDR LAAO 登记研究中的患者年龄更大，基础疾病更多），但仍获得了与随机对照研究一致甚至优于随机对照研究的结果。该研究的初步结果减轻了 FDA 及社会各界对 WATACHMAN 左心耳封堵器手术安全性的顾虑，研究的长期随访仍在进行中。

2. 肿瘤介入产品实例：Y90 TheraShpere 放射微球

TheraSphere 是加载了 Y90 的放射微球，直径 20~30μm，可经外周血管输送至靶区域并微栓塞，释放 β 射线，实现近距离杀死肿瘤细胞的效果。该产品于 1999 年经 FDA 人道主义豁免路径批准用于治疗原发性肝癌，自上市以来已积累了大量临床病例。在进一步申请上市前审批（premarket approval，PMA）过程中，该公司与 FDA 达成一致，即利用回顾性真实世界研究支持产品 PMA 上市。该研究[16]从 3 家医院连续入选了 2014~2017 年间的 343 例患者，根据事先定义的入排标准最终纳入 162 例进行分析，主要终点为中心实验室评价的客观应答率（objective response rate，ORR）。研究随访的中位数时间为 29.9 个月，结果表明 ORR 为 88.3%，3 年总生存率达 86.6%。以该研究为主要证据，FDA 于 2021 年 3 月以 PMA 路径再次批准了 TheraSphere 用于原发性肝癌的治疗。

在国内，该产品现处于上市申请阶段。与美国等大多数国家不同，国家药监局基于申请人提供的资料将其属性界定为以药品为主的药械组合产品，而非医疗器械。关于临床试验的讨论中，国家药监局药品审评中心（简称"药审中心"）建议开展随机对照研究，可以进行真实世界研究。鉴于真实世界研究在该案例中的不确定性，最终决定仅开展随机对照研究。

3. 消化介入产品实例：WallFlex 食管支架

WallFlex 食管支架于 2009 年获 FDA 及欧盟批准用于治疗恶性肿瘤引起的食管狭窄，并于 2011 年获国家药监局批准用于同样的适应症。2014 年欧盟批准增加产品用于良性食管狭窄的适应症。基于国内临床需求，向国家药监局申请适应症的扩展。该产品被收录在 2018 年修订的《免于进行临床试验医疗器械目录》中，但需根据产品临床评价资料进一步明确良性适应症的使用限制条件。以相应的文献和临床指南作为食管支架在临床上治疗良性食管狭窄的应用补充，WallFlex 食管支架最终获国家药监局批准增加用于良性食管狭窄的适应症。

对于 WallFlex 食管支架适应症的扩展最初没有按照真实世界证据的思路来研究，而且临床数据在这个案例中也不是重点关注的内容。但是回顾这个案例，可以发现它也符合真实世界证据支持产品注册监管的特点，即临床证据来自传统的临床试验以外的数据。

二、讨论

本文通过对精选的 5 个实例进行介绍分析，大致总结了真实世界证据支持产品注册监管的现状。虽然相关法规政策还有待完善，但基于这一思路的实际应用早已大量存在。

NEST 和 NCDR 这 2 个研究案例对国内开展相关研究具有一定的启示。虽然国内目前不乏各种登记研究，但类似 NEST、NCDR 与 CMS 等其他数据库对接形成完整证据链以支持产品注册监管的研究方式在我国尚无典型案例。NEST 案例和 NCDR 案例充分表明了利益相关各方合作与管理的重要性。另外，真实世界证据支持注册监管强调数据的相关性（relevance）与可靠性（reliability），对于特定的医疗器械来说，相关性通常问题不大，重要的是注重质控，保证数据的质量。

WATCHMAN 左心耳封堵器的实例除了强调各方合作外，还展现了真实世界研究样本量大、入组快的优势。研究的质控良好，是数据最终得以支持产品监管要求的关键。这也充分说明，只要注重质控，真实世界研究的数据质量不一定就劣于传统的临床试验。

Y90 TheraSphere 放射微球的实例在一定程度上反映了不同国家的监管机构对于真实世界数据应用方面的差异。首先，同一产品在美国和我国的分类不同，美国按医疗器械管理，我国按以药品为主的药械组合产品管理；其次，FDA 认可基于病历回顾的真实世界研究，而我国药审中心虽然表示可以进行真实世界研究，但仍建议开展随机对照研究。对于推动真实世界证据支持产品监管决策的发展，企业与监管机构的充分交流是该项目开展的坚实基础。

我国和美国关于器械和药物真实世界证据的指南性文件中均未明确提及已发表的文献是否包含在内，只有美国的医疗器械应用真实世界证据指导原则中明确排除了文献综述。但从 4 个文件的实质来看，真实世界数据和证据的产生及评价需要有一些必要的步骤，通常已发表的文献本身尚难以完全符合这些要求，因此仍建议以临床数据为基础开展真实世界研究。WallFlex 食管支架案例从狭义的角度看可能并不是一个真实世界证据应用的情形，但仍具有类似的特点。

真实世界证据支持产品注册监管通常用于上市后要求及适应症扩展等方面。对于适应症的扩展，可以从临床上的超适应症使用（off–label use）获得数据。比如在欧盟批准 WallFlex 可用于治疗良性食管狭窄之前就已经有临床文献报道了这一应用。真实世界证据直接支持产品上市的案例通常较少而且比较特殊，比如 Y90 TheraSphere 案例中，该产品已通过人道主义豁免途径上市，形成了大量临床数据，这才有机会通过真实世界研究支持产品的 PMA 上市。FDA 发布的《真实世界证据用于医疗器械注册决策实例》中的 90 个案例，有 18 个 510（k），14 个 DeNovo，2 个人道主义豁免，20 个 PMA 和 37 个 PMA 补充。尽管有 20 个 PMA，但都有一些特殊的情况，比如利用其他国家和地区已上市产品的临床数据支持本国上市等。我国 2021 年 8 月颁布的《中华人民共和国医师法》对超药品说明书用药进行了说明：在尚无有效或者更好治疗手段等特殊情况下，医师取得患者明确知情同意后，可以采用药品说明书中未明确但具有循证医学证据的药品用法实施治疗。

我国目前真实世界证据支持产品注册监管的实际案例并不多，大多集中在博鳌乐城，主要是针对国外已上市的产品，在已有境外数据的基础上，通过在乐城先行先试补充一组我国人群的数据，可称之为"乐城模式"。但真实世界研究涵盖广泛的内容，仍有大量的工作需要去做。博鳌乐城正在建设真实世界数据研究平台，有着 NEST 和 NCDR 的先例，我国真实世界数据研究将更好的发展。

（曾治宇　彭　琳　张　芳　张晓星　曾　理　韩　磊）

引自《中国食品药品监管》杂志 2021 年第 11 期《真实世界证据用于注册监管实例分析》

参考文献
请扫描二维码查阅

基于特许药械政策的真实世界数据研究模式

近年来，国内外监管部门大力支持真实世界证据（real-world evidence，RWE）在药物研发和监管决策的应用与发展。2019 年 4 月，为推动监管理念和机制创新，国家药监局启动中国药品监管科学行动计划[1]，并确定了首批 9 个重点研究项目，其中 2 项涉及 RWE。2020 年，国家药监局发布了《真实世界证据支持药物研发与审评的指导原则（试行）》[2] 和《真实世界数据用于医疗器械临床评价技术指导原则（试行）》[3] 等系列真实世界数据（real-world data，RWD）相关指导原则，标志着我国药物临床研发与评价进入了一个新的发展阶段。

海南博鳌乐城国际医疗旅游先行区（简称"博鳌乐城"）是目前全国唯一的临床 RWD 应用试点研究区域。在特许药械政策的支持下，博鳌乐城被赋予特许医疗、特许经营、特许研究及特许国际交流等优惠政策，允许一些在国外已经上市、国内尚未注册的临床急需创新药械产品在博鳌乐城先行区使用。此外，博鳌乐城还拥有国际最新医疗产品在中国人群的独有 RWD，这不仅为我国开展基于 RWD 的特许药械审评审批实践研究提供了珍贵的数据资源，而且为提高全球创新药械产品在我国的可及性提供了新的途径和方案，其研究成果将助力我国药械监管科学创新。2020 年 3 月，基于博鳌乐城 RWD "青光眼引流管"获批上市，成为我国首个使用境内 RWD 获批的医疗器械产品，表明真实世界数据可以作为药品获批的有效科学依据，被认为具有重大的改革创新意义。

本文基于前期理论方法学研究和博鳌乐城特许药械 RWD 项目实践，总结了特许药械政策下 RWD 的研究模式体系、研究设计和数据库的构建，通过具体实证案例，对博鳌乐城特许药械 RWD 研究的关键设计考虑进行了分析，以期为监管部门、申办方和相关学者在博鳌乐城开展特许药械 RWD 研究提供参考。

一、特许药械政策下 RWD 研究的特点

2019 年 6 月，国家药监局与海南省人民政府联合启动了海南临床 RWD 应用试点工作[4]。2019 年 9 月，四部门联合印发《关于支持建设博鳌乐城国际医疗旅游先行区的实施方案》[5]，允许博鳌乐城特许药械通过真实世界临床数据的应用研究，把在先行区试用药品和器械过程中积累的符合要求的临床数据作为在中国申请注册的依据。2021 年 4 月，《国家发展改革委　商务部关于支持海南自由贸易港建设放宽市场准入若干特别措施的意见》[6]发布，进一步创新海南医药卫生领域市场准入方式，对博鳌乐城特许药械 RWD 研究项目的开展起到了巨大的推动作用。

与传统 RWD 研究相比，博鳌乐城特许药械 RWD 研究具有以下特点[7]：①唯一性：相较于国内其他地区，博鳌乐城允许一些国内未上市而国外已上市的创新药械在先行区使用，使得博鳌乐城具有特许创新药械的独有性和特许医疗干预实施地点的唯一性；②广泛性：全国各地患者由居住地医疗机构的临床专家推荐到博鳌乐城的医疗机构接受特许药械治疗，出院后回居住地医院进行复查和随访，患者来源具有广泛性，也反映了特许药械 RWD 的多样性；③多元性：通过 RWD 研究，特许药械不仅具有中国人群的 RWE，而且已积累国外随机对照临床试验证据和 RWE，同时部分特许药械已在国内开展随机对照临床试验，显示出特许药械证据来源的多元性。

二、基于特许药械政策 RWD 研究的一般模式

经过初步探索与实践，博鳌乐城特许药械 RWD 研究的总体流程大致可以分为 6 个步骤（图 3-1-1）：①根据研究目标或需求，制定研究问题：包括人群、干预 / 暴露、对照、结局、观察时间等要素[8]；②建立多学科交叉团队：应至少包括临床专家、RWD 研究专家、数据收集、获取团队[9]；③评估数据资源及质量：特许药械的 RWD 质量应符合监管所需条件，应对特许药械 RWD 进行准确性、适用性、完整性等评价[10]；④构建研究方案并获得伦

理支持：构建的研究方案需满足监管审评要求，需要考虑研究设计、数据库类型、数据采集方式、统计学分析等[11-12]；⑤构建研究型数据库：根据研究目的和研究模式，构建适用于评价品种的研究型数据库，通常可以通过搭建患者登记数据库完成[13-15]；⑥统计分析：所有研究均需提前制定统计分析计划，应严格根据统计分析计划内容对数据进行统计分析[16]。

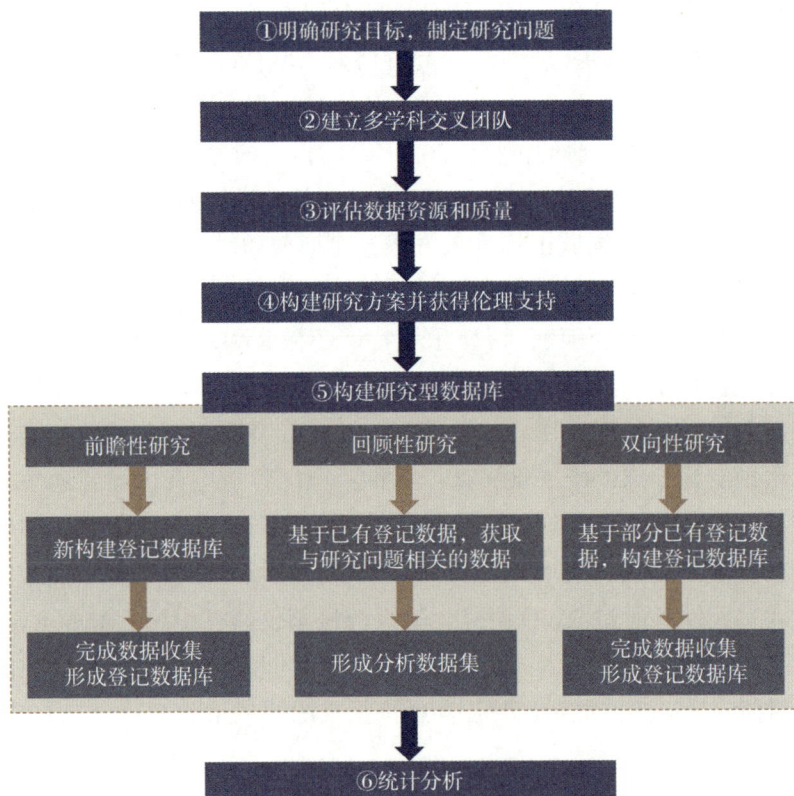

图 3-1-1　博鳌乐城特许药械 RWD 研究体系

　　目前，通过特许药械的遴选，博鳌乐城特许药械 RWD 研究采用分批试点的形式，某些特许药械产品在进行 RWD 研究前已在博鳌乐城医疗机构落地使用，积累了部分数据。根据特许药械 RWD 的数量和质量，基于数据收集的形式，博鳌乐城 RWD 研究通常采用 3 种模式，包括前瞻性研究、回顾性研究、双向性研究（图 3-1-2）[17]。在研究开始时，若使用特许药械的患者数量和质量满足临床评价要求，采用回顾性研究模式；若仅有部分数据的数量和质量满足临床评价要求，需前瞻性收集部分患者数据，采用双向性研究模式[18-19]；若未有患者使用该特许药械，或者数据质量不能满足临床评价要求，需前瞻性收集所有患者用于临床评价，采用前瞻性研究模式。

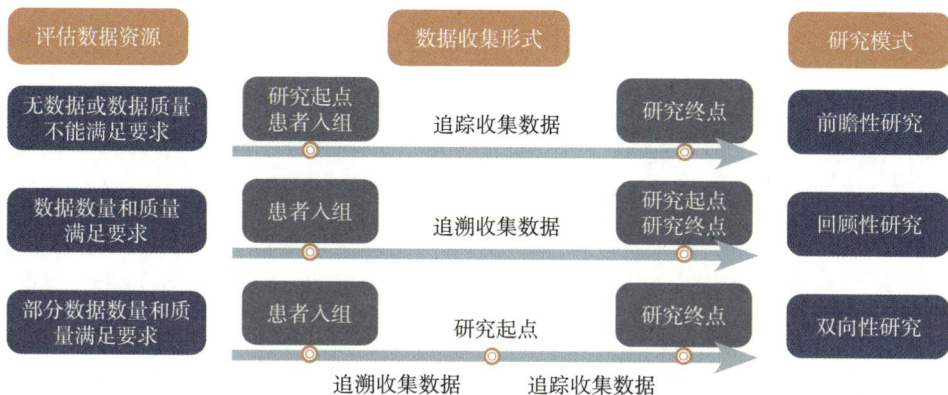

图 3-1-2　博鳌乐城 RWD 来源和研究模式

三、特许药械 RWD 研究的关键设计考虑

总体而言，RWD 研究的设计主要包括实效性临床试验和观察性研究[11, 20]。但相较于传统的 RWD 研究，博鳌乐城特许药械 RWD 研究设计类型存在多样性。一方面在于特许药械 RWD 来源的多样性，如包括患者在居住地医疗机构就诊和随访的数据、博鳌乐城特许药械真实临床干预数据、国外既有的 RWD 等。另一方面基于特许药械上市申请对证据的需求，博鳌乐城特许药械已在国外开展相关的临床研究，包括随机对照临床试验和（或）RWD 研究。此外，在特许药械用于上市申请时，还应考虑既有研究证据的质量。

参考国内外监管部门发布的 RWD 研究指导原则或规范，结合博鳌乐城特许诊疗政策和团队前期研究经验，博鳌乐城 RWD 研究的设计包括单组目标值的实效性试验或观察性研究、设立平行对照或历史对照的观察性研究、基于外对照的实效性临床试验、实效性临床试验等[7]。

四、综合研究型数据库构建

常规 RWD 采集模式中，基于既有健康医疗数据的综合研究型数据库[15]和单一研究型注册登记数据库[13]应用更为广泛。博鳌乐城特许药械 RWD 采集，因患者"一地就医，异地随访"的特殊诊疗模式，以及数据载体的复杂多元化，仅依靠回顾性数据（如电子病历数据）往往无法满足实际研究需求，需在统一标准的数据库框架下整合既有健康医疗数据与主动收集数据，达到 RWD 与博鳌乐城特殊诊疗环境的深度融合[21]。

博鳌乐城特许药械综合研究型数据库构建流程如下：①数据收集方案：明确该数据库所需包含的完整变量信息，明确数据库所需横向链接的数据来源，明确"回顾性＋前瞻性"的数据采集方式；②数据治理：对既有健康医疗数据通过人工提取和（或）自然语言处理等信息技术进行变量筛选提取、质量控制及多源数据库链接等数据治理处理；③数据管理：根据既有数据资源评估结果进行患者招募随访和关键缺失变量的前瞻性采集补充等数据管理处理；④数据标准化：遵循临床数据交换标准协会（CDISC）、《监管活动医学词典》（MedDRA）以及数据完整性标准（ALCOA+CCEA 原则）等数据管理/治理标准，提高综合研究型数据库的规范性和可读性，形成标准 RWD，同时应重点兼顾治理后数据与前瞻性主动收集数据的内部一致性[22]。

五、博鳌乐城研究案例

特许医疗器械 RWD 研究："青光眼引流管"的注册上市是博鳌乐城开展特许药械 RWD 应用试点工作的重要成果。青光眼引流管是用于降低眼压，同时达到减少用药的目的，该产品于 2019 年 5 月在博鳌乐城完成首例手术，2019 年 8 月提交真实世界数据收集方案和产品优势介绍等资料进入第 1 批真实世界数据研究试点遴选。2019 年 12 月，该研究组织了临床专家、RWD 研究专家、数据管理/治理团队与海南省药监局的项目讨论会，以保障研究方案和实施过程符合监管的要求。通过分析该研究，从框架和体系的角度分析发现有以下几个特点：①建立多学科研究团队：在研究开始，组建了一支由临床专家、RWD 研究专家、数据管理 / 治理团队等构成的多学科交叉团队，其中临床专家来自温州医科大学附属眼视光医院，对研究所涉及的临床研究指标和患者纳入排除标准给予了建议。RWD 研究专家来自四川大学华西医院中国循证医学中心孙鑫教授研究团队，对研究方案的整体框架、研究设计、数据库构建和统计分析给予了具体的技术指导；②创新研究设计模式：在研究开始时，青光眼引流管已经在博鳌乐城先行先试，已有部分患者存在临床诊疗数据。经过评价，已有的 5 例患者数据质量符合临床研究要求，最终采用了双向性的观察性研究设计；③构建患者登记数据库：为充分利用患者居住地就诊数据、博鳌乐城医疗机构干预数据、居住地随访数据等数据资源，构建了电子患者登记数据库。由于眼科疾病通常发生于双眼，而眼科疾病真实世界数据研究有效性评价需要考虑同一患者的相关性，需要确定一只眼睛作为研究眼，研究眼的确定需与临床专家讨论统一的标准，即在数据收集的时候就分为研究眼和对侧眼收集数据；④整合博鳌乐城特许药械 RWD 研究证据和国外已有临床研究证据：青光眼引流管的既有临床评价证据主要包括美国 P13-003 随机对照临床试验（randomized controlled trial，RCT）证据和 2 篇文献报道包含的中国患者数据[23-24]。文献报告了国外已有临床研究证据人群的相关情况，采用贝叶斯荟萃分析[25]，整合国外 RCT 证据和 2 篇文献证据，对博鳌乐城真实世界研究数据进行纵向建模分析[26]。

六、小结

基于特许政策支持，博鳌乐城在我国药械 RWD 研究中具有不可替代的地位与优势，也面临着机遇与挑战：①博鳌乐城特许药械 RWD 研究的顺利开展，依托于多学科专家的通力合作；②博鳌乐城特许药械的数据来源广泛且证据产生多元，增加了研究模式、数据库构建和研究设计的多样性；③特许药械上市前，临床评价证据已包括国外既有临床评价证据和博鳌乐城 RWD 的研究证据，研究设计的选择既要考虑既有证据的质量，也要考虑统计分析方法中多元证据的整合方法。当前，博鳌乐城 RWD 研究还处于不断探索的阶段，很多研究方法、理论创新还需要与实践研究结合起来，RWD 的研究方法学体系也在不断完善。未来，博鳌乐城会进一步加速特许创新药械上市进程，惠及广大患者。

（姚明宏　任　燕　贾玉龙　王雨宁　谭　婧　王　雯　李　玲　徐嘉悦

熊益权　林　凯　李耀华　魏春敏　朱　宁*　孙　鑫*）

引自《中国食品药品监管》杂志 2021 年第 11 期《构建基于特许药械政策的真实世界数据研究模式》

参考文献
请扫描二维码查阅

特许医疗器械临床研究的设计类型和统计分析方法探索

真实世界数据（real-world data，RWD）是指来源于日常所收集的各种与患者健康状况和（或）诊疗及保健有关的数据[1-3]，由其产生的真实世界研究（real-world study，RWS）和真实世界证据（real-world evidence，RWE）对医疗器械监管的价值也受到了研究者和监管部门的广泛关注。美国食品药品监督管理局（Food and Drug Administration，FDA）在 2017~2018 年相继颁布了《使用真实世界证据支持医疗器械监管决策指南》（*Use of Real-World Evidence to Support Regulatory Decision Making for Medical Devices*）[2]和《FDA 真实世界证据计划框架》（*Framework for FDA's Real-World Evidence Program*）[1]，我国国家药品监督管理局（National Medical Products Administration，NMPA）在 2020 年发布《真实世界数据用于医疗器械临床评价技术指导原则（试行）》[3]，均为使用 RWD/RWE 评价医疗器械有效性的探索提供了基本构架。

海南博鳌乐城国际医疗旅游先行区是海南自由贸易港战略之一。2018 年，国务院赋予海南省政府对乐城临床急需进口医疗器械和药品特许使用的独特政策，使乐城成为目前我国唯一可以使用国外已批准上市、国内未经注册的特许药械的地区。目前，乐城已开展 2 批医疗器械产品的真实世界数据研究，受到了医疗企业和社会的广泛关注，使用乐城真实世界数据支持医疗器械审批上市的需求不断增加[4]。乐城具有特有的政策支持，而国内外相关真实世界数据用于药械监管决策的指导原则对于乐城的针对性非常有限。如何针对乐城的特点进行科学合理的研究设计并采取相应严谨的统计分析成为乐城真实世界数据研究亟待解决的问题，也是实现乐城真实世界数据向可用于特许医疗器械国内审批注册真实世界证据转化的关键环节。本文将分析乐城开展真实世界数据研究的关键特征，并针对这些特征探索适用于乐城的研究设计类型和统计分析方法。

一、乐城开展特许医疗器械真实世界数据研究的关键特征

乐城由于其特有的政策支持，以及医疗器械、患者来源、诊疗地点和数据采集的特点[4-5]，其开展真实世界数据研究具有如下 3 个关键特征：①特许医疗器械已经在国外批准上市，存在国外临床数据，并已经获得成功临床应用经验，具有较丰富的既往证据资料；②特许医疗器械在乐城进行的真实世界数据研究为支持其国内注册上市的证据补充材料，证明其在国内具有与国外相当的有效性和安全性，在保证研究质量的前提下不需重复开展大规模的临床研究；③特许医疗器械在乐城的使用对象为急需此类器械诊疗的就医患者，难以进行随机分组和设立同期内部对照，通常只能产生特许医疗器械单组临床指标数据。以上特征决定了在乐城开展的真实世界数据研究不同于其他地区常规情形下真实世界数据研究的思路框架。

二、适用于乐城特许医疗器械真实世界数据研究的设计类型

根据乐城特许医疗器械真实世界数据研究的 3 个关键特征，即具有境外临床研究证据、仅需国内证据作为注册的补充材料以及乐城真实诊疗环境下只能产生特许医疗器械单组临床指标数据，单组目标值研究和基于外部对照的单组研究是较为适合的 2 种研究设计类型。

1. 单组目标值研究

单组目标值研究是指在通过无同期对照的单组临床研究，考察产品主要评价指标的结果是否在事先指定的目标值范围内，来评价该产品有效性和安全性的方法。单组目标值（objective performance criteria，OPC）是指专业领域内公认的产品有效性或安全性指标应达到的标准[6]，一般通过临床试验监管部门指南、行业标准或专家共识和同类产品历史研究结果来确定[7]。针对乐城特许医疗器械已有境外临床应用经验，且难以随机分组和设立同期内部对照的特点，

以境外临床研究评价指标和（或）指南标准作为 OPC 的实效性研究或观察性研究，可作为实效性随机对照研究的替代策略，为特许医疗器械国内注册提供关键证据。但仍需注意的是，单组目标值研究没有同期平行对照，混杂偏倚难以控制。此外，在对不良事件与产品的相关性，以及不良事件发生率的高低进行评价时，缺少对照组提供参考和佐证[7]。因此，单组目标值研究更适用于安全性良好且不良事件发生率很低的特许医疗器械的评估。虽然单组目标值研究设计契合乐城真实世界数据研究的特点，但由于该设计类型固有的局限性，建议相应特许医疗器械临床研究申办方在研究方案设计阶段与临床医学专家、生物统计学家和法规监管部门进行沟通和协商，达成共识后再开展基于 OPC 的实效性研究或观察性研究，以规避产品评价风险。

2. 基于外部对照的单组研究

由于乐城就医的患者均对特许药械有迫切需求，设立同期内部对照不具有可行性。单组目标值研究因缺少对照组提供参考，导致其适用范围存在一定的局限性。因此，考虑在乐城外的国内医疗机构将按常规诊疗的人群设立为外部对照，评价特许医疗器械相对于常规诊疗的安全性和有效性。国内疾病登记数据、自然人群队列和专病队列等已积累海量数据[4]，为外部对照的设立提供了丰富的资源。此外，也应考虑将特许医疗器械国外临床研究数据作为外部对照，对该器械在乐城国内人群的疗效进行非劣效检验。但是，无论是何种来源的外部对照，与乐城患者均不是同一个总体，偏倚控制仍然是影响研究结果的关键问题。这些影响研究结果的因素涉及范围很广，包括人口学特征、诊断标准、诊断技术、疾病分期或亚型、疾病严重程度、伴随用药、观察条件、评价指标和评价标准等。除此之外，可能还包括很多非常重要但未被识别的或无法测量的因素等。因此，在选择外部对照时应尽可能选择基本特征具有同质性的人群，统计分析阶段也需要通过适当的统计分析方法进行偏倚的控制，后文将具体阐述真实世界数据研究偏倚控制的常用统计学方法。

3. 单组研究的拓展研究设计类型

国际人用药品注册技术协调会（International Conference on Harmonization of Technical Requirements for Registration of Pharmaceuticals for Human Use，ICH）于1988 年发布的 E5 指南首次提出桥接试验（bridging study）的概念：新药在原地域已经通过审批以后，如果要推广到新地域，可以利用原地域临床试验已有信息，按需在新地域进行小规模的附加试验研究，通过这些试验研究说明该药品对新地域人群具有同样的安全性、有效性，即可有效、快速地将原地域药品外推到新地域。桥接思想在国际多中心临床试验（multi-regional clinical trial，MRCT）提交目标区域审批时已得到了广泛的应用，即目标区域药品审评机构要求在适量样本的 MRCT 框架外，补充针对目标区域人群的局部区域临床试验（local clinical trial，LCT），此种策略已成为目前新药国际研发的趋势[8]。三臂非劣效试验设计给上述桥接策略在定性和定量评价目标区域药物有效性和安全性方面提供了积极的启示：该试验设计包含试验组、阳性对照组和安慰剂组，既能检验试验组是否优于安慰剂组，又能检验试验组是否非劣效于阳性对照组，同时通过证明阳性对照组的测定灵敏度和稳定性，进一步确证试验药物的有效性[9]。有学者[10]在三臂非劣效试验设计的基础上，将 MRCT+LCT 的框架整合为一种新的类三臂非劣效试验设计的桥接策略，即在 MRCT 药物有效性确证的基础上，借用已有的 MRCT 疗效信息开展针对目标区域人群的 LCT，验证药物在 LCT 是否有效，且非劣效于 MRCT 的整体疗效。

乐城特许医疗器械均已在国外进行了有效性和安全性的确证研究，需要通过乐城小样本实践的真实世界数据，验证其在我国人群中是否有效，且非劣效于该器械在国外临床研究中的效果。MRCT+LCT 框架下的类三臂非劣效试验设计的桥接策略为解决乐城特许医疗器械效果评价的上述问题提供了新的思路：将"2.2 基于外部对照的单组研究"中提及的 2 种外部对照的研究设计，即以国内常规诊疗为外部对照的单组研究和以国外临床研究数据为外部对照的单组研究进行整合转化（图 3-1-3）。将国外和国内 2 个常规治疗组类比为三臂非劣效试验设计中的阴性对照臂，对试验器械是否有效进行定性判断，称为类阴性对照臂；将乐城试验器械组类比为三臂非劣效试验设计中的试验臂；将国外临床研究中的试验器械组类比为阳性对照臂，对试验器械的有效性进行定量度量。基于这种框架，假设试验器械在乐城的疗效是非劣效于国外临床研究结果，以国外临床研究中试验器械与常规治疗疗效差的百分比作为非劣效界值，通过非劣效检验来确证试验器械在乐城的疗效：①试验器械相对于常规治疗的有效性；②保留了试验器械在国外疗效的百分比；③非劣效于试验器械在国外的疗效。此种新型研究设计框架仍需乐城实际案例验证其适用性。此外，此种研究设计中的阴性对照和阳性对照均属于外部对照，偏倚仍然不可避免。因此，在乐城特许医疗器械真实世界数据研究中，偏倚控制是所有研究类型均需要慎重考虑的关键环节。

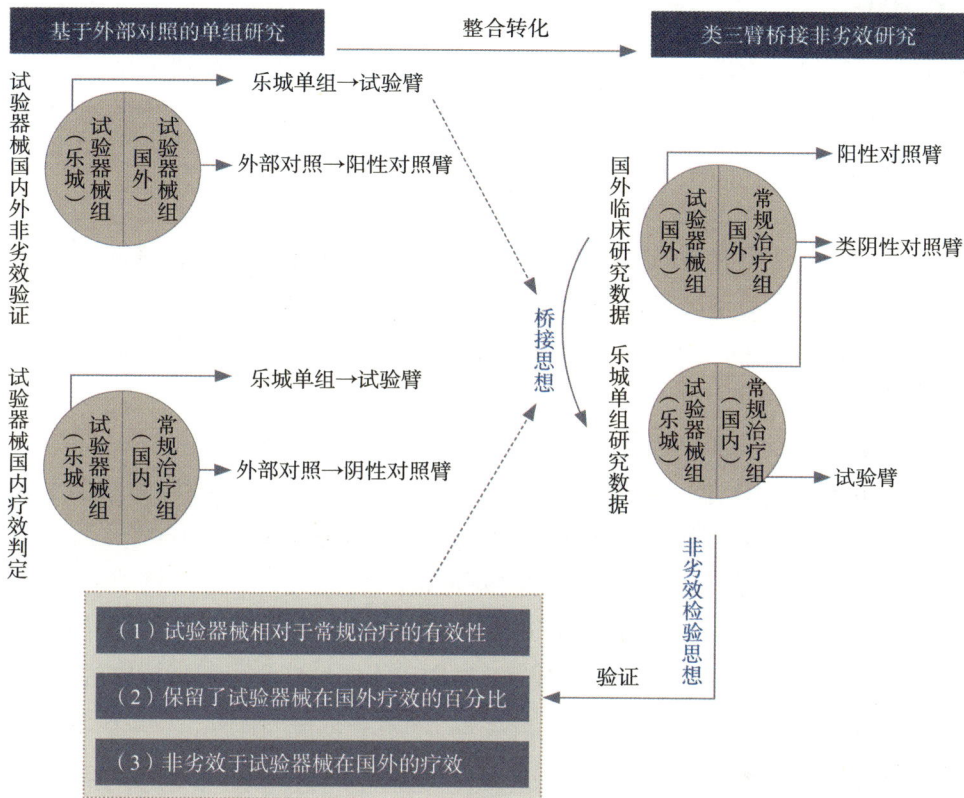

图 3-1-3 单组研究设计整合转化为类三臂桥接非劣效研究设计

三、适用于乐城特许医疗器械真实世界数据研究的统计分析方法

1. 单组目标值研究常用统计分析方法

单组目标值研究结局指标评价的常用统计分析方法主要分为 2 类：假设检验法和置信区间法[7, 11-12]。单组目标值研究的假设检验为单侧检验，根据研究目的可将结局评价指标分为高优指标（如有效率）和低优指标（如不良事件发生率）。设 θ_1 为结局指标的总体参数，θ_0 为结局指标的 OPC，则单组目标值研究的假设检验为：①对于高优指标：H_0：$\theta_1 \leqslant \theta_0$，$H_1$：$\theta_1 > \theta_0$；②对于低优指标：$H_0$：$\theta_1 \geqslant \theta_0$，$H_1$：$\theta_1 < \theta_0$，检验水准（$\alpha$）常取 0.025。当单侧检验 $P \leqslant \alpha$

时，拒绝 H_0，接收 H_1，认为试验器械满足设计要求。当结局指标为定性指标，即对率进行假设检验：①目标值 π_0 或预期总体参数 π_1 远离 0% 或 100%（介于 10%~90%），同时样本量较大（至少 50 例以上），建议采用正态近似法；②当目标值 π_0 或预期总体参数 π_1 接近 0% 或 100%（<10% 或 >90%），正态近似法可能增加 I 类错误，建议此时采用更为精确的确切概率法。

单组目标值研究结局指标的评价也可以通过结局指标的置信区间和 OPC 的比较来实现。对于高优指标，当试验器械的结局指标（1–2α）% 双侧置信区间的下限高于 OPC 时，认为试验器械满足设计要求；对于低优指标，当试验器械的结局指标（1–2α）% 双侧置信区间的上限低于 OPC 时，认为试验器械满足设计要求。当结局指标为定性指标，即对率进行置信区间估计：①目标值 π_0 或预期总体参数 π_1 远离 0% 或 100%，同时样本量较大，建议采用正态近似法；②当目标值 π_0 或预期总体参数 π_1 接近 0% 或 100%，建议采用 Miettinen 确切估计法或 Wilson 计分区间法[13-14]。

乐城试验器械研究人群可能同时包括多个亚组人群，如不同疾病分期或亚型人群以及不同疾病严重程度人群，人群构成不同可能会引起目标值的不同。这时，可以采用加权的方法进行多亚组复合终点目标值的计算，即按照各亚组人群样本量占总样本量的比例，赋予对应亚组人群 OPC 相应的权重，然后以总体研究人群加权 OPC 作为该试验器械结局指标评价的标准。例如，评价某髂骨静脉支架疗效的临床研究，根据文献确定主要评价指标为支架置入后的血管通畅率。研究人群分为栓塞型髂骨静脉阻塞（post-thrombotic，PT）组和非栓塞型髂骨静脉阻塞（non-thrombotic，NT）组 2 个亚组，假定 75% 研究对象为 PT 组，25% 研究对象为 NT 组。根据相关文献估计，PT 组和 NT 组研究对象血管通畅率分别为 77.6% 和 95.5%，则加权 OPC 为 82.1%。结局指标和加权 OPC 的比较，仍然可以采用上述的假设检验法和置信区间法实现。

2. 基于外部对照的单组研究及其拓展研究设计类型统计分析方法

基于外部对照的研究设计类型的统计分析思想均可归纳为非劣效检验，即乐城试验器械疗效非劣效于该试验器械国外临床研究中的疗效。因此，可将非劣效检验统计方法应用于乐城医疗器械疗效的评价。FDA 发布的《非劣效临床试验指南》（*Non-Inferiority Clinical Trials*）中提出使用双置信区间法进行非劣效临床试验的统计推断[15]。x_{NT} 和 x_{OT} 分别表示试验器械在乐城临床研究和国外临床研究中的疗效，x_{NP} 和 x_{OP} 分别表示常规疗法在国内和国外临床研究中的疗效。

假设 x_{NT}、x_{OT}、x_{NP} 和 x_{OP} 分别满足正态分布 $N(\mu_{NT}, \sigma_{NT}^2)$、$N(\mu_{OT}, \sigma_{OT}^2)$、

$N(\mu_{NP}, \sigma_{NP}^2)$ 和 $N(\mu_{OP}, \sigma_{OP}^2)$，试验器械指标指定为高优指标。取试验器械在国外临床研究中的疗效 $\mu_{OT} - \mu_{OP}$ 的点估计值 $-x_{OT} - -x_{OP}$

的 100（$1-\delta$）% 的置信区间下限作为试验器械在国外应用的效果，将其记为 M_1，即

$$M_1 = (-x_{OT} - -x_{OP}) - z_{\delta-2} \sqrt{var(-x_{OT} - -x_{NT})},$$

此为试验器械在国外应用疗效的保守估计。对于任意的 $0 \leqslant \lambda \leqslant 1$，当希望试验器械在乐城的疗效能保留在国外应用疗效至少 $100\lambda\%$ 的效果时，令 $M_2 = (1-\lambda)M_1$，规定 M_2 为非劣效检验中使用的边界值，则有双置信区间法的非劣效假设检验为：$H_0: \mu_{OT} - \mu_{NT} \geqslant M_2$，$H_1: \mu_{OT} - \mu_{NT} < M_2$。

当（$-x_{OT} - -x_{NT}$）$+z_{\delta-2} \sqrt{var(-x_{OT} - -x_{NT})} <$

M_2，则拒绝 H_0，认为试验器械在乐城临床研究中的疗效非劣效于在国外应用的疗效。

此外，也可以按照桥接研究的思路，对试验器械在乐城的疗效和在国外临床研究中的疗效进行相似性判定。目前，用于相似性检验的经典统计方法主要包括 3 类：两阶段设计和成组序贯设计法、加权 z 检验法以及重建概率和概括概率法[16-17]。两阶段设计和成组序贯设计法是将桥接研究视为一个整体下分原地域阶段（国外临床研究阶段）和新地域阶段（乐城临床研究阶段）两部分进行的临床研究[18-19]。当乐城临床研究阶段完成后，对国外临床研究和乐城临床研究的累计数据进行统计分析。若检验统计量 T_N 大于预定界值 C_N，则认为可以将试验器械国外临床研究结果外推至国内。桥接研究中加权 z 检验法的基本思路是将原地域和新地域的近似正态性 z 检验统计量按照预先指定的权重相加，得到新的统计量再进行假设检验[20]。z_N 和 z_O 分别表示试验器械乐城临床研究和国外临床研究的 z 检验统计量，w 表示权重，则加权统计量 $z_w = \sqrt{w}z_N + \sqrt{1-w}z_O$，。此时对 z_w 进行假设检验，若小于预定检验水准 α，则认为桥接成功。重建概率是指在相同条件下，新地域重复原地域研究结果的概率；概括概率是指已有信息表明新地域和原地域的疗效可能存在差异的条件下，在新地域得到疗效存在的概率[21-23]。用重建概率和概括概率法检验是否成功桥接的本质就是新地域是否能够达到预先规定的可重复性概率，如果能够满足，则将原地域的临床研究数据借用到新地域。以上 3 类经典统计分析方法均属于频率方法，由于需要借助外来信息，容易引起 I 类错误膨胀

等问题，可能导致这些桥接策略无法通过监管部门的审批[17]。

桥接研究的思路是通过原地域已掌握药械的有效性和安全性信息，支持药械在新地域的快速上市，这与 Bayes 统计理念十分契合[17]。乐城试验药械通常已具有国外临床研究结果，因此相对于经典频率方法，Bayes 方法可能在乐城特许医疗器械真实世界数据研究中更有用武之地。经验 Bayes 在桥接研究中应用的基本思想为利用总体参数后验概率建立相似性判断标准[24]。具体做法为将原地域试验器械组和常规治疗组的疗效差值作为新地域的先验，以新地域试验器械组和常规治疗组的疗效差值作为现有数据，利用经验 Bayes 方法计算新地域试验器械组与常规治疗组疗效差值的后验概率。μ_{NT} 和 μ_P 分别表示新地域试验器械组和常规治疗组的总体均值，则新地域疗效的后验概率需满足：$P_{SI}=P_r \{\mu_{NT}-\mu_P>0|bridging\ data\ and\ prior\}>1-\alpha$，其中 P_{SI} 可视为相似性的判断标准。如果进一步引入非劣效检验的思想，即计算新地域和原地域疗效差值大于一个固定的非劣效界值的概率，则可以实现对新地域试验器械有效性的定量度量。此时，新地域疗效的后验概率需满足：$P_{SI}=P_r \{\mu_{NT}-\mu_{OT}>-\delta|bridging\ data\ and\ prior\}>1-\alpha$，其中 μ_{OT} 为原地域试验器械组的总体均值，δ 为预先指定的非劣效界值。但是，上述相似性判断方法很大程度上依赖于原地域的样本信息，而原地域的数据样本量往往远大于新地域，使其在后验分布的计算上占主导地位，新地域的结果往往无法"扭转"原地域结果，容易得到区域间相似的结论。混合先验 Bayes 法通过 2 个按一定权重相加的分布函数组成总体参数的先验分布，来削弱原地域样本含量过大所造成的"主导"影响[25]。其中一个分布函数是由原地域已知的数据确定，而另一个分布函数则使用无信息先验分布。但是，由于权重的取值需要人为指定，往往缺乏实际意义，因此在实际应用中很难抉择其合理的取值。

需要注意的是，以上统计分析方法均是对试验器械在新地域和原地域疗效的定性判定和非劣效验证，对新地域试验器械相对于常规疗法的灵敏度和稳定性解释非常有限。针对乐城的情况，可以参考类三臂桥接非劣效研究设计（图3-1-3），但是相关假设检验和适用的统计分析方法还需要进一步推导和评价。

3. 混杂偏倚控制常用统计分析方法

由于大多数真实世界数据研究中没有随机化过程（实效性临床试验除外），混杂偏倚几乎是所有真实世界研究设计类型共同面临的问题。中国真实世界数据与研究联盟（ChinaREAL）在 2019 年发布的《基于真实世界数据评价治疗结局研究的统计分析技术规范》[26]，以及 NMPA 在 2020 年发布的《真实世界数据用于医疗器械临床评价技术指导原则（试行）》[3] 均对真实世界数据研究中混杂偏倚的控制策略和常用统计分析方法进行了详细的说明。有效的统计描述和选取合适的统计模型均是混杂偏倚控制的关键环节。常用的多变量分析方法包括多重线性回归模型、logistic 回归模型、cox 比例风险回归模型以及相应多水平模型等。除传统多变量分析方法，基于因果推断的模型也被广泛地应用于疗效评价的统计分析中，如倾向性评分、工具变量、边际结构模型和结构方程模型[26]。对于乐城特许医疗器械真实世界数据研究，由于研究设计大多为单组研究，上述控制混杂的统计分析方法应用范围可能比较受限，在设立外部对照的研究设计中可能有所应用。对于乐城大多数单组研究，根据可能的混杂因素进行分层分析以及全面的敏感性分析可能是更具有可行性的混杂偏倚识别和控制策略。

四、结语

海南博鳌乐城国际医疗旅游先行区特许医疗器械真实世界数据研究目前处于起步阶段，需要尽快构建适用于乐城真实世界数据研究设计以及评价和推导相关的统计分析方法，有效结合国外已有临床研究数据，实现特许医疗器械在国内的快速审批上市。本文通过分析乐城特许医疗器械真实世界数据研究的关键特征，提出相对合理可行的研究设计和对应的统计分析思路，但尚需要通过乐城真实案例的应用进行比较和评价。

（曹　寒　姚　晨* 　阎小妍　于永沛　尚美霞）

引自《中国食品药品监管》杂志 2021 年第 11 期《基于博鳌乐城真实世界数据开展特许医疗器械临床研究的设计类型和统计分析方法探索》

参考文献
请扫描二维码查阅

三维光学相干断层成像飞秒激光辅助
白内障手术在真实世界证据研究中的应用

一、研究背景

真实世界临床评价可以反映实际临床使用及患者选择情况，从而更好地评估医疗器械的性能。2018 年 12 月，美国食品药品监督管理局（Food and Drug Administration，FDA）发布了一份阐明如何评估真实世界数据以确定是否足以生成可用于 FDA 医疗器械监管决策的真实世界证据类型的指南，该文件将真实世界数据（real-world data，RWD）定义为"从各种来源常规采集的与患者健康状态和（或）医疗保健相关的数据"，而真实世界证据（real-world evidence，RWE）是指"从 RWD 分析得出的与医疗产品的使用、潜在受益或风险相关的临床证据"[1]。

CATALYS 眼科飞秒激光治疗机（简称"CATALYS"）采用飞秒（femtosecond，FS）激光技术、集成制导系统光学相干层析成像（optical coherence tomography，OCT）和自动表面映射算法，引导激光发射，所有这些都通过专用电子设备进行控制和监测，临床上可用于在白内障手术中单独或连续进行晶状体前囊膜切开术、晶状体粉碎术、角膜内单平面和多平面弧形切割或切口的制作，也为囊膜切开术中心定位提供了新方法。该激光治疗机在 OCT 和 FS 治疗激光中使用共光路，这些光束可在成像光束和治疗射束之间形成精确重叠；所包含的三维 OCT（3D OCT），可测量轴位、扫描矢状截面图像。扫描囊膜是前后囊膜观察到的晶状体假想线，扫描囊膜的中点可用于囊膜切开术的中心定位。

CATALYS 先后在全球多个国家或地区获得上市批准，包括欧盟

（European Union，EU）、美国、日本、加拿大、澳大利亚、新西兰、韩国和我国台湾地区。两项关键性研究及其在全球范围内的广泛使用，有力地证明了 CATALYS 的安全性和有效性。但是，在典型的临床实践下，CATALYS 应用于国内人群的结局是否能与超过 10 年的全球广泛应用、超过 100 万例手术和其他飞秒激光白内障手术系统中取得的临床受益保持一致还有待证明。基于此，国内逐步开展了 CATALYS 的 RWE 研究，并对手术医师首次使用该激光治疗机的临床性能进行了评价。本研究旨在评价一项真实世界证据研究中接受飞秒激光辅助白内障手术治疗患者的视觉结局，以期为 CATALYS 的 RWE 研究提供参考依据。

二、研究方法

1. 数据来源

本研究是在博鳌超级医院开展的一项前瞻性、单臂、为期 1 个月的观察性真实世界证据（real-world evidence，RWE）研究。2019 年 11 月 22 日 ~ 2021 年 1 月 11 日期间，共纳入白内障患者 113 例 139 眼，其中 28 例受试者的 32 眼在手术医师培训和认证期间接受了治疗。纳入标准：患者年龄 ≥ 22 岁。排除标准：存在角膜环和（或）嵌体植入物、后弹力层突出（即将发生角膜破裂）、重度角膜混浊、角膜异常、显著角膜水肿或导致晶状体前囊膜 OCT 成像模糊的房水透明度下降以及任何白内障手术禁忌证。

在入组试验和进行任何试验相关程序以前，患者已提供签名的知情同意书和隐私保护授权或符合主管国家有关医学治疗和（或）医疗记录的适用隐私法所需的等效文件。根据《赫尔辛基宣言》的宗旨开展本研究。

2. 治疗方法和观察指标

本研究的 2 名研究者根据其标准临床实践自行选择并记录首先实施手术的术眼［例如，白内障更严重、最佳矫正远视力更差和（或）光学 / 视觉症状更严重的眼］；2 名手术医师进行 10~20 例 CATALYS 辅助白内障手术并完成使用 CATALYS 的资质认证；患者的单眼或双眼接受白内障手术，并在角膜切口、晶状体前囊膜切开术和晶状体粉碎术中使用 CATALYS。

观察指标：①通过手术病例报告表收集不同来源的真实世界数据，包括医院电子医疗记录（electronic medical record，EMR）、研究记录和患者随访记录，并录入研究数据库。其中，手术病例报告表包括角膜切口类型和尺寸、角膜切口完整性的确定、囊膜切开术尺寸、囊膜切开术完整性的确定及成功晶状体粉碎术的确定；EMR 的其他手术数据包括使用的人工晶状体、手术并发症、药物治疗、术眼和不良事件；②收集计划内和计划外的所有检查医疗记录中的信息，计划内访视包括术前检查（术前 45 天内）、术中、术后 1 天和术后 4 周访视。在术前和术后 4 周评估患者的单眼裸眼远视力（UCDVA）、显然验光（Snellen chart，Snellen）、单眼最佳矫正远视力（BCDVA）和眼内压（intraocular pressure，IOP）。收集患者在术前访视期间根据晶状体混浊分类系统（lens opacities classification system，LOCS Ⅱ）、生物测量、角膜地形图和 IOL 度数计算测定的白内障等级。

本研究的关键数据主要为角膜切口、晶状体前囊膜切开术和晶状体粉碎术完整性的确定、UCDVA、BCDVA、Snellen、眼内压、生物显微镜裂隙灯检查的医学结果、并发症和非严重医学并发症、器械相关不良事件和严重不良事件的发生率。

3. 统计学方法

本研究为真实世界证据研究，假设患者的对侧眼与主要终点（晶状体前囊膜切开术、角膜切口和晶状体粉碎术成功）无关，且患者的每侧眼手术在不同日期完成。因此，本研究将受试者的右眼和左眼分别作为独立观察结果进行分析。

采用 SAS V. 9.4 统计软件分析处理数据。计数资料以 n（%）表示，并计算 95% 置信区间。

三、结果

1. 人口统计学和基线特征

纳入研究的 113 例（139 眼）患者中，有 28 例（32 眼）在手术医师培训和认证期间接受了治疗，将该部分患者列入手术医师认证人群。大部分患者为汉族（111 例，98.2%），少数为黎族和回族患者（共 2 例，1.8%）；患者年龄范围为 38~89 岁，平均年龄（68.7±9.1）岁；男性 47 例（41.6%），女性 66 例（58.4%）。纳入研究的 139 眼中，术眼的核性白内障等级大多为 2 级（68 眼，48.9%）或 3 级（58 眼，41.7%）。

2. 联合主要终点

纳入研究的 139 眼中，晶状体前囊膜切开术的成功率为 99.3%（138 眼）。在手术医师认证人群中，1 眼因过熟期白内障致晶状体前囊膜切开术未成功，且造成前囊膜撕裂。详见表 3-1-1。

进行角膜切口手术的 54 眼中，角膜切口的成功率为 90.7%（49 眼）。因老年环和血管翳（2 眼）、角膜切口制作期间受试者移动（3 眼），研究中共 5 眼（手术医师认证人群 2 眼）未完成激光角膜切口。角膜切口的尝试取决于手术医师对老年环状态的判断和决定，尝试角膜切口的例数低于治疗眼的总数。该结果提示在真实世界使用中，手术医师可以根据患者适用性自行选择 CATALYS 的型号。详见表 3-1-1。

纳入研究的 139 眼中，晶状体粉碎术的成功率为 97.8%（136 眼）。在手术医师认证人群中，1 眼因过熟期白内障致晶状体粉碎术未成功。在分析人群中，2 眼因黑内障和囊膜切开术后的失吸现象导致晶状体粉碎术未成功。详见表 3-1-1。

表 3-1-1　整体患者人群的联合主要终点

n（%），眼

联合主要终点	手术成功	手术失败	95%*CI*	合计
晶状体前囊膜切开术	138（99.3）	1（0.7）	（0.96~1.00）	139（100.0）
角膜切口	49（90.7）	5（9.3）	（0.80~0.97）	54（100.0）
晶状体粉碎术	136（97.8）	3（2.2）	（0.94~1.00）	139（100.0）

3. 视觉质量

整个人群的 UCDVA 结果见表 3-1-2。术后 4 周，大多患者的术眼达到 UCDVA 20/40 或更佳（113 眼，82.5%）。

表 3-1-2　整体患者人群的 UCDVA

n（%），眼

UCDVA	术前（*n*=139）	术后4周（*n*=137）
20/16 或更佳	0（0.0）	0（0.0）
20/20 或更佳	0（0.0）	31（22.6）
20/25 或更佳	0（0.0）	68（49.6）
20/32 或更佳	2（1.4）	77（56.2）
20/40 或更佳 *	24（17.3）	113（82.5）
20/50 或更佳	42（30.2）	125（91.2）
20/63 或更佳	42（30.2）	125（91.2）
20/80 或更佳	62（44.6）	132（96.4）
20/100 或更佳	78（56.1）	133（97.1）
不及 20/100	61（43.9）	4（2.9）

注：* 对于术后 4 周和术前百分比的比较，根据 Fisher 精确检验，*P* < 0.0001。

　　整个人群的 BCDVA 结果见表 3-1-3。术后 4 周，46.7%（64 眼）的 BCDVA 达到 20/20 或更佳，而术前仅为 0.7%（1 眼）；97.1%（133 眼）达到 20/40 或更佳，而术前为 46.8%（65 眼）；2.2%（3 眼）的 BCDVA 不及 20/100，是因为患有视网膜层分离、黄斑变薄和视网膜脱离的既存疾病。

　　整个人群的平均显然验光等效球镜度（manifest refraction spherical equivalent，MRSE）、显然验光球镜度（manifest refractive sphere，MRS）和显然验光柱镜度（manifest refractive cylinder，MRC）见表 3-1-4。术后 4 周，所有屈光结局较术前均得以改善。

　　平均术前和术后 IOP 测量结果见表 3-1-5。术后 4 周，整个人群的平均 IOP 为（11.87 ± 3.21）mmHg，最大 IOP 为 20.30 mmHg。

4. 不良事件

　　纳入研究的 139 眼中，8 眼（5.8%）发生了 10 例手术并发症，详见表 3-1-6。手术医师认证人群发生 6 例并发症（5 眼），认证后人群发生 4 例并发症（3 眼）。两组最常报告的并发症为角膜切口闭合不良，手术医师认证人群发生 4 例（20.0%），认证后人群发生 2 例（5.9%）。在每个病例中，按照标准实践用缝线成功缝合了切口。总体而言，发生 2 例前囊膜撕裂，手术医师认证人群发生 1 例（3.1%），认证后人群发生 1 例（0.9%），发生 2 例后囊膜撕裂，手术医师认证人群发生 1 例（3.1%），认证后人群发生 1 例（0.9%）。所有并发症均得到解决，无后遗症。

表 3-1-3　整体患者人群的 BCDVA

n（%），眼

BCDVA	术前（n=139）	术后4周（n=137）
20/16 或更佳	0（0.0）	2（1.5）
20/20 或更佳	1（0.7）	64（46.7）
20/25 或更佳	9（6.5）	107（78.1）
20/32 或更佳	16（11.5）	113（82.5）
20/40 或更佳 *	65（46.8）	133（97.1）
20/50 或更佳	83（59.7）	134（97.8）
20/63 或更佳	83（59.7）	134（97.8）
20/80 或更佳	108（77.7）	134（97.8）
20/100 或更佳	118（84.9）	134（97.8）
不及 20/100	21（15.1）	3（2.2）

注：* 对于术后 4 周和术前百分比的比较，根据 Fisher 精确检验，$P < 0.0001$。

表 3-1-4　整体患者人群的显然验光测量结果

$\bar{x} \pm s$

项目	术前				术后4周		
	n（例）	平均值	最小值	最大值	n（眼）	平均值	最小值	最大值
MRSE	113	−1.87 ± 4.18	−19.50	3.63	131	−0.58 ± 0.81	−4.88	1.63
MRS	113	−1.23 ± 4.14	−18.25	4.25	132	−0.10 ± 0.85	−4.25	2.50
MRC	113	−1.27 ± 1.13	−5.25	0.00	131	−0.97 ± 0.69	−4.00	0.00

表 3-1-5 整体患者人群的 IOP 测量结果

$\bar{x} \pm s$

访视	n（眼）	IOP（mmHg）	最小值	最大值
术前	139	14.21 ± 2.98	7.40	26.90
术后 1 天	139	15.28 ± 5.77	4.00	31.00
术后 4 周	137	11.87 ± 3.21	3.70	20.30

表 3-1-6 手术并发症

n（%）

手术并发症	手术医师认证后人群（n=107）	手术医师认证人群（n=32）
前囊膜撕裂	1[a]（0.9）	1[b]（3.1）
后囊膜撕裂	1[a]（0.9）	1[c]（3.1）
角膜切口闭合不良 *	2（5.9）	4[cd]（20.0）

注：a、c：这些并发症发生于同一眼；b：与器械相关；d：包含 2 例与器械相关；*：共有 54 眼尝试角膜切口，其中手术医师认证人群包含 20 眼，手术医师认证后人群包含 34 眼。

本研究共发生了 8 例眼部不良事件（8 例患者的 8 眼），包含眼睑炎症、干眼症、散瞳各 1 例；黄斑囊样水肿 4 例；视网膜分支动脉阻塞 1 例。在手术医师的认证期间和认证后，分别发生 3 例和 5 例眼部不良事件。在研究结束时，2 例黄斑水肿已消退，无后遗症，其余 2 例黄斑囊样水肿和 1 例视网膜动脉阻塞未痊愈。研究中无眼部不良事件判定为与器械相关。

术后早期最常报告的不良事件主要为结膜充血。在术后 1 天（n=107）报告的不良事件包括结膜充血（71 眼，66.4%）、轻度角膜水肿（20 眼，18.7%）、IOP 升高（4 眼，3.7%）和虹膜萎缩 / 异常（2 眼，1.9%）。结膜充血通常归因于患者接口放置和眼部真空吸引，通常在 1~2 天内消退；在认证后时期的术后 4 周研究访视期间（n=105），不良事件包括黄斑囊样水肿（5 眼，4.8%）、结膜充血（2 眼，1.9%）、后囊膜混浊（1 眼，1.0%）、角膜水肿（1 眼，1.0%）、睑板腺功能障碍（1 眼，1.0%）和睑缘炎（1 眼，1.0%）。

在手术医师认证人群中（n=32），最常报告的不良事件为结膜充血（8 眼，25.0%）和轻度角膜水肿（11 眼，34.4%）。术后 1 天随访时报告 IOP 升高（3眼，9.4%）。在术后4周访视期间内该组未报告事件。

四、讨论

RWE 研究旨在评价接受白内障手术的成人受试者中，CATALYS 用于角膜切口制作、晶状体前囊膜切开术和晶状体粉碎术的总体性能。几乎所有病例均成功实施了这些手术。

RWE 研究证实，CATALYS 在全球范围内使用超过 10 年、实施了超过 100 万台手术，CATALYS 具有全面广泛的临床文献数据。将本研究的结果与 CATALYS 及其他飞秒激光白内障手术产品的全球结果进行比较。本研究中完整囊膜切开术（99.3%）、完整角膜切口（90.7%）和完整晶状体粉碎术（97.8%）的发生率与应用了 CATALYS[2-8] 及 LenSx、Ziemer 和 LensAR 等其他飞秒白内障激光系统[6-9]的研究结果相一致。此外，本研究术后结局非常好，术后 4 周，在整个人群中，97.1% 的 BCDVA 达到 20/40 或更佳，而术前仅为 46.8%；UCDVA 达到 20/40 或更佳的眼睛比例达 82.5%，而术前仅为 17.3%；BCDVA 达到 20/20 或更佳的眼睛比例达 46.7%，而术前该比例仅为 0.7%。术中发生的并发症均已恢复，且无后遗症。

本研究结果与包含 2814 例飞秒激光白内障手术的欧洲登记研究的结果（无论器械平台如何）类似[10]，99.4% 使用激光系统实施了囊膜切开术，94.7% 实施了晶状体粉碎术，34.7% 实施了角膜切口。Zhang 等[11] 对 LenSx 眼科飞秒激光手术系统开展的研究也显示了类似结果，完全囊膜切开术和完全晶状体粉碎术的发生率分别为 98.6% 和 99.5%，但角膜切口具有更高的完成率（97.6%）。

在本研究中，尝试的角膜切口率偏低可能是受患者所患疾病影响[10]，老年环、血管翳或任何周边角膜混浊等疾病通常导致无法使用激光制作主要角膜切口。该结果反映了实际的临床使用率。

术后 CDVA 改善、无变化或恶化的患者比例与白内障手术后的预期不同。本研究的患者中有 82.5% 眼的术后 UCDVA 达到 0.3 logMAR 或更佳（20/40 Snellen），而术前该比例仅为 17.3%。超过 97% 眼的术后 BCDVA 达到 0.3 logMAR 或更佳（20/40 Snellen），而术前为 46.8%。对于无眼部合并症的眼睛，93.5%~98.5% 患者的术眼达到 CDVA 20/40 或更佳[12-13]。

使用 CATALYS 或其他飞秒激光辅助白内障手术的其他研究发现了类似的 MRSE、UCDVA 和 CDVA 视觉结局[14-15]。Roberts 等人[16]证明，3 个月后，90% 的患者获得了良好的视觉结局，即裸眼远视力达到 20/40。Zhang 等[11]研究表明，术后 7 天和 30 天，分别有 84.8% 和 87.4% 患者的 BCDVA 达到 20/40 或更佳，这表明术后视力恢复迅速稳定。Conrad-Hengerer 等[14]

探讨了目标屈光度的显然验光、CDVA 偏离以及术后长达 6 个月的屈光稳定性。研究证明，从 1 周至 1 个月，飞秒激光辅助手术的平均球面等效屈光度无显著变化，在 1、2、3 和 6 个月之间也无显著变化，这说明了术后屈光的早期稳定性。

手术医师认证人群的前囊膜和后囊膜撕裂的发生率更高（分别为 3.1% 和 0.9%），这与手术医师对飞秒激光辅助白内障手术的经验水平相一致。有研究表明，具有飞秒激光经验的手术医师更少发生并发症[4,6,17]。Zhang 等[11]报告，仅 0.19% 的患者发生后囊膜撕裂，推测可能是由于手术医师经验和采用了严格的纳入标准。

大型常规超声乳化白内障手术病例[12]和飞秒激光辅助白内障手术病例[16-17]报告了类似的并发症发生率。在欧洲白内障和屈光手术质量结果登记（European registry of quality outcomes for cataract and refractive surgery，EUREQUO）数据库中，所有手术报告的后囊膜并发症发生率为 1.2%。其中包括了由有经验的手术医师实施的手术。

本研究的并发症发生率可能与白内障的严重程度、患者人群年龄较大有关。纳入／排除标准没有限制，眼部合并症的发生率可能高于对照程度更高的研究。但是在整个患者人群中，前囊膜和后囊膜撕裂的发生率均较低（各 1.4%），也有研究报告了类似的发生率，范围为 0%~5.3%[16, 18-21]。如既往报告所述，在手术医师熟练掌握技术以后，并发症发生率显著降低。Bali 等[19]报告了前 200 眼时，10.5% 眼显示存在小型前囊膜切迹，8.4% 发生前囊膜放射状撕裂，3.5% 发生后囊破裂，2.0% 发生晶状体核脱落；发现后 50 例得到改善，表明存在学习曲线，患者接口技术的后续改善显著降低了囊膜切开术并发症的数量；后 1500 例报告前囊膜切迹的发生率为 1.6%，前囊膜撕裂为 0.3% 眼，后囊膜撕裂为 0.3%，未发生晶状体核脱落。

关于使用飞秒激光系统引发手术并发症的问题，Roberts[16]评估了经验更为丰富的手术医师，并发现在包含使用 LenSx 眼科飞秒激光手术系统治疗的 1500 眼研究中，前囊膜撕裂的发生率为 4%，后囊膜撕裂的发生率为 3.5%。Nagy[20] 在有关 9 例患者的初步病例系列研究中也使用了相同的 LenSx 眼科飞秒激光手术系统平台，并报告了类似的前囊膜撕裂发生率（4%），而本研究中，前 22 例手术发生了 3 例并发症，此后未发生其他囊膜撕裂的现象。Day[22] 的研究描述了安装相同平台后的初步结局，报告未发生前囊膜撕裂，但发生 3 例后囊膜撕裂。外科医生的经验对手术的结果有影响。基于 LenSx 激光系统平台，外科医生仍在接受专业培训，报告的并发症发生率高达 7%[23]。总之，较于其他平台发生的并发症数量，使用 CATALYS 的并发症发生率最低。

此外，系统的软件和硬件应用程序常需随着技术发展而不断升级，手术医师必须适应这些升级。

本研究尚存在一定的局限性。首先，最主要的是 COVID-19 对患者的招募和入组造成了影响，患者入组缓慢，且限制手术医师在医院开展研究；其次，大多患者来自海南省当地人群，年龄更大且大多患有致密白内障；最后，本研究随访时间较短，仅有 4 周，长期结果不详，但也有研究表明，1 周~1 年的预期数据无大幅变化[17]。

综上所述，在 CATALYS 真实世界证据研究中，尽管存在学习曲线，但囊膜切开术、晶状体粉碎术和角膜切口的成功率仍较高，与 CATALYS 和其他飞秒激光白内障手术系统的全球结局一致，针对我国患者人群开展的海南省 RWE 研究结果被判定为成功，CATALYS 飞秒激光辅助白内障手术可以实现极佳的视觉结局和较低的并发症发生率。

（瞿　佳　陈　蔚　刘密密　姚　晨）

引自《中国食品药品监管》杂志 2021 年第 11 期《三维光学相干断层成像飞秒激光辅助白内障手术在真实世界证据研究中的应用》

参考文献
请扫描二维码查阅

医疗器械皮肤致敏评价动物替代方法的研究进展

引言

医疗器械皮肤致敏是指医疗器械／材料在特定临床应用中，释放出的化合物可能引起皮肤产生过敏性反应。皮肤致敏评价是医疗器械安全性评估的重要内容之一，也是产品有效性的重要保障。

与其他生物学反应不同的是，皮肤致敏的内在分子机制及调控网络已非常清晰。根据皮肤致敏的分子、细胞及器官水平有害结局路径 AOP（Adverse Outcome Pathway），OECD 指南[1]将皮肤致敏过程具体分为分子起始事件 KE1（Key Event 1），即外源物质与皮肤蛋白的共价结合，形成半抗原；进而触发皮肤角质细胞及树突状细胞的关键事件 KE2-3：角质细胞炎症反应 KE2、树突状细胞激活 KE3；活化的树突状细胞迁移至局部淋巴结，并向初始型 T 细胞递呈组织相容性复合物（MHC），从而导致记忆 T 细胞的增殖与分化及器官水平 T 细胞反应 KE4。有害结局路径 AOP 把分子、细胞、组织及器官水平的一系列毒性事件规范化模块化，并强调以事件发生的前后逻辑关系对整个过敏反应进行更为系统科学的评价。

一、国外标准中已收录的皮肤致敏评价动物替代测试方法

基于皮肤致敏 AOP 通路，科学家陆续研发构建了一系列针对不同 KEs 事

件的体外测试方法。早在 2012 年，OECD 即发布皮肤致敏 AOP 及基于 AOP 的部分体外测试方法[2]。随后 OECD 即不断验证并收录各类不同 KEs 测试方法，并对每个事件的新方法进行及时论证增补更新。截止到 2022 年 1 月 10 日，OECD 指南中已经正式收录 8 种不同的体外测试方法（表 3-1-7）。其中，针对化合物蛋白共价结合事件 KE1，OECD 指南 2021 年增补更新了 3 种方法（DPRA/ADRA/ KDPRA，OECD TG442C[3]），测试的准确度均可高达 80% 左右；相较早期收录的传统直接肽反应测试 DPRA，新型氨基酸衍生物反应法 ADRA 和动态直接肽反应测试 KDPRA 在测试稳定重复性及准确性有不同程度的提高；针对角质细胞激活炎症反应事件，OECD 指南中主要收录了两种不同的转基因角质细胞系 KeratinoSens™ 和 LuSens（OECD TG 422D[4]），两种细胞模型均是在人角质细胞 HaCat 中分别导入人或大鼠 ARE-Nrf2 通路的荧光素酶报告系统，通过化合物诱导细胞荧光素酶的表达检测角质细胞炎症反应的强弱。两种细胞皮肤致敏评估的准确度分别为 77%（KeratinoSens™）和 74%（LuSens）；针对树突状细胞激活事件 KE3，OECD 指南共收录 h-CLAT、U-SENS™ 和 IL-8 Luc 3 种方法（OECD TG 422E[5]），准确度均可达 85%~86%，灵敏度均为 90% 以上，但 IL-8 Luc 的特异性较低仅有 41%；为了整合多个事件进行系统评估，OECD 指南 2021 年更新收录了 3 种经典整合策略 2 out of 3 、ITSv1 及 ITSv2（OECD TG 497[6]），整合策略的准确度也高达 80%~84%。

此外，随着新技术新方法的不断涌现，OECD 指南原则也在不断立项论证皮肤致敏评估新方法[7]。其中以重组皮肤为代表的 SENS-IS[8] 方法，通过检测 64 个与角质细胞激活相关的基因表达，致敏评价的准确度甚至高达 96.6%，灵敏度和特异性也分别高达 97.7% 和 95.2%，因表现远远优于已收录的其他方法使其成为 OECD 的重要论证项目；同样被纳入重点论证项目的还有 GARD™[9]，该方法将机器学习与基因表达谱分析相结合，利用常规培养细胞系即可实现 94% 的准确度，且兼具成本低、操作便利性好及易高通量的特点。

随着皮肤致敏体外评估模型及技术的不断发展进步，评估的准确性特异性灵敏度日益提高；若以人致敏数据为参考，部分体外测试方法的准确度特异性及灵敏度甚至超过传统动物实验。ISO 在 2021 年新发布的文件（ISO 10993-10：2021）中，也首次列入 11 种不同来源的皮肤致敏体外评估方法[10]

（表3-1-8），其中有大部分源自OECD已发布或即将发布的方法，小部分为被行业论证的方法。由于实验动物与人的种属差异，体外替代方法大都是以人细胞为模型，具有种属优势。2021年新版ISO标准也明确表示动物替代方法可作为动物试验的有益补充，在化合物早期筛选中尤其推荐使用体外替代方法。

表 3-1-7　OECD 现行及论证中指南

OECD Test Guidance	Latest Update	Test Method	AOP Key Event	Experimental System	Performance		
					Accuracy	Sensitivity	Specificity
TG 422C	2021/6/17	DPRA	KE1	in chemico	80%	80%	77%
		ADRA	KE1	in chemick	79%	74%	92%
		KDPRA	KE1	in chemick	85%	84%	86%
TG 422D	2018/6/25	KeratinoSens™	KE2	HaCaT transgenic cell	77%	78%	76%
		LuSens	KE2	HaCaT transgenic cell	74%	74%	74%
Project 4.107	under review	SENS-IS	KE2	RHE	96.6%	97.7%	95.2%
TG 422E	2018/6/27	h-CLAT	KE3	hCLAT	85%	93%	66%
		U-SENS™	KE3	U937	86%	91%	65%
		IL-8 Luc assay	KE3	THP-G8 transgenic cell	86%	96%	41%
Project 4.106	under review	GARD™	KE3	SenzaCells™	94%	93%	96%
TG 497	2021/6/22	2 out of 3	DA	KE1/KE2/KE3 data	84%	82%	85%
		RTSv1	DA	Derek Nexus	81%	92%	70%
		RTSv2	DA	OECD QSAR Toolbox	80%	93%	67%

RHE: Reconstructed Human Epidermis　　DA: Defined Approach

表 3-1-8　ISO-10993-10 皮肤致敏体外评估方法[10]

Test Method	OECD Guidance	AOP Key Event	Experimental System	Performance		
				Accuracy	Sensitivity	Specificity
DPRA	TG 422C	KE1	in chemico	80%	80%	77%
Keratino Sens™	TG 422D	KE2	HaCat transgenic cell	77%	78%	76%
LuSens	TG 422D	KE2	HaCaT transgenic cell	74%	74%	74%
SENS-IS	Project 4.107	KE2	RHE	96.6%	97.7%	95.2%
IL-18 RhE assay	N/A	KE2	RHE	63%	82%	38%
EpiSensA	N/A	KE2	RHE	90%	94%	78%
SenCeeTox®	N/A	KE2	RHE	84%	81%	92%
h-CLAT	TG 422E	KE3	hCLAT	85%	93%	66%
U-SENS™	TG 422E	KE3	U937	86%	91%	65%
IL-8 Luc assay	TG 422E	KE3	THP-G8 transgenic cell	86%	96%	41%
GARD™	Project 4.106	KE3	SenzaCells™	94%	93%	96%

N/A: Not Applicable

二、新型皮肤致敏评价动物替代方法的研究现状

近几年现代分子生物学技术如 CRISPR/Cas 技术、干细胞技术、单细胞测序、生物信息学及生物大数据分析等取得了突飞猛进的发展和突破。而纵观皮肤致敏 AOP 的分子机制，我们不难发现大部分分子及细胞水平的变化都源自于微观基因表达的变化。因此，越来越多的新型分子生物、细胞生物学技术及数据分析技术开始进入皮肤致敏体外评价方法领域，并成为其源源不断的技术发展动力源泉（表 3-1-9）。

OECD 指导原则[4]中反映角质细胞炎症反应事件的两种转基因细胞模

型 KeratinoSens™ 和 LuSens 均采用随机整合的传统转基因方法所构建，但随着 CRISPR/Cas 精准基因编辑技术的出现，Zhong 等人采用 Cas9 介导精准编辑技术将荧光素酶报告基因精准插入到基因组内源基因特定位点，真正实现荧光素酶报告基因与内源基因的同步表达[12]。由精准基因编辑所建立的 EndoSens™ 模型对化合物皮肤致敏评估的准确性高达 90%，灵敏度和特异性也分别高达 91.7% 和 87.5%，各项指标均优于 OECD 现行指南的两种细胞模型。与随机基因插入相比，精准整合编辑的细胞模型背景更为单一，重复性和稳定性也更好。

相比较细胞模型，重组 3D 皮肤兼容极性和非极性医疗器械提取物。3D 皮肤技术的蓬勃发展也进一步催生了系列基于重组皮肤的新型皮肤致敏评价方法。与 OECD 即将收录的 SENS-IS 模型类似，IL-18 RhE[24]、EpiSensA[25]、Hybrid skin chips[15]、SenCeeTox®[26] 及 SkinEthic™[27] 亦被先后报道。其中 EpiSensA 应用人重组皮肤 LabCyte EPI-MODEL24 和 Epiderm™ EPI-200，仅选择 4 个与角质细胞炎症反应相关基因表达进行定量检测，皮肤致敏评估的准确性就可达 90%。韩国 Lee 等甚至将角质细胞与干细胞为原料，构建皮肤 – 神经模型，实现皮肤致敏的可视化实时定量检测[15]。

不论是细胞还是重组皮肤模型，实现的均是皮肤致敏 AOP 某个单一事件的评估，整合模型概念的提出将系列单一事件进行系统整合，进一步优化评价效果[28]。但传统整合模型大部分侧重逻辑推理或简单算法模型，随着各种不同机器学习模型及算法的深入，整合大数据分析技术，近 3 年涌现了大量不同类型的计算整合评价模型[29]。其中 BN ITS-3、Potency-DA and Hazard-DA 及 SkinSensPred3 种模型算法的准确度都达到 90% 以上。Yuki Otsubo 等围绕预期无诱导皮肤过敏的剂量水平（No Expected Sensitization Induction Level, NESIL）对贝叶斯网络综合测试策略（BN ITS-3）进行优化[21]，优化后的模型对化合物致敏级别的预测准确度提高至 92.6%。为了解决机器学习中数据不平衡的问题，Li 等引入数据再平衡的集成学习模型 SVM-bagging-V6[22]，不仅实现致敏危险预测准确度 90.63% 及灵敏度和特异性达 90% 以上，且致敏强度等级测试的准确率也达到 68.75%，指标均高于 LLNA 方法。为了减少机器学习算法中训练集数据量简化操作，Tung 等引入基于集成树的多任务机器学习算法[23]，所构建的 SkinSensPred 准确性也可达 90.9%。

不论是皮肤致敏单个 AOP 事件的评估，还是整合多个甚至所有 AOP 事件的系统性评估，更加高效科学且更加精准的方法正在持续不断创新。

表 3-1-9　新型皮肤致敏评价动物替代方法

Type	Methods	Experimental System	Performance			Ref
			Accuracy	Sensitivity	Specificity	
KE2	α-Sens	PHK 16-0b transgenic cell	96.4%	95.0%	100.05	[11]
KE2	EndoSens	HaCaT knock-in cell	90.0%	91.7%	87.5%	[12]
KE3	THPG1b	THPG1b transgenic cell	76.5	91.4%	58.8%	[13]
KE4	T cell-based test	Jurkat Clone E6-1	82.7%	79.4%	88.9%	[14]
RHE	Hybrid skin chips	3D hybrid human skin chips		N/A		[15]
RHE	COCAT	HaCaT/THP-1 Coculture	92.3%	100.0%	75.0	[16]
in silico	Skin Doctor CP:Bio	Random forest model		N/A		[17]
in silico	Pred-Skin 3.0	QSAR	89.0%	94.0%	91.0%	[18]
in silico	Soft and Hard Multivariate Modeling	PLS and MOLS	92.0%	N/A	N/A	[19]
in silico	Semi-correlations	Semi-correlation	69%-88%	75%-89%	77%-87%	[20]
in silico	BN ITS-3	Bayesian integrated strategy	92.6%	94.3%	85.3%	[21]
in silico	Potency-DA and Hazard-DA	SVM-bagging	90.1%	90.9%	90.0%	[22]
in silico	SkinSensPred	Transfer learning	90.9%	N/A	N/A	[23]

三、结语

综上所述，医疗器械/材料皮肤致敏评价动物替代方法从皮肤致敏有害结局路径 AOP 出发，将传统的单一生物学终点评价模式转变为致敏进程中不同事件的联合多终点评价，同时结合机器学习算法及模型，智能化拟合各个不同事件对化合物致敏特性进行系统全面整合评估。我国国标 GB/T 16886 因参考 2010 版 ISO 标准，仍未收录体外替代方法。但随着我国医疗器械技术不断发展及规模的日益壮大，其生物学评价的任务和要求也将面临前所未有的挑战。积极鼓励倡导各行各业的新技术新方法在医疗器械皮肤致敏等相关生物学评价中的发展应用，为各类新型评估模型的验证及推广运用提供严谨且科学规范化渠道及窗口，将有效助力我国医疗器械高水平研发的飞速发展。

（冯冬燕　万延斌　郝丽静　徐昕荣　黄黎珍）

参考文献
请扫描二维码查阅

第四章

国际医疗器械监管比较

关于中国医疗器械监管信赖问题的思考

随着生物技术、纳米技术、细胞和基因疗法以及数字医疗等新技术的不断涌现，医疗产品变得更加复杂及多样化。如何应对新兴技术所带来的挑战，对于每个监管机构而言都是一项巨大的挑战。在当今世界，监管体系之间完全可以通过合作来弥合质量、安全、有效性和可及性上的差距。新冠肺炎疫情的大流行更加体现了全球合作的必要性。一方面，为了解决新冠肺炎防治必需医疗器械产品的供应短缺问题，各国药监机构通过不同途径加速相应产品获批上市；另一方面，一些国家却对某些特定产品（如个人防护设备、呼吸机、新冠检测试剂）采取了贸易限制措施。大多数医疗器械产品的供应链十分复杂，跨境价值链及产品自由流通均依托于一个符合国际规则的贸易体系，这对国际监管协同提出了更高的要求。与此同时，在"物联网"时代，远程连接和自动化从需求变成现实。虚拟技术在医疗行业的应用比比皆是，使得国际监管协同显得更为迫切。各国只有在相互信赖和协同的基础上，才能确保患者更快地获得有效的医疗器械产品。因此，国际监管协同可成为未来发展的路径。在此背景下探讨我国医疗器械监管协同的重点和方向具有很强的现实意义。

一、国际监管协同的有关概念

监管协调（harmonization）和监管趋同（convergence）是监管协同的两个主要概念。前者指的是各监管机构采用相同技术指南的过程，后者指的是随着时间的推移，不同国家和地区的监管要求和方法日趋相似或一致的过程[1]。近年来，为加强监管资源的有效利用，促进优质医疗技术服务于患者需求，监管协同已经成为世界卫生组织（WHO）、国际医疗器械监管机构论坛（IMDRF）、全球医疗器械监管法规协调会（GHWP）、全球协调工作组

（GHTF）等机构广泛提及并倡导的概念。与此同时，WHO 也提出，监管协同不是一蹴而就的，而实现协同的有效策略之一就是监管信赖[2]。WHO 在《医疗产品监管的良好信赖实践：高层级原则与考虑》（Good Reliance Practices in the Regulation of Medical Products：High Level Principles and Considerations）中对监管信赖提出了一个阶梯式的模型（图 4-1-1）[3]。

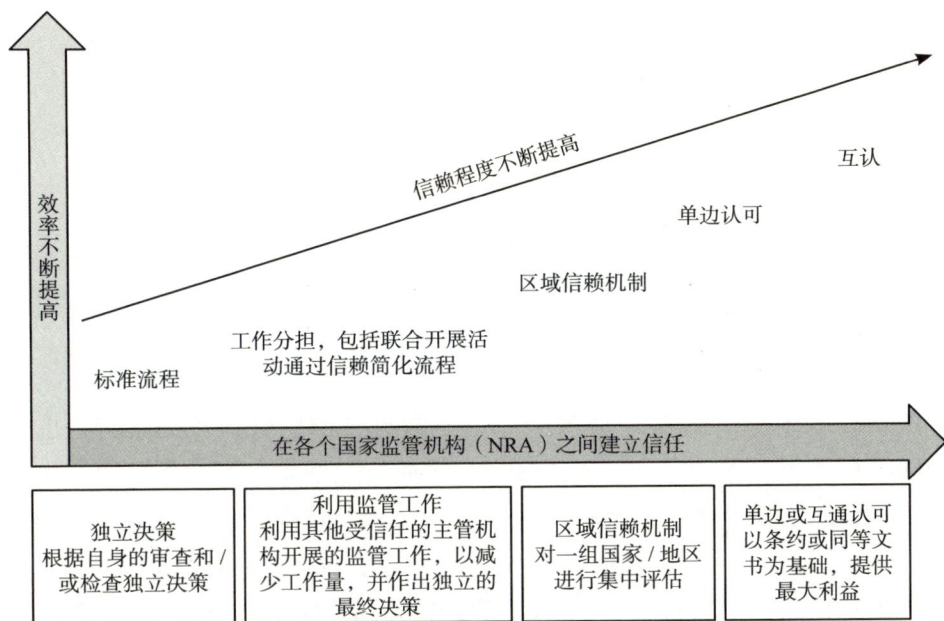

图 4-1-1　世界卫生组织监管信赖模式图

根据 WHO 定义，监管信赖是指一个司法管辖区的监管机构［信赖机构（Relying Authority）］在决策过程中考虑并重视（即完全或部分信赖）另一监管机构或权威机构［参考机构（Reference Authority）］的工作成果，例如后者的检查报告或科学评估报告等。值得注意的是，即使信赖机构信赖参考机构的决策和信息，仍对自己作出的决策负有责任。认可意为一个司法管辖区的监管机构常规接受另一监管机构或其他权威机构的工作成果及监管决策。认可意味着，符合 A 国监管要求的证据足以满足 B 国的监管要求。监管机构之间的认可有单边、双边及多边认可的形式[4]。

随着各监管机构之间信任程度的不断增加，监管机构之间从标准流程、单边信赖、区域信赖，逐步过渡到单边认可或互认。

监管信赖最基本的形式是利用另一监管机构已完成的工作来协助本国的

监管决策过程，同时保持其对医疗产品审批的独立性。更高级的信赖形式是基于协议或互认条款，正式接受另一监管机构的决策，不再重复进行技术审评。WHO 建议要建立一套对监管信赖实践的管理原则，其中包括普适性、决策自主性、透明性、符合国家和区域的法规、一致性，以及必要的监管能力。

必须强调的是，监管信赖并不要求信赖机构放弃自己的独立管辖权。因此，信赖机构仍应保证决策的自主性，对决策负责并在必要时作出解释。是否实施信赖原则及如何实施取决于一个国家的药品监管部门。

二、部分国际医疗器械监管信赖的案例

WHO 于 2021 年推出了《良好监管信赖实践指南》（Good Reliance Practices）。在实践中，全球范围内已经有一些成功的监管信赖案例。

医疗器械单一审核程序（Medical Device Single Audit Program，MDSAP）是 IMDRF 机制下针对医疗器械的一个非常成功的监管信赖的案例，也是 IMDRF 的协调项目之一。目前 MSDAP 的成员包括澳大利亚、巴西、加拿大、日本和美国，MSDAP 允许医疗器械制造商只接受一次质量管理体系审核，即可满足五个参与国的标准和法规要求。MDSAP 可以减轻医疗器械制造商多重法规审核的负担，提供可预测的审核计划，优化监管资源配置并有利于产品进入多国市场[5]。

IMDRF 成员也不乏监管信赖的实践。例如，新加坡卫生科学局（HSA）对获得海外参考机构上市许可的医疗器械给予相应的简略审评或快速审评路径[6]。澳大利亚治疗产品管理局（TGA）对其海外参考机构批准的医疗器械产品开放简略审评通道[7]。

在发展中国家，监管信赖的运用也有很多典型案例，其中，WHO 预认证项目就是一个代表案例。该项目始于 2001 年，目前涉及产品范围包括药品、疫苗、免疫及冷链设备、体外诊断试剂、男性包皮环切器、病媒控制产品[8]。预认证项目通过信息交换、监管机构之间审评报告的分享等方式使得 1500 多个基本医疗卫生产品通过认证。以药品为例，目前有 710 个药品通过预认证，其中 50% 是通过合作注册流程完成的，即在 90 天之内完成注册，大大提升了审评工作的效率[9]。

受新冠肺炎疫情的影响，东盟国家的监管信赖进程也开始加速。最有代表性的就是自 2020 年启动的"新加坡 - 泰国监管信赖试点"项目。为利用监管新途径应对监管机构面对的挑战并提高医疗器械的可及性，2019 年初，亚太医疗技术协会（APACMed）开始推动新加坡卫生科学局与泰国食品药品监督管理局（简称"泰国食药监局"）之间的医疗器械监管信赖试点项目[10]。实际上，在新冠肺炎疫情暴发之前，泰国食药监局就曾派员前往新加坡进行调研并熟悉有关评估流程。受新冠肺炎疫情的影响，这一进程在 2020 年迅速加快。该试点的第一阶段于 2020 年 9 月实施，泰国食药监局基于"先到先得"的原则，提出接受 12 份医疗器械注册申请。加入试点须满足以下条件：

（1）产品类别应为 C 类或 D 类医疗器械。

（2）依据泰国旧版法规具有进口许可证的医疗器械可以重新提交注册申请（以加速现有医疗器械的再评估，顺利过渡到 2021 年 2 月实施的新法规）。

（3）应为已在新加坡卫生科学局注册的医疗器械。

第一阶段试点结束之后，泰国食药监局在 2021 年 2 月宣布实施第二阶段试点，申请者应满足下述资格：

（4）产品类别为 B 类、C 类或 D 类医疗器械。

（5）除上述分级外，所申请的医疗器械须属于以下类别之一：新冠病毒检测试剂盒，有源植入器械，自动体外除颤仪，含有动物细胞、组织、细胞 / 组织衍生品和 / 或微生物或重组来源的衍生品。

（6）应为已在新加坡卫生科学局注册的医疗器械。

目前，新加坡 - 泰国试点已经成为一个固定的合作机制，并形成了良好的示范效应。2022 年 6 月 1 日，泰国食药监局发布公告，对于已经在新加坡注册过的 B、C、D 类医疗器械厂商申请在泰国注册，泰国食药监局将与新加坡卫生科学局合作开展审评审批，因此产品的平均审批时间将正式从 150 天缩短到 60 天，注册费将降低 1500 美金左右[11]。

在东盟的监管信赖进程中，一些东盟国家逐步将中、日、韩等国家纳为医疗器械快速审批的参考对象。例如，2021 年 11 月，越南在医疗器械注册管理第 98 号法规（98/2021/ND-CP）中涉及"C 类及 D 类医疗器械注册"的部分指出，如医疗器械产品在一些国家获得自由销售证书或上市许可，可进入快速审评审批通道，被参考的对象包括美国、澳大利亚、日本、欧盟成员国、英国、瑞士、中国和韩国的药品监管机构[12]。

2022 年 5 月 26~27 日，由 GHWP 和亚太医疗技术协会联合主办的监管变革国际研讨会在新加坡举行，参会的十余个药品监管机构就监管信赖的益处作了阐述。与会专家一致认为，监管信赖有利于实现以下目标：①减少监管机构的重复劳动，提高监管效率；②增加审批工作的可预测性，使得资源可用于其他监管环节；③加快急需医疗产品的可及性；④通过监管信赖进一步加强监管机构的能力建设。亚太地区监管信赖最大的趋势是，从中长期来看，会有越来越多的亚太国家加入试点机制，并呈现较为灵活的监管信赖方式，搭建起一个亚太地区广泛的合作和监管信赖网络。在此过程中，亚太医疗技术协会也正在与 WHO、IMDRF、GHWP 等国际机构合作，加强该话题的研究和在实践中的探索。

三、关于中国医疗器械国际监管协同的思考

2018 年，我国国家药品监督管理局首次担任 IMDRF 轮值主席，牵头国际监管标准制定，并推动两个由我国倡议的医疗器械项目立项，助力医疗器械研发。下一步，中国也将在 GHWP 框架下发挥更大作用。

今后，建议从以下方向进一步提升我国医疗器械国际监管协同合作：

（1）加强对监管信赖问题的研究。监管信赖是实现全面监管协同的一种较为高效的方式。信赖的优势在于可以为所有的利益相关方带来便利，实现安全高效医疗技术的全球快速可及，提升监管体系并优化资源的配置。全球监管协同是一个长远的目标，监管信赖是一个有效的工具。因此，中国可进一步加强对监管信赖模式的研究，参考国际监管信赖模式，并在实践中积极探索不同的监管信赖模式，将有助于优质医疗技术产品的"引进来"和"走出去"。

（2）搭建吸纳多个相关方的工作架构。考虑与国内外学术界及产业界携手打造监管科学国际合作联盟。依托学术和产业界加大中国最新医疗器械法规对全球，尤其是亚太地区的分享，以便建立监管机构之间的信任，有效开展监管对话。

（3）在具体工作上，一方面继续积极推动 IMDRF 有关标准的转化[13]，另一方面探索在 GHWP 框架下与其他成员的监管合作，包括推动监管信赖试

点，开展双向医疗器械法规能力建设，加强诊断试剂、数字医疗等我国优势产品的国内外法规协同，如涉及体外诊断试剂变更管理、临床试验、紧急使用授权，医学影像人工智能辅助诊断、数字疗法、人工智能医疗器械等的法规协同。

四、结语

医疗器械领域的国际监管协同是大势所趋。本文从医疗器械监管协同的理念和意义出发，以全球监管信赖的典型案例为基础，重点介绍了新加坡卫生科学局与泰国食药监局的监管信赖试点项目及医疗器械监管协同在亚太地区的最新进展，为我国深入参与亚太地区及全球监管国际合作提供参考。下一步，我国在 IMDRF 和 GHWP 等全球监管协同机制框架下深入参与国际规则制定，将有利于包括中国在内的亚太地区企业更好地发挥医疗技术应有的作用，使得先进医疗技术更好更快地惠及患者。

（张　黎）

参考文献
请扫描二维码查阅

用于医疗器械开发的
机器学习质量管理规范：指导原则

美国食品药品监督管理局（FDA）、加拿大卫生部（HC）以及英国药品与健康产品管理局（MHRA）于 2021 年 10 月 27 日宣布共同确定了 10 项指导原则，为制定机器学习质量管理规范（Good Machine Learning Practice，GMLP）提供指导。这些指导原则将有助于加强应用人工智能（artificial intelligence，AI）和机器学习（machine learning，ML）的医疗器械的安全性、有效性和质量水平。

AI 和 ML 技术能够从日常医疗服务中产生的大量数据中获得新的重要信息，有可能为医疗保健带来变革。AI/ML 使用软件算法在真实世界使用中学习，在某些情况下可以利用已有信息来提高产品的性能。但是，由于 AI/ML 技术的复杂性以及技术开发过程中迭代和数据驱动的性质，也带来了独特的挑战，需要特殊的考量。

这 10 项指导原则旨在为制定 GMLP 奠定基础，以处理这些产品的独特性。他们还将有助于在这个快速发展的领域培育未来的增长。

指导原则确定了国际医疗器械监管机构论坛（IMDRF）、国际标准组织和其他合作机构可以共同推进 GMLP 的领域。合作的领域包括研究、创建教育工具和资源，以及国际协调和共识标准，为监管政策和监管指南提供信息。

这些指导原则可以用来：

（1）采纳已在其他领域经过证明的质量管理规范。

（2）修改其他领域的管理规范，使其适用于医疗技术和医疗保健领域。

（3）创建适用于医疗技术和医疗保健领域的新规范。

随着 AI/ML 医疗器械领域的发展，GMLP 最佳实践和共识标准也必须随之发展。为了支持利益相关方顺利推进该领域的创新，国际监管机构之间的紧密合作尤为重要。因此，希望此次合作项目能为更广泛的国际合作奠定基础，包括与 IMDRF 的合作。

确立的 10 项指导原则包括：

1. 在产品全生命周期中应用多学科专业知识

深入理解模型与临床流程的预期集成，以及预期获益和相关的患者风险，可以帮助确保 ML 驱动的医疗器械安全有效，并解决在器械的全生命周期内具有临床意义的需求。

2. 实施软件工程与安全质量管理规范

在模型设计过程中注重一些基本要素，包括软件工程质量管理规范、数据质量保证、数据管理和强有力的网络安全规范。这些规范涵盖有条理的风险管理和设计过程，以便通过恰当的方式获取和沟通设计、实施以及风险管理方面的决策和理由，并确保数据的真实性和可靠性。

3. 临床研究受试者和数据集能够代表目标患者群体

数据收集方案应在临床研究、训练和测试数据集中通过足够大的样本量充分体现目标患者群体的相关特征（如年龄、性别、种族和民族）、使用和测量输入，从而可以将结果合理地推广到相关人群。这对于管理偏差、开发适合目标患者群体的适当和可推广的性能、评估可用性以及确定模型可能出现问题的情况等非常重要。

4. 训练数据集独立于测试集

训练数据集和测试数据集的选择和维护应保证两者之间适当的独立性。应考虑并解决所有潜在的依赖来源，包括患者、数据采集和现场因素，以确保独立性。

5. 运用现有最佳方法选择参照数据集

用公认的现有最佳方法开发参考数据集（即参考标准），可确保收集到临床相关和具有明确特征的数据，并了解参考数据集的局限性。如果可行，应在模型开发和测试中使用公认的参考数据集，以加强和证明模型在预期患者人群中的稳健性和泛化能力。

6. 根据可用数据进行模型设计并反映器械的预期用途

模型设计适用于现有数据，并支持主动降低已知风险，如过拟合、性能下降和安全风险。充分理解与产品相关的临床获益和风险，并用于推导出具有临床意义的测试性能目标，帮助产品安全有效地实现其预期用途。考虑因素包括全局和局部性能的影响、器械输入和输出的不确定性 / 可变性、预期患者人群，以及临床使用条件等。

7. 关注"人智团队"（Human-AI Team）的交互协作

当模型中涉及人的参与时，人为因素的考量以及人对模型输出的解释都需要重点关注"人智团队"的交互协作，而不仅仅是孤立的模型性能。

8. 测试能够在临床相关条件下展示器械性能

制定和执行具有统计学意义的测试计划，以获得独立于训练数据集的与临床相关的器械性能信息。考虑因素包括预期的患者人群、重要的亚组、临床环境和"人智团队"的使用、测量输入和潜在的混杂因素。

9. 为用户提供清晰、必要的信息

用户可以随时访问适合目标受众（如医护人员或患者）的清晰易懂的信息，包括产品的预期用途和使用适应症、模型针对适当亚群的性能、用于训练和测试模型的数据特征、可接受的输入、已知的限制、用户界面解读以及模型与临床工作流程的整合。用户还应被告知通过真实世界性能监测而进行的器械变更和更新、作出决策的基础（如有），以及与开发人员沟通产品问题的方式。

10. 监测已应用模型的性能并实施再训练风险管理

已应用的模型可以在"真实世界"使用中受到监测，重点关注其保持或提高安全性和性能的能力。此外，已应用的模型接受定期或持续训练时，应有适当的控制措施，对"人智团队"使用时可能影响模型安全性和性能的过拟合、意外偏差或模型退化（如数据集漂移）等风险进行管理。

（编译：李晶华）

FDA 的医疗器械监管科学：
最小负担原则及应用

近年来，医疗器械产业发展迅速，医疗器械产品数量快速增长，对监管提出了新的要求和挑战。其中一个挑战就是，医疗器械行业的发展速度远远超过监管资源的增长速度。我国医疗器械市场已经逼近发达国家医疗器械市场规模[1]。美国 FDA 器械和辐射健康中心（CDRH）器械审评员数量为 867人，日本药品医疗器械综合机构（PMDA）为 500 人，我国国家药品监督管理局医疗器械技术审评中心（简称器审中心）为 126 人[2]，而我国医疗器械年均注册数量大约是美国的 3 倍、日本的 8 倍。如何在保证申请注册的医疗器械产品安全、有效的前提下提高注册工作效率，是各国监管机构迫切需要解决的问题。

美国 FDA 制定了最小负担原则，并围绕最小负担原则采取了一系列举措，旨在减轻行业和监管部门的负担，使医疗器械产品尽早上市，造福患者。目前我国没有针对最小负担原则的研究，故本文对美国 FDA 最小负担原则的法律地位、概念与原则、应用范围以及在注册管理中的应用进行调研和分析，针对我国的监管实际提出建议，以期为我国医疗器械注册审评审批制度改革和法规制修订提供借鉴。

一、背景

美国 FDA 致力于通过加快开发、评估、审查和监督过程，帮助患者更及时地获得新的医疗器械并能够持续使用高质量、安全和有效的现有医疗器械，以符合其保护和促进公众健康的法定使命[3]。通过简化监管流程，消除或减少与 FDA 监管活动相关的不必要负担，患者可以更早且持续获得有益的产品。为此，FDA 提出并持续推动最小负担原则，至今已经 20 多年，经历了从提出目标、落实推进到不断完善的历程。FDA 最小负担概念和原则的法规演进见图 4-1-2。

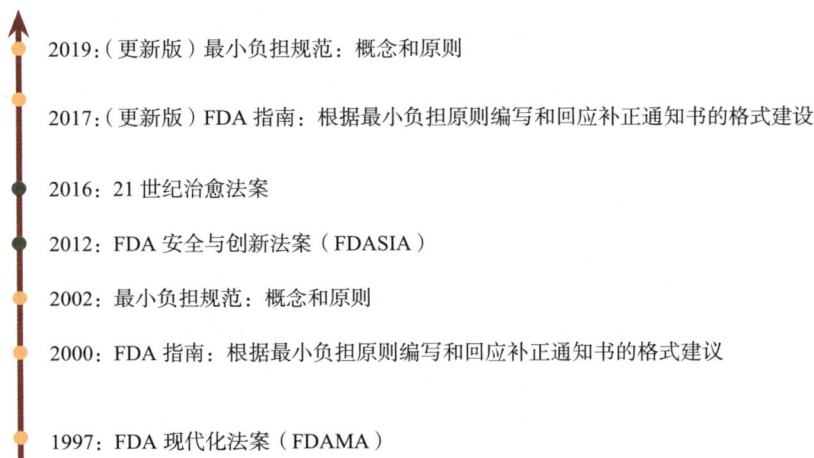

2019：（更新版）最小负担规范：概念和原则

2017：（更新版）FDA 指南：根据最小负担原则编写和回应补正通知书的格式建设

2016：21 世纪治愈法案

2012：FDA 安全与创新法案（FDASIA）

2002：最小负担规范：概念和原则

2000：FDA 指南：根据最小负担原则编写和回应补正通知书的格式建议

1997：FDA 现代化法案（FDAMA）

图 4-1-2　FDA 最小负担概念和原则的法规演进

1. 立法

1997 年美国国会首次将最小负担条款加入联邦法案［Food and Drug Modernization Act（FDAMA）of 1997］，指示 FDA 在医疗器械上市前审批中采取最小负担方法，以消除可能延迟有益新产品上市的不必要负担，但同时保持有关器械许可和批准的法定要求[4]。

2. 编制指导原则

2000 年 11 月 2 日 FDA 发布了《根据 FDAMA 最小负担原则编写和回应补正通知书的格式建议》（*Suggested Format for Developing and Responding to Deficiencies in According with the Least Burdensome Provisions of FDAMA*）。补正通知书是 FDA 在审评过程中发给企业，要求其提供补充信息的信函。根据最小负担原则，该指导原则建议 FDA 工作人员使用特定的格式来编写补正通知书。

2002 年，FDA 发布了针对最小负担的指导原则文件《1997 年 FDA 现代化法案的最小负担规范：概念和原则》（*The Least Burdensome Provisions of the FDA Modernization Act of 1997：Concept and Principles*）。该指导原则指出，虽然 FDAMA 的最小负担规范仅适用于上市前申请（PMA）和上市前通告

［510（k）］，但 FDA 认为所有的上市前监管活动均应遵守最小负担原则。该文件还定义了"最小负担"一词，并提出了行业和 FDA 工作人员在 PMA 和 510（k）审查中运用最小负担原则的建议方法，包括侧重于上市许可的法定和监管标准[5]。

3. 持续加强立法地位

2012 年国会在《FDA 安全与创新法案》（*Food and Drug Administration Safety and Innovation Act*）中明确了最小负担的标准[6]。2016 年国会在《21 世纪治愈法案》（*21st Century Cures Act*）中进一步澄清了最小负担原则在医疗器械上市前审评中的实施方法[7]。具体包括：①确保 FDA 所有上市前审评人员及其主管接受培训，熟悉有关最小负担要求的意义和实施方法；②对培训进行审计；③获取医疗器械生产商对 FDA 执行最小负担原则的反馈；④在要求申报方提供与产品申报有关的补正信息时，应在保证器械的安全性、有效性得到合理确认的前提下考虑最小负担方法；⑤应考虑上市后信息在以最小负担方法对产品安全性、有效性进行合理确认中的价值；⑥所有被接受的最小负担方法均不能改变器械上市的审批标准。

4. 进一步完善指导原则

2017 年 FDA 发布了 2 份指导原则，分别是《最小负担规范：概念和原则（草案）》［*The Least Burdensome Provisions：Concept and Principles（Draft）*］（2017 年 12 月 15 日）和《根据最小负担原则编写和回应补正通知书的格式建议》（*Developing and Responding to Deficiencies in Accordance with the Least Burdensome Provisions*）（2017 年 9 月 29 日）[8]。

2019 年 FDA 发布了《最小负担规范：概念和原则》（*Least Burdensome Concept and Principles*）指导原则终稿（2019 年 2 月 5 日），取代 2002 年发布的《最小负担指导原则》。FDA 认为，应将最小负担原则作为一项持续的政策，广泛用于上市前和上市后的器械监管活动，以消除或减轻不必要的负担，使患者能够及早并持续获得高质量和安全有效的医疗器械。该指导原则反映了 FDA 在医疗器械产品全生命周期中应用最小负担原则的理念。最小负担原则始终以科学为基础，坚持其立法初衷，采用替代方法，高效利用资源来有效地解决监管问题。该指导原则还提出了在上市前和上市后环节中，FDA 和企业在与器械相关的申请和与 FDA 的交流中实施最小负担原则的方法实例[9]。

二、最小负担的概念和原则

根据 FDA《最小负担规范：概念和原则》（2019 年 2 月 5 日），最小负担的定义是"用最少量的必要信息，在适当的时间、以最有效的方式，恰当地解决相关监管问题或事项。"

具体原则主要为 7 条，分别是[10]：① FDA 将要求提供必要的最少信息，以充分解决当前监管环节中遇到的问题或事项。②企业在提交资料（包括上市前申报资料）时，应保证 FDA 审评负担最小：企业应提交有序、清晰、简洁的信息；企业不应向 FDA 提交与监管决定无关的信息；企业在遵循 FDA 指导原则建议时，应在递交资料中注明所使用的相关 FDA 指导原则文件。③ FDA 将采用最有效的方法解决监管问题和事项：FDA 将采取所有合理的措施来简化流程和政策，并在适当的时间范围内作出监管决策，例如遵循 MDUFA 的绩效目标；FDA 将尽可能常规性地使用正式和非正式的交流方式来解决问题；FDA 计划采用适用于具体情况和需求的合理方法来解决监管问题和事项，企业也应该采用相同的做法；FDA 将适当考虑企业回复 FDA 监管问题需花费的时间和资源问题。④全生命周期的审评策略：企业应适时提供恰当的信息，用于解答当时的监管问题。比如，FDA 将考虑在适当和可行的情况下通过收集上市后数据来减少上市前的数据收集，企业也应考虑相同的做法。⑤ FDA 监管方式应与技术发展相适应，充分考虑技术的创新周期、证据需求和患者及时受益。⑥ FDA 将在合理和可行的前提下利用和参考其他国家的数据和监管决策。⑦ FDA 将在国际医疗器械监管趋同和协调工作中应用最小负担原则，如积极参与开发、认可和使用国际组织和其他标准制定机构发布的志愿共识标准。

三、最小负担原则在医疗器械监管中的应用

最小负担原则适用于所有医疗器械以及与任何医疗器械监管相关的所有活动，包括：① PMA、510（k）、重新分类申请、人道主义器械豁免（HDE）

申请和试验用器械豁免（IDE）申请；②《临床实验室改进修正案》（CLIA）豁免申请；③索取信息通知书或重大补正通知书；④问题递交，包括预提交申请；⑤关于医疗器械开发的非正式或互动咨询；⑥专家审评和建议；⑦上市后监测，包括医疗器械报告（MDR）和上市后研究；⑧重新分类和510（k）豁免；⑨指导原则文件及其应用；⑩合规相关的沟通；⑪法规编纂。

1. 最少量必要信息

（1）降低临床数据来源限制

利用现有临床数据，包括同行评审文献、利用真实世界数据（RWD）和境外数据。例如，基于已发表的文献和有完整临床记录的人文关怀病例，FDA批准了一项治疗小儿食道闭锁的人道主义器械豁免（HDE）申请[11]。

在许多器械的510（k）提交资料中，同行评审的文献已被用于支持扩大适应证使用或其他标签变更。例如，利用现有的成人临床数据外推医疗器械在儿童中的应用[12]。

真实世界数据是从各种常规医疗服务中收集的与患者健康状况和／或医疗服务有关的数据，可能来源于电子病历（EHR）、登记信息和医疗行政索赔数据。通过在常规医疗服务中广泛使用医疗器械唯一标识（UDI），各种来源的数据可被收集和分析。例如，一个包括囊性纤维化病变患者登记系统的公开数据库被用于支持510（k）中报告的临床有效性[13]。

（2）非临床研究

FDA遵守自下而上的数据要求方法，虽然临床数据有时可能是满足监管要求的必要条件，但在适当的情况下，应考虑使用非临床数据替代临床数据。在要求临床数据之前，应考虑是否能使用描述性信息、体外研究、计算机建模和模拟，和／或动物实验数据来解决相关监管问题。

①自下而上的数据递交方法：FDA在考虑上市申请时，通常需要申请人补充额外的信息。要求提供的补充信息，俗称补正，可能包括补充的描述性信息、非临床或临床性能数据。FDA的补充数据要求应遵循逐步的分析法过程，确保每项要求都反映最小负担原则。根据补正通知书指导原则，每一个补交要求应确认已提交的资料，解释现有资料不足的原因，解释补交资料与监管决策的相关性，并明确提出要求补交的资料。例如，在510（k）提交资料过程中，FDA应首先考虑描述性信息是否充分。虽然只有少数510（k）提交资料仅依赖于描述性信息，但FDA和企业应考虑此方法。例如，在一些

骨科骨板和螺钉的 510（k）提交资料中，由相同或相似材料制造的器械之间的尺寸分析被用于支持实质性等同的结论。当描述性信息不充分时，FDA 和企业应考虑非临床性能检测或使用临床样本的分析研究是否可以回答实质性等同问题。当其他形式的非临床实验室性能检测不足以证明实质等同时，通常要求进行非临床动物和 / 或生物相容性研究。当分析或非临床实验室测试、或非临床动物实验和 / 或生物相容性研究不足时，FDA 可要求提供临床性能数据[14]。

②利用计算机建模和仿真研究（CM&S）：在适当情况下，应利用计算机建模和仿真（Computer Modelling and Simulation，CM&S）来支持医疗器械的安全性和有效性评估，作为传统的台架试验或动物性能测试的替代或补充。CM&S 可以减少设计验证的时间和成本，并可用作设计确认的工具。例如，CM&S 已被用于预测心血管和骨科器械在模拟载荷条件下的机械性能。此外，CM&S 已用于估算患者接受磁共振成像（MRI）检查时所吸收的射频能量，由此评估医疗器械的安全性[15]。

③实验室检验数据的使用：在适当情况下应考虑接受以非临床数据代替临床数据，如利用组织模型测试影像诊断产品的成像性能、评价植入物的磁共振成像兼容性，以及来自高强度治疗超声的组织效应。

（3）接受替代评价方法

解决一个特定审评问题可能有不同方法，应考虑选择满足审评要求的最小负担方法。其中之一是运用科学原理避免重复测试，常用的是生物相容性。在适当情况下，FDA 和企业可采用美国之外的临床数据或大规模动物安全性研究来证明某些生物相容性终点。另一个是考虑缩小适应证范围。如果提交的证据不支持标签声明或预期用途，FDA 和企业可以讨论支持适应证的证据，从而支持产品缩小适应证范围上市。

2. 最有效的方法

（1）减轻传统临床研究负担

在适当的情况下，可以考虑具体器械采用历史对照组、非比较性结局研究、受试者自身对照、客观性能标准（objective performance criteria，OPC）、性能目标（performance goal，PG）或适应性研究设计（包括 Bayesian）等方式[16]。

（2）使用获益 – 风险评估

最小负担原则与 FDA 在医疗器械监管决策中权衡获益和风险的方法一致。在所有监管过程中，医疗器械的获益和风险都存在一定的不确定性。在某些情况下可以接受较大的不确定性，如潜在获益高（例如突破性器械）或潜在风险低时。

在确定器械的安全性和有效性时，FDA 会综合考虑疾病特征、获益及风险程度、不确定性及患者意愿等。当 FDA 确定潜在获益大于潜在风险，并且该器械的研究结果有临床意义时，可能会作出积极的决定。例如，尽管一种二尖瓣修复器械在临床研究期间和国外使用病例中出现了严重不良事件和死亡事件，但 FDA 确定，该产品对预期寿命和生活质量较低的患者群体的潜在获益大于潜在风险。经过获益 – 风险评估，FDA 认为该器械用于这一特定的患者群体时，能够合理保证安全性和有效性[17]。

（3）优化流程及减轻审评负担

最小负担原则也适用于简化监管流程，提高效率。FDA 已经实施了几项政策和措施，以减轻行政负担，消除重复劳动，节省 FDA 和企业的资源。

①减少重复申报。将多个器械或多个适应证捆绑提交或使用合并申请可以避免注册资料的重复提交和审评，通过一次审评有效地解决共同的科学和监管问题[18]。

②提高申报效率。通过特殊和简化 510（k）路径证明实质性等同，减轻申报负担。特殊 510（k）程序利用质量体系（QS）法规和设计控制，而简略 510（k）程序依托于 FDA 指导原则文件[19]。另外，PMA 年度报告可用于对不会影响安全性和有效性的设计、标签和工艺变更进行总结，FDA 依此决定该变更是否需要提交 PMA 补充申请。最后，采用电子申报资料也有助于提高申报的效率。

③医疗器械开发工具（MDDT）。MDDT 是用于评估医疗器械的有效性、安全性或性能的方法、材料或测量工具；经 FDA 认定，可用于简化器械开发和监管评价。在认定后，MDDT 可以有效地支持 FDA 在特定应用场景下的器械监管决策，减少器械的开发成本和 FDA 审查时间，因为使用这些方法不需要 FDA 每次都审查其有效性[20]。例如，FDA 对两份患者报告结果量表进行了认定，这两份量表即可用于支持器械申报。

（4）智慧监管

智慧监管是 FDA 在解决特定问题尤其是医疗器械发展前沿问题时制定的政策，主要包括：重新分类申请（De Novo）、医疗器械配件新规则、多功能器械产品、软件预认证、一般健康产品、移动医疗应用程序等。

（5）依据共识标准

制定自愿共识标准并获得 FDA 认可，能够让 FDA、企业和其他利益相关方就可用于支持医疗器械安全有效使用的过程、方法和可接受标准达成一致。FDA 将在参与自愿共识标准的制定和认可时考虑最小负担原则。

在没有获认可的共识标准的情况下，审评性能数据需要提交完整的测试方案和数据报告。针对已获 FDA 认可且包含明确有效可靠的检测方法的标准，通过提供符合性声明，申请人和 FDA 可以不必讨论检测方法是否科学有效，而是将资源集中在审查测试结果上。当共识标准既包括明确的检测方法，又包括性能指标和/或检测标准时，符合性声明就有可能取代上市前申报中对检测方法和完整数据的提交和审查。FDA 接受多个标准的符合性声明，对许多通用器械类别不再要求额外提供测试数据来支持注册申报[21]。

（6）国际协调

FDA 将在促进协调工作时使用最小负担原则。国际协调符合最小负担原则，因为它可以使制造商在不重复工作的情况下满足多个国际监管机构的监管要求。FDA 参与国际医疗器械监管者论坛（IMDRF），制定和推进器械监管的关键原则、国际公认的指导原则文件和审计实践，这些实践均支持多区域的监管融合。例如，制定试行统一的注册申报资料的目录（ToC）格式。

医疗器械单一审计项目（MDSAP）也是重要的国际协调举措。MDSAP 应用最小负担原则，通过进行一次审计来满足多个监管区域的要求。其目标是在不同的国际监管机构都分别发起审计时，帮助企业减轻监管负担，最大程度减少监管审计的次数，规避重复的监管要求，避免业务中断。

3. 适当的时间

平衡上市前和上市后的负担是 FDA 践行最小负担原则的目标之一，FDA 在适当的时间提出要求是实现平衡的主要方式。FDA 应只要求企业提供作特定监管决定所必需的信息。要求提供信息时，FDA 应评估获取必要信息的适当时间，并在合理确保器械安全、有效的同时，确定是否可以从上市前评价向上市后评价转移。在确定器械是否适合上市时，应考虑对上市后评价的依赖，如质量管理体系、上市后研究、上市后监测和医疗器械报告。

应用最小负担原则提高效率的一个示例是 FDA 和企业对质量体系法规（21 CFR 第 820 部分）的依赖。制造商可以在不递交 510（k）报告的情况下，对已获许可的器械和标签进行某些设计变更。这种情形平衡了受 510（k）监管器械的上市前和上市后信息，并鼓励 FDA 和企业使用基于风险的评估来确定变更是否会显著影响安全性或有效性[22]。

另一个例子是适时测试：针对试验用器械豁免申请，早期可行性研究的器械评价政策允许在确保受试者受到充分保护的前提下在器械研发的早期阶段启动临床研究。

作为 FDA 在 2014~2015 年度战略重点"取得上市前和上市后数据收集的最佳平衡"的一部分，FDA 审核了需要接受 PMA 审评的 200 种器械产品类别，评估这些器械是否是上市前 / 上市后数据收集转换或重新分类的候选产品[23]。

四、最小负担原则的价值和应用建议

1. 应用最小负担原则有利于推行审评审批制度改革

推行药品医疗器械审评审批制度改革的目标是确保患者获得高质量、安全和有效的医疗器械，以及更好促进更安全、更有效、更经济的医疗器械产品快速应用到临床实践。应用最小负担原则符合改革精神。

成功应用最小负担原则，减轻审评负担，将有限的审评审批资源聚焦于高风险医疗器械产品，从而确保患者获得高质量、安全和有效的医疗器械[24]；成功应用最小负担原则，通过最少量的必要信息、最有效的方式和恰当的时机，可以更好促进安全、有效、经济的医疗器械产品快速应用到临床实践。

最小负担原则作为医疗器械监管科学和审评科学的内容之一，可为其提供新的方法、标准和工具。创建具有中国特色的最小负担原则，其关键点之一在于如何界定和判定"最"，因为无相关标准。相形之下，"减轻（少）负担"可能会提供一个较为稳妥的提法。

2. 最小负担原则与注册审评的其他原则协调一致

医疗器械注册审评已经设定了 3 个基础原则，分别是全生命周期原则、安全有效基本原则和获益风险评价原则。从 FDA 推行最小负担原则的实践来看，最小负担原则更早于全生命周期原则和获益风险评价原则，是相互推动和促进的关系。例如，最小负担原则强调平衡上市前和上市后数据的收集，与全生命周期原则一致；最小负担原则强调不降低法规要求的安全有效标准，与安全有效基本原则一致[25]；最小负担原则强调获益风险评价的作用，与获益风险评价原则目标一致[26]。

审评是基于信息的决策科学。信息涉及输入、处理和输出。全生命周期原则用于信息流的全链条，安全有效基本原则用于信息输入，获益风险评价原则用于信息处理。最小负担原则也是基于信息的原则，从信息处理的角度提出有效的方式、合适的时机、必要的信息，因此最小负担原则也是基于信息的科学，属于审评科学体系。

3. 最小负担原则的落地需要法规体系支持

作为一项原则，其落地需要系统性的政策和配套文件推动。20 年间，FDA 先后在《FDA 现代化法案》《21 世纪治愈法案》等 3 部法案中持续加强其立法地位，同时对符合最小负担原则的 44 项工作制定指导原则。一方面表达了推行最小负担原则的力度和决心，另一方面也是客观将最小负担原则落地到医疗器械的全生命周期、全监管系统。

因此，建议在《医疗器械注册管理办法》等相关法规中持续给予最小负担原则以立法地位，同时将最小负担原则嵌入器审中心正在推行的全方位改革中。一是梳理我国现行指导原则体系，汇总符合最小负担原则的指导原则，表明药监系统推行最小负担原则的决心；二是研究制定新的指导原则，进一步推动最小负担原则落地。

4. 践行最小负担原则的方法

（1）简明扼要的补正通知书。企业在申请过程中的最大期待是补正通知书的确定性。建议器审中心按照最小负担原则制定补正资料要求指导原则文件，要求补正通知书应简明扼要，提出补正通知书的四要素"证据、差距、原因、期望"。例如：申请资料补正通知书应包括以下部分：①确认已交资料：提供了什么；②指出差距：问题在哪里；③指明原因：为什么需要补充信息；④明确期望：需要补充什么信息。

同时，建议器审中心为审评员提供专业的补正通知书四要素写作基础培训及精进培训，确保补正通知书内容清晰、简明合理。

（2）提升医疗器械标准在产品全生命周期中的作用。我国目前有超过1700 个医疗器械标准[27]，标准的使用可以简化上市前注册申请、上市后监督抽验等工作。尤其是我国医疗器械产品日益国际化的今天，标准是世界各国和地区监管机构广泛认可和使用的最主要技术规范；标准还可以通过创建医疗器械开发、制造和评价的一致性方法来支持全球协调[28]。

在没有医疗器械产品相关标准的情况下，产品技术要求的性能指标和评价方法需要慎重评价。在有医疗器械产品相关标准的情况下，申请人和药监部门可以不需要讨论检测方法是否科学有效，而是将资源集中在审查临床评价资料、风险管理资料等其他注册申报资料上，从而减轻监管部门和行业的负担。

（3）研究争议处理与监督。作为一项新创立的原则，从建立到实施需要经过不断的调整平衡、迭代完善。FDA 用了 20 年时间来持续推进和完善最小负担原则的实践。最小负担原则在具体实施过程中会遇到各种问题，因此有必要建立受审企业和审评机构间的争议处理机制。一是，在具体审评部门内提供申诉复审渠道；二是，设立第三方独立协调员，来协调争议处理；三是，设立最小负担原则相关的评审及监管部门绩效指标，定期监督和考核，形成闭环，并向主管部门提供绩效报告，量化改革成效。

（李　非　孙智勇　张世庆　张　凯　张明东　赵　宇　陈　刚）

引自《中国食品药品监管》杂志 2021 年第 1 期《FDA 的医疗器械监管科学：最小负担原则及应用》

参考文献
请扫描二维码查阅

美国 FDA 基于人工智能 / 机器学习的
医疗器械独立软件行动计划

一、简介及背景

人工智能（artificial intelligence，AI）和机器学习（machine learning，ML）技术能够从日常医疗服务中生成的大量数据中获取新的重要信息，有可能为医疗保健带来变革。为了更好地为医疗服务人员提供服务并改善患者护理水平，医疗器械生产企业正利用这些技术革新产品。将 AI/ML 应用于软件的一个最大优势在于，该技术能够从真实世界使用和经验中学习并提高性能。FDA 的愿景是通过定制基于产品全生命周期的监管流程，使基于 AI/ML 的医疗器械独立软件（Software as a Medical Device，SaMD）能够提供安全有效的软件功能，从而提高为患者服务的质量。

FDA 长期致力于开发和应用创新手段，对医疗器械软件及其他数字医疗技术进行监管。2019 年 4 月，FDA 发布了"基于 AI/ML 的医疗器械独立软件（SaMD）监管框架建议 – 讨论及征求意见稿"。其中描述了针对 AI/ML 驱动的软件修改，FDA 计划实行的上市前审查方法及其考量。讨论文件中阐释的想法充分借鉴了当前上市前程序中的做法，并以一系列现有原则为基础，包括国际医疗器械监管机构论坛（IMDRF）的风险分类原则、FDA 的获益 – 风险框架、软件修改指南中阐述的风险管理原则，以及数字健康软件预认证（Pre-Cert）试点计划中设想的基于组织的产品全生命周期方法。

在建议框架中，FDA 描述了上市前申请中需包含的"预定的变更控制计划"。该计划将包括预期变更的类型，称作"医疗器械独立软件预规范"（SaMD Pre-Specifications），以及相关的实施这些变更的方法，以确保用可控的方式管理患者风险，称作"算法变更方案"（Algorithm Change Protocol）。FDA 希望通过该方法促使生产企业提高透明度，并实施真实世界性能监测，从而使 FDA 和生产企业能够对软件产品从上市前的开发到上市后的性能进行评价和监测。该框架能够让 FDA 在接收基于 AI/ML 的医疗器械所具有的迭代改进能力的同时，提供合理的安全性和有效性保证。

除了描述建议框架外，讨论文件还就这一主题提出 18 个问题，征求利益相关方的一般性和具体性反馈意见。该文件引发了该领域的热烈讨论和其他反应，并且通过公众意见收集档案获得了来自广泛利益相关方的数百条评论。下文提供了这些反馈意见的概要。此外，在同行评议的期刊中也有数篇文章讨论或者提及了该文件中提出的建议框架。2020 年 2 月 25 ～ 26 日，FDA 举办了一场以"AI 在放射成像中日益扩大的作用"为题的公开研讨会，讨论了 AI 在放射成像中的新兴应用，包括用于自动化放射诊断工作流程以及引导图像采集的基于 AI/ML 的器械。在研讨会上，FDA 与利益相关方一起确定了将 AI 应用于放射成像中的获益和风险，并讨论了 AI 自动放射成像软件和图像采集器械验证的最佳实践。

FDA 不断收到大量应用 AI/ML 技术的产品上市申请和预申请，并且预计此类申请会持续增加。此外，自讨论文件发布以来，针对基于 AI/ML 的医疗产品，企业应用文件中描述的"预定的变更控制计划"兴趣强烈。

2020 年 2 月 7 日，FDA 宣布通过 De Novo 途径授予首款应用 AI 引导用户的心脏超声软件上市许可。这一突破性器械备受关注，不仅因其具有开创性的预期用途，还在于生产企业使用了预定的变更控制计划，以纳入未来的修改。

为了回应利益相关方对讨论文件的反馈，FDA 发布此项基于 AI/ML 的医疗器械独立软件行动计划，以满足公共卫生需求，通过基于 AI/ML 的医疗软件促进创新，同时实施合适的监管，并与新成立的 FDA 数字健康卓越中心保持一致性。本文将概述 FDA 收到的利益相关方提供的反馈，并简要介绍行动计划的 5 个部分，其中每个部分都试图解决反馈中涉及的具体问题。虽然此项行动计划侧重于医疗器械独立软件，但对于其他医疗器械领域也具有相关性，包括医疗器械嵌入软件（Software in a Medical Device，SiMD）。

二、基于 AI/ML 的医疗器械独立软件行动计划

在 FDA 长期以来对医疗器械软件和其他数字健康技术监管领域创新工作的支持基础上，FDA 制定了此项行动计划，目的是对利益相关者的反馈作出回应。为了将 AI/ML 讨论文件中的概念付诸实践，对基于 AI/ML 的独立软件和整个领域进行监管，FDA 确定了以下行动：

1. 为基于 AI/ML 的医疗器械独立软件定制监管框架

反馈意见：针对基于 AI/ML 的医疗器械独立软件，利益相关方为进一步改进拟议的监管框架提供了许多建议，包括讨论文件中描述的预定的变更控制计划。

行动计划：通过发布关于预定变更控制计划的指南草案等，更新基于 AI/ML 的医疗器械独立软件拟议监管框架。

讨论文件中提出了一个变更基于 AI/ML 的医疗器械独立软件的建议框架，该框架依赖于"预定的变更控制计划"的原则。如上所述，医疗器械独立软件预规范（SPS）描述了生产企业希望通过学习在"哪些"方面作出改变，而算法变更方案（ACP）解释了算法在保持安全性和有效性的同时"如何"去学习和改变。FDA 为企业变更和改进算法提供了便利，对此利益相关方表示支持，许多开发商也对主动与监管部门沟通其预期器械变更方案表示了热情。利益相关方就预规范和算法变更方案中应包含的要素提供了具体的意见，以确保独立软件及其相关算法在变更过程中保持安全性和有效性。

除了预规范和算法变更方案外，反馈意见也涉及其他领域。反馈意见普遍认为，讨论文件中提出的基于 AI/ML 的医疗器械独立软件的变更类型是相关的和适当的，但是，有反馈意见指出，其他变更类型也应该被纳入这一框架之中。此外，针对预定变更控制计划中的"集中审查"，FDA 还收到了涉及其内容、流程和时间表等方面的问题和建议。

FDA 致力于进一步改进讨论文件中提出的建议框架。鉴于业界对预定变更控制计划的强烈兴趣，FDA 计划针对该领域发布一份指南草案并公开征求意见。该指南草案将对预规范和算法变更方案应包含的内容给出建议，以支持基于 AI/ML 的医疗器械独立软件算法的安全性和有效性。FDA 将会利用其

针对基于 AI/ML 的医疗器械独立软件讨论文件所征集到的反馈建议和从近期提交的申请中获得的经验。预计指南草案将在 2021 年发布。FDA 还将继续在其他方面的改进工作，包括对建议框架下适当变更类型的确定进行修改完善，补充集中审查的细节，例如递交申请和审核的过程以及申请的内容等。对于这些更新工作，来自业界的持续参与和建议仍将发挥至关重要的作用。

2. 机器学习质量管理规范（Good Machine Learning Practice，GMLP）

反馈意见：利益相关方对 GMLP 的理念和重要性持积极和普遍的支持态度，并且呼吁 FDA 通过共识标准和行业倡议等鼓励在 GMLP 制定上的协调统一。

行动计划：鼓励 GMLP 制定方面的协调统一。

讨论文件中使用了"机器学习质量管理规范"，即 GMLP 一词，用于描述一系列 AI/ML 最佳实践（例如，数据管理、特征提取、培训、可解释性、评估和文件记录），类似于软件工程质量管理规范或质量体系管理规范。制定和采用这些最佳实践或管理规范，不仅有利于为行业和产品开发提供指导，而且可以促使生产企业遵守最佳实践和 / 或标准，进而促进对复杂产品的监督。截至目前，已有一些描述可以构成 GMLP 的标准和最佳实践的尝试，包括下文所涉及的内容。利益相关方普遍支持 GMLP 的概念及其重要性，并且要求 FDA 鼓励在 GMLP 制定方面的协调统一，包括建立共识标准、借鉴参考现有的工作流程，以及采纳其他 AI/ML 专业人员的建议。

鉴于 GMLP 的必要性，FDA 积极参与了一系列与其开发相关的标准化和合作项目。例如，FDA 与相关专业协会保持着联络，包括电气电子工程师学会（IEEE）P2801 人工智能医疗器械工作组和国际标准化组织 / 第 1 联合技术委员会 / 第 42 小组人工智能委员会（ISO/IEC JTC 1/SC 42），还参加了美国医疗仪器促进协会（Association for the Advancement of Medical Instrumentation，AAMI），以及英国标准学会（British Standards Institution，BSI）关于在医疗技术中应用 AI 的倡议计划。今年，FDA 正式加入了 Xavier AI 世界联盟协作社区、病理创新协作社区（Pathology Innovation Collaborative Community）和眼科成像协作社区（Collaborative Community on Ophthalmic Imaging）。此外，FDA 还参加了国际医疗器械监管论坛（IMDRF）人工智能医疗器械（AIMD）工作组。

作为本行动计划的一部分，FDA 承诺继续深入与上述组织和社区的合作，鼓励达成共识，促进基于 AI/ML 的技术开发和监管。为了保障医疗器械网络安全，FDA 在制定 GMLP 时与其内部的医疗器械网络安全项目保持密切合作。

3. 以患者为中心，对用户透明

反馈意见：利益相关方呼吁与 FDA 进一步讨论基于 AI/ML 的技术如何与人互动，包括对用户和患者的透明度问题。

行动计划：近期 FDA 就基于 AI/ML 的医疗器械举行了患者参与咨询委员会会议，下一步还将举办公开研讨会，讨论如何利用器械标签扩大对用户的透明度，并增加对基于 AI/ML 器械的信任度。

FDA 认识到，鉴于基于 AI/ML 的器械的独特之处，需要在开发和应用过程中主动采取以患者为中心的方法，考虑到可用性、公平性、信任度和责任等因素。FDA 解决这些问题的方法之一是提高器械功能对用户和患者的透明度。以患者为中心策略的核心就是增加透明度，这对于基于 AI/ML 的医疗器械而言尤其重要，因为此类医疗器械可能随时间变化而不断学习和改变，并且可能并入具有一定模糊性的算法。

很多利益相关方表示，基于 AI/ML 的医疗器械标记是一个独特的挑战，生产企业需要明确描述用于算法训练的数据、器械输入的相关性、所采用的逻辑（如果可能）、器械输出的预期作用，以及设备性能的证据。利益相关方希望 FDA 积极澄清对于医疗器械软件中应用的 AI/ML 技术透明度的立场。

FDA 致力于支持以患者为中心的方法，包括基于 AI/ML 的医疗器械生产企业增加器械功能对用户的透明度，以确保用户了解器械的获益、风险和局限性。为此，2020 年 10 月，FDA 召开了患者参与咨询委员会（Patient Engagement Advisory Committee，PEAC）会议，专门讨论基于 AI/ML 的医疗器械，以便了解影响患者对此类技术信任程度的因素。目前 FDA 正在汇总本次咨询会议期间收集的信息；下一步 FDA 计划举办公开研讨会分享经验，并就如何利用器械标签增加对用户的透明度听取更广泛的意见。为增加对用户的透明度，在确定基于 AI/ML 的医疗器械标记中应包含的信息类型并向生产企业提供建议时，FDA 将考虑收集到的患者意见。FDA 在社区参与方面的举措，如上述提到的开发共识标准及以患者为中心的项目，为增加基于 AI/ML 技术的透明度和信任度提供了支持。

4. 与算法偏差和稳健性相关的监管科学方法

反馈意见：利益相关方描述了改进方法的必要性，以评估和解决算法偏差并提高算法的稳健性。

行动计划：支持监管科学项目，开发用于评价和改进 ML 算法的方法，包括识别和消除偏差以及评估和提高算法稳健性的方法。

偏差和泛化能力不是基于 AI/ML 的器械独有的问题。鉴于许多 AI/ML 算法功能的模糊性，以及人们对此类器械在医疗健康行业中预期作用的期待，有必要认真考虑基于 AI/ML 产品的偏差和泛化能力问题。因为 AI/ML 系统是使用历史数据集中的数据开发和训练的，所以容易受到偏差的影响，并可能会反映数据中存在的偏差。医疗服务常常因种族、民族和社会经济地位等因素的不同而存在差异，因此，医疗系统中的偏差也可能会在无意中被引入到算法中。FDA 认为医疗器械应适用于多种族和民族的患者群体，并且需要提高识别和改进 ML 算法的方法学，包括识别和消除偏差的方法，以及在临床输入和条件变化时维持算法稳健性和弹性的方法。

FDA 正在支持多项监管科学研究项目，开发针对基于 AI/ML 的医疗软件的评价方法。这些研究项目与一流研究机构合作进行，合作对象包括设在加州大学旧金山分校（UCSF）、斯坦福大学和约翰霍普金斯大学的监管科学与创新卓越中心（Center for Excellence in Regulatory Science and Innovation，CERSI）。

5. 真实世界性能（Real-World Performance）

反馈意见：利益相关方阐述了针对 AI/ML 软件的真实世界性能（RWP）监测，需要有明确的指导。

行动计划：与正在进行基于 AI/ML 的医疗器械独立软件 RWP 过程试点的企业开展合作。

讨论文件中提出，针对基于 AI/ML 的医疗器械独立软件的监管，要完全采用产品全生命周期（total product lifecycle，TPLC）的方法，对医疗器械独立软件应用程序的变更可以通过收集和监测真实世界数据来提供支持。收集医疗器械独立软件真实世界使用中的性能数据，可以让生产企业了解其产品的使用信息，进而识别可改进的领域，并对安全性或可行性问题主动作出回应。真实世界数据的收集和监测是一个重要的机制，生产企业可以利用这一机制来降低基于 AI/ML 的医疗器械独立软件变更所带来的风险，以支持上市申请中的获益－风险评诂。

利益相关方提出了许多问题，其中包括：哪种类型的参考数据适合用于实地测量 AI/ML 软件器械的性能？每个利益相关方应承担多少监督义务？应向 FDA 提供的数据数量和提交频次是多少？如何验证和测试算法、模型和声明？如何将终端用户的反馈意见纳入基于 AI/ML 的医疗器械独立软件训练和评估中？总体而言，利益相关方希望在这一领域得到更多明确的答案和指导。

作为本行动计划的一部分，FDA 将在自愿的基础上与利益相关方合作，支持真实世界性能监测的试点工作。该试点将与 FDA 正在进行的其他真实世界数据应用方面的项目协调完成。本项工作旨在帮助 FDA 开发一个框架，用于无缝收集和验证基于 AI/ML 的医疗器械独立软件在真实世界使用中的相关 RWP 参数和指标。此外，本项目所进行的评估可用于确定基于 AI/ML 的医疗器械独立软件 RWP 最关键指标的阈值和性能评估，包括可用于对安全和 / 或可用性问题作出主动反应，也可用于从终端用户处获得反馈。这些项目将会引入公众的参与和互动。

三、结论

通过公众意见收集档案、研讨会和其他社区活动、同行评议的出版物和上市申请递交材料等，FDA 从多种渠道获得了针对基于 AI/ML 医疗软件监管方法的反馈意见。本文所述基于 AI/ML 的医疗器械行动计划正是为回应这些反馈意见而开发的，旨在用多管齐下的方法进一步推进 FDA 对这些技术的监管。FDA 器械与放射健康中心（CDRH）近期宣布成立了"数字健康卓越中心"（Digital Health Center of Excellence），该中心将协调各利益相关方的持续参与，这对本项工作的成功至关重要。

综上所述，在本行动计划中，FDA 强调了以下预期行动和目标：

- 对基于 AI/ML 的医疗器械独立软件讨论文件中提出的拟议监管框架进行更新，包括发布《关于预定变更控制计划的指南草案》。
- 通过更多参与协作社区和共识标准的制定工作，加强 FDA 对开发协调统一的 GMLP 的支持。
- 支持以患者为中心的策略，继续举办研讨会，讨论透明度对基于 AI/ML 的器械用户的作用。2020 年 10 月召开了患者参与咨询委员会（PEAC）会议，重点讨论患者对 AI/ML 技术的信任，之后又举办了关于医疗器械标记的公共研讨会，支持增加 AI/ML 器械对用户的透明度。

- 支持监管科学研究项目，开发评估和改进机器学习算法的方法学，包括识别和消除偏差的方法，以及在临床输入和条件变化时维持算法稳健性和弹性的方法。

- 与利益相关方和其他 FDA 项目合作，推进真实世界性能的试点工作，以进一步明确，针对基于 AI/ML 的医疗器械独立软件如何生产真实世界证据。

FDA 意识到基于 AI/ML 的医疗器械独立软件是一个快速发展的领域，随着上述活动的开展，FDA 将不断更新这一行动计划，为该领域提供更明确的指导。FDA 欢迎公众和行业通过公众意见收集档案（FDA-2019-N-1185）继续提供反馈意见，相关网址为：www.regulations.gov。我们期待着就相关议题与利益相关方保持对话与合作。数字健康卓越中心的电子邮箱为：digitalhealth@fda.hhs.gov。

（编译：李晶华）

引自 FDA 器械与放射健康中心

美国 FDA 的医疗器械场地检查制度

美国 FDA 将场地检查（establishment inspection）定义为：为确保生产企业符合 FDA 的相关法律法规，而对生产设施进行的一项仔细的、重要的、官方的检查[1]。美国 FDA 下设的器械与放射卫生中心（Center for Devices and Radiological Health，CDRH）与监管事务办公室（Office of Regulatory Affairs，ORA）协同合作，致力于确保医疗器械的安全性和有效性。ORA 主要负责检查的具体执行，FDA 地区办公室的 ORA 检查员对医疗器械生产企业进行场地检查。CDRH 则在 FDA 总部负责检查的协调，必要时可向地区办公室的 ORA 发布检查任务。

一、医疗器械质量体系法规与质量体系检查技术（QSIT）

1. 质量体系法规

质量体系（quality system）是 FDA 医疗器械场地检查的重点，任何在美国上市的医疗器械的生产企业必须建立并遵循质量体系，以确保其产品符合相应的要求和标准。医疗器械 GMP 又称质量体系法规（Quality System Regulation，QSR）（21CFR Part 820），规定了医疗器械在设计、制造、包装、贴标、贮存、安装和服务过程中的相关要求，适用于以商业化销售为目的的成品器械生产企业（表 4-1-1）。FDA 对医疗器械生产企业 QSR 的合规性进行检查，以确保上市器械的安全性和有效性[2]。

表 4-1-1　医疗器械 QSR

章节	法规编号	相关内容
	21CFR § 820.1	范围
总则	21CFR § 820.3	定义
	21CFR § 820.5	质量体系

续表

章节	法规编号	相关内容
质量体系要求	21CFR § 820.20	管理职责
	21CFR § 820.22	质量审核
	21CFR § 820.25	人员
设计控制	21CFR § 820.30	设计控制
文件控制	21CFR § 820.40	文件控制
采购控制	21CFR § 820.50	采购控制
标识和可追溯性	21CFR § 820.60	标识
	21CFR § 820.65	可追溯性
生产和工艺控制	21CFR § 820.70	生产和工艺控制
	21CFR § 820.72	检查、测量和检测设备
	21CFR § 820.75	工艺验证
验收活动	21CFR § 820.80	进货、中间产品和成品器械的验收
	21CFR § 820.86	验收状态
不合规产品	21CFR § 820.90	不合规产品
纠正和预防措施	21CFR § 820.100	纠正及预防措施
贴标和包装控制	21CFR § 820.120	器械标识
	21CFR § 820.130	器械包装
搬运、贮存、分销和安装	21CFR § 820.140	搬运
	21CFR § 820.150	贮存
	21CFR § 820.160	分销
	21CFR § 820.170	安装
记录	21CFR § 820.180	一般要求
	21CFR § 820.181	器械主要记录
	21CFR § 820.184	器械历史记录
	21CFR § 820.186	质量体系记录
	21CFR § 820.198	投诉文件
服务	21CFR § 820.200	服务
统计技术	21CFR § 820.250	统计技术

2. QSIT

1999 年 8 月，FDA 的 ORA 和 CDRH 联合发布《质量体系检查指南》（*Guide to Inspections of Quality System*），为检查员执行检查任务提供了统一的、程序化的指导[3]。质量体系检查技术（quality system inspection technique，QSIT）是一种评估医疗器械生产商是否符合质量体系和法规要求的工具，有助于检查员聚焦质量体系中的关键因素、确定检查的重点，从而使检查工作更加高效。QSIT 将质量体系分为 7 个子系统，其中 4 个为关键子系统：管理控制、产品和工艺控制（Product and Process Control，P&PC）、纠正及预防措施（Corrective Action and Preventive Action，CAPA）、设计控制；3 个为支持子系统：记录/文件变更控制、物料控制、设施与设备控制。此外，还包括一些辅助程序：医疗器械报告、纠正及移除报告、医疗器械追踪、灭菌工艺控制等[4]（图 4-1-3）。QSIT 对子系统的检查是基于"自上而下"的方法，这意味着检查员在查看具体质量问题之前，先审评企业的质量问题解决系统，从而聚焦被检查企业质量体系的关键要素。

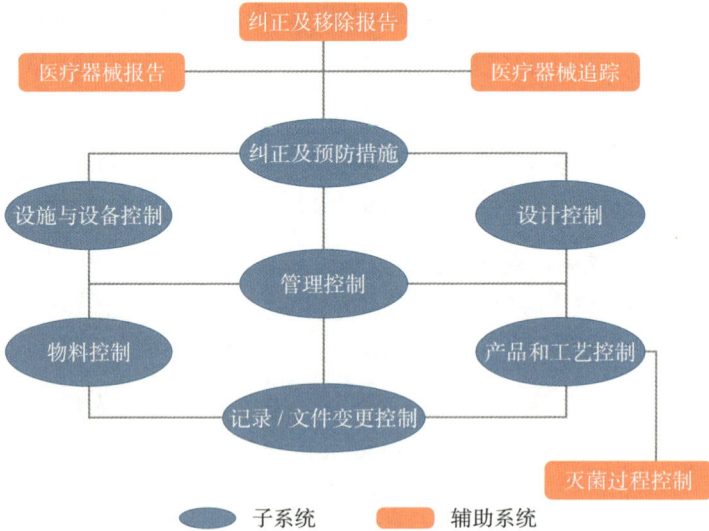

图 4-1-3　QSIT 七大系统及辅助程序

二、医疗器械检查类型

FDA 医疗器械检查分为简要检查、综合检查、合规跟踪检查、有因检查和基于风险的工作计划检查（Risk Based Work Plan Inspections）5 种基本类型（表 4-1-2）。FDA 将在年度检查计划中确定被检查企业及检查的类型。在制定检查计划的过程中，地区办公室的 ORA 通常具有更大的决策权，以最大限度利用检查资源，确保绩效目标的达成[5]。

表 4-1-2　医疗器械场地检查类型

检查级别	检查类型	检查重点
1 级	简要检查	QSIT-2 个关键子系统： ① CAPA ② P&PC 或设计控制
2 级	综合检查	QSIT-4 个关键子系统： ①管理控制 ②设计控制 ③ CAPA ④ P&PC
3 级	合规跟踪检查	依据检查指南和相关 QSIT 要素
特殊	有因检查	依据检查指南和相关 QSIT 要素
特殊	基于风险的工作计划检查	依据 CDRH 检查任务和相关 QSIT 要素

1. 简要检查

简要检查为 1 级检查（也称例行检查），可用于 I 类和 II 类器械生产企业的常规监测和初始检查。依据 QSIT 执行简要检查应当覆盖 CAPA 子系统，以及 P&PC 或设计控制子系统（二者其一）。地区办公室在确定选择 P&PC 还是设计控制子系统时，应当考虑以下因素：

①检查期间发现的 CAPA 缺陷项；②上次检查中覆盖的子系统。P & PC 与设计控制子系统应当交替进行检查，以确保对企业整体质量管理体系中的更多子系统进行评估；③自上次场地检查以来的重大变更。确定是否有任何

需要新提交或申请的设计变更，或是否有重大工艺变更；④上市后信息显示的潜在设计问题。

2. 综合检查

综合检查为 2 级检查，是对企业合规状态的全面审查。适用于综合检查的情形包括：①所有Ⅲ类器械生产场地的初始检查，以及在资源充足的情况下，Ⅱ类器械生产场地的初始检查；②根据检查任务进行的检查；③境外检查；④以培训检查员为目的的检查；⑤第三方检查。

此外，当启动简要检查后，如果检查员发现当前检查类型不足以对器械生产信息或有异议的状况进行充分评估，应当告知相应的地区 ORA，并启动综合检查。在地区 ORA 检查资源允许的情况下，对Ⅱ类和Ⅲ类器械生产场地进行的任何检查，都应当基于风险并优先考虑使用综合检查。

综合检查将覆盖所有 4 个关键子系统，且通常按照以下顺序进行：①管理控制；②设计控制；③ CAPA；④ P&PC。此检查顺序可以使检查员在评估 CAPA 子系统之前，先了解企业产品标准的建立以及相关的设计控制问题。但是，检查员也可以根据适当的关联性，灵活调整检查顺序，以便提高检查效率。

在进行 P&PC 检查时，生产工艺检查覆盖范围的选择应当充分考虑以下因素：① CAPA 指标；②是否为高风险产品；③工艺是否容易引起产品故障；④是否需要进行工艺验证；⑤是否为生产企业首次应用的工艺；⑥是否涵盖多种工艺技术；⑦是否为应用于多种产品的通用工艺；⑧是否为先前检查未覆盖的工艺。

3. 合规跟踪检查

合规跟踪检查为 3 级检查。若上一次检查发现企业存在严重违背 QSR 的情况，而导致检查结果被归类为强制整改（Official Action Indicated，OAI），则一定会对企业启动合规跟踪检查。此外，若检查任务中明确要求，也应进行合规跟进检查。

在进行合规跟踪检查期间，检查员应当与地区办公室的 ORA 合规官员就以下问题进行沟通：①发现缺陷项所需的检查深度、广度；②此前是否对不合规的缺陷项进行了充分的审查和记录；③是否需要收集足够的证据来支持适当的执法行动。

4. 有因检查

有因检查是针对特定的信息进行的特殊检查，这些信息会引起监管部门或公众对相关企业或产品产生某种疑问或担忧。FDA 可以从任何来源关注到此类信息，包括但不限于：抽样检测结果、先前检查中的缺陷项、召回或撤市信息、消费者或企业员工投诉信息、不良事件报告、是否涉嫌欺诈。有因检查的内容是由信息来源决定的，通常在特定领域进行深入的核查。

5. 基于风险的工作计划

基于风险的工作计划检查通常是由 CDRH 要求开展的。CDRH 通过对产品全生命周期中收集的数据（如上市前申请、召回、不良事件报告等）进行分析，对医疗器械产品的公共健康风险和获益进行评估，确定检查重点并安排工作计划[6]。基于风险的工作计划旨在将有限的资源集中在关键的公众健康需求上，即在选择检查场地和确定检查场地的优先次序时应用风险管理科学，聚焦风险最大的医疗器械产品和生产企业，以最低的成本最大限度地保护和促进公众健康[7]。

合规跟踪检查、有因检查和基于风险的工作计划检查通常由先前的检查发现的缺陷信息和其他监管信息决定，检查方法可能与典型的 QSIT 方法不同。这类检查主要依据检查任务、地区合规部门和（或）CDRH 提供的检查指南，但是也可以同时应用 QSIT 要素。

三、医疗器械检查程序

1. 检查的启动

通常，FDA 会根据检查计划，提前联系企业来安排场地检查的时间。到达现场后，检查员将为企业的高层管理人员或生产场地负责人提供检查通知，即 482 表格，以启动检查。482 表格列出了 FDA 的检查权限及检查目标。

2. 检查的执行

在 FDA 现场检查中，检查员首先将初步了解生产场地的布局、工作程序等信息，从而决定如何开展检查。必要时，检查员可对企业员工进行询问、收集样品和拍照。当检查员发现企业存在违规的情形时，将向企业管理层签发 FDA 483 表格，并说明检查结果。FDA 483 表格也称缺陷报告，是检查员根据法规要求，在对企业质量体系进行场地检查过程中所发现缺陷项的总结清单。在对检查下结论时，检查员会就 FDA 483 表格与企业高层管理人员进行讨论，逐一分析其中的缺陷项，确保企业理解这些缺陷项是什么，以及为什么成为缺陷项。FDA 要求企业在 15 个工作日内对 483 表格以书面形式作出回应，并提交纠正和（或）预防措施计划[8]。

此外，FDA 483 表格并不是 FDA 关于场地是否违反《联邦食品药品和化妆品法案》(*Federal Food, Drug, and Cosmetic Act, FD & CA*) 及其他相关法规的最终决定。当 FDA 检查员完成对企业的检查后，会编写场地检查报告 (Establishment Inspection Report, EIR)，经审核批准后邮寄给企业负责人。

3. 检查的结果

FDA 将根据企业的回复以及 EIR 报告，将场地检查结果分为三类：无需整改（No Action Indicated, NAI）、自愿整改（Voluntary Action Indicated, VAI）和 OAI。

3.1 NAI

在检查过程中未发现不合规的条件或操作，或发现的不合规条件不需要采取进一步的监管措施。FDA 检查员没有开出任何书面形式的缺陷项，也可以称为"零 483"。

3.2 VAI

根据所观察到的质量体系缺陷与所涉及的特定器械和生产工艺之间的关系，可以判定该企业将生产不合格和（或）有缺陷的成品器械的可能性极小。虽然 FDA 检查员发现了缺陷项，并开具了 483 表格，但企业只要按照 FDA 的要求积极整改，就不会导致更多后果。

3.3 OAI

若地区办公室 ORA 有书面证据，表明企业存在一项或多项质量体系的重大缺陷，严重违背 FDA 的 QSR，则检查结果将被归类为 OAI。检查结果被归为 OAI 的情形包括：①完全未建立、记录或实施质量体系或 QSIT 子系统中的任何一个；②QSIT 子系统存在一个或多个要素的缺陷，可能导致重大缺陷；③存在明显不符合标准或 QSR 的产品，且 CAPA 子系统没有发挥及时、充分处理这些产品的作用；④对先前检查发现的重大缺陷未纠正或纠正不充分，导致再次检查出相同或类似的缺陷。此外，对于被归类为 VAI 的检查，若企业没有能够按照 FDA 的要求及时进行充分整改，也可能导致被归类为 OAI。对于检查结果为 OAI 的企业，FDA 将根据器械的风险程度和检查结果，采取一系列执法行动，包括但不限于警告信、禁令、监禁、扣押、民事处罚和（或）起诉[9]。

四、信息化平台建设

1. 检查分类数据库

FDA 通过检查分类数据库（Inspection Classification Database）[10] 公开部分检查信息，包括企业名称、场地所属区域、接受检查的时间及检查结果分类等情况。FDA 检查信息的公开，不仅促使企业自觉遵守法律法规，还有助于公众了解企业的合规情况，为市场决策提供参考[11-12]。检查分类数据库每月更新一次，收录了 2008 年 10 月 1 日以来公开的检查数据，公众可通过地区、州、城市、邮政编码、企业名称、检查日期、监管部门（CBER、CDER、CDRH 等）和检查结果分类等信息进行检索，方便快捷地查找到所需的检查信息。根据检查分类数据库的公开数据，分类为 NAI 的检查数量最多，VAI 次之，OAI 最少（图 4-1-4）。

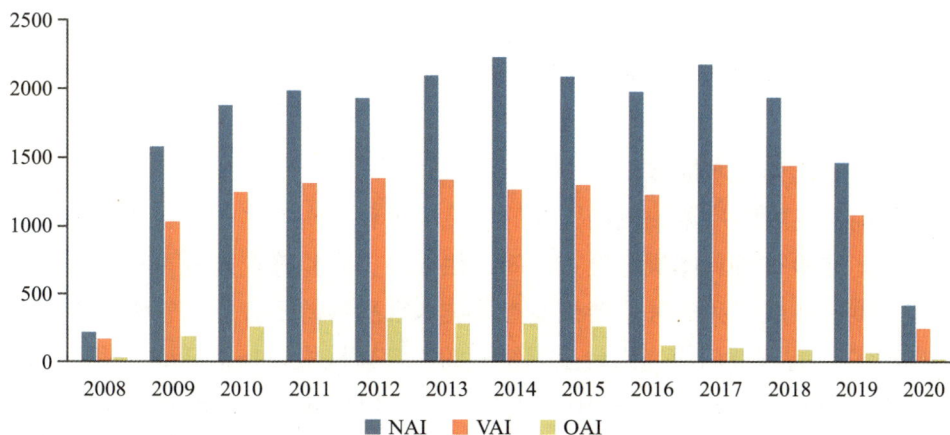

图 4-1-4　FDA 医疗器械检查结果分类情况（2008~2020 年）

2. 警告信数据库

当 FDA 发现企业严重违反了法规要求时，将向其发出警告信。警告信数据库（Warning Letters Database）[13] 收录了 FDA 监管的所有产品的警告信信息（图 4-1-5），并向公众全文公开。警告信中会明确指出企业必须进行纠正的问题，并为企业提交整改计划提供指导和时间框架。在警告信数据库中，可通过发布部门、是否发布了回复函（response letter）或结束函（close-out letter）、发布日期、发布年份等条件进行检索。

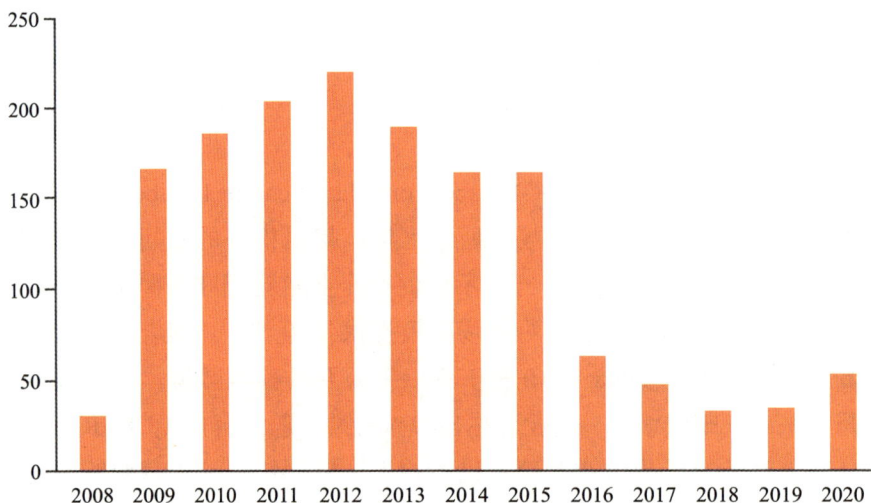

图 4-1-5　FDA 医疗器械警告信发布情况（2008~2020 年）

五、对我国的监管启示

1. 统一检查技术标准

目前，我国医疗器械现场检查的相关法规和指南大多是从企业的角度进行规范。在检查员具体执行检查期间，往往根据经验确定检查重点、检查深度与广度，造成了我国医疗器械检查员技术水平参差不齐、监管水平不一致的现状[14]。监管部门应当出台全国统一的医疗器械检查技术标准，明确不同检查类型的适用情形、检查程序与检查重点，以此作为检查员执行检查任务的主要依据，并对全国医疗器械检查员进行统一培训，从而提高医疗器械质量体系检查的系统化、科学化水平。

2. 明确检查结果分类

我国医疗器械现场检查的结果分类还比较模糊，通常仅告知企业检查所发现的缺陷项及相应的处理措施。将检查结果按层次进行明确分类，不仅可以明晰企业的合规程度，还有利于后续将有限的检查资源聚焦于风险较大的企业和产品，提高监管效率。对于检查发现的缺陷项，应当对其可能造成的风险进行研判，明确"无缺陷或轻微缺陷""中等缺陷"和"严重缺陷"的具体情形。对于"无缺陷或轻微缺陷"的情形，仅进行常规监管；对于"中等缺陷"的情形，需要企业采取必要的整改措施，并按时提交整改报告；对于"严重缺陷"的情形（如质量体系缺失、关键系统存在重大缺陷、未按要求进行整改等），监管部门应当采取适当的监管行动，以防止不合规器械进入市场。

3. 加强监管协调

我国对医疗器械生产企业实行属地监管，省、自治区、直辖市监督管理部门之间的协调一直都是监管的要点和难点。特别是 2018 年以来，医疗器械注册人制度的不断推进为医疗器械现场检查的跨区域协调带来很大挑战。因此，必须在国家层面完善医疗器械现场检查的协调工作机制，出台责权划分细则，优化检查资源配置，对医疗器械的全生命周期进行科学监管，实现跨区域检查协调联动。

4. 加快信息化建设

信息化是提高监管效率的重要手段，也是构建科学监管体系的根本基础，我国目前的信息化平台建设还处于起步阶段[15]。对于医疗器械，尚缺乏一个公开、系统、全面的检查数据库。我国药监部门应尽快建立检查数据库，收录医疗器械检查相关信息，并在必要时向社会公开企业检查结果。医疗器械检查数据库的建立不仅可以增加药监部门工作的透明度，而且可以实现不同区域之间检查信息共享，高效衔接检查任务，提升医疗器械监管效率。

（张雅娟　关月月　杨　悦*）

参考文献
请扫描二维码查阅

第五章
医疗器械产业发展及创新力

中国医疗器械产业分布格局

一、医疗器械产业发展指数体系构建

（一）指标体系

借鉴现有关于产业测度和指标体系构建的研究，本文结合医疗器械产业发展的新态势和新特征，并综合考虑产业数据的系统化、目的性、可操作性和可比性，构建医疗器械产业发展指标体系[1-3]。具体来说，本文构建的医疗器械产业发展指标体系包含 7 个一级指标和 41 个二级指标，详细指标体系见表 5-1-1。

表 5-1-1　我国医疗器械产业发展指数体系

一级编号	一级指标	一级指标权重（%）	二级编号	二级指标	二级指标权重（%）
1	产业规模	15.0	1.1	产业总值	90.0
			1.2	产业总值增速	10.0
2	行业企业	15.0	2.1	生产企业数量	20.0
			2.2	上市企业数量	15.0
			2.3	高新技术企业数量	15.0
			2.4	科技型中小企业数量	10.0
			2.5	经营企业数量	10.0
			2.6	生产第二、三类企业占比	10.0
			2.7	上市企业总营收	5.0
			2.8	上市企业总营收增速	5.0
			2.9	经营第二、三类企业占比	5.0
			2.10	具备第二、三类产品出口资质企业数量	5.0

续表

一级编号	一级指标	一级指标权重（%）	二级编号	二级指标	二级指标权重（%）
3	产品注册	15.0	3.1	第二、三类产品数量	60.0
			3.2	首次注册产品数量	20.0
			3.3	第二、三类产品占全体产品的比例	5.0
			3.4	首次注册产品占第二、三类产品总量的比例	5.0
			3.5	第二、三类产品数量增速	5.0
			3.6	首次注册产品数量增速	5.0
4	创新能力	15.0	4.1	企业专利数量	35.0
			4.2	高新技术企业占比	5.0
			4.3	创新审批产品数量	15.0
			4.4	创新审批产品增量	10.0
			4.5	上市企业研发费用	10.0
			4.6	科技中小型企业占比	5.0
			4.7	国产优秀设备产品数量	5.0
			4.8	排名全国前三的二级产品类别数量	10.0
			4.9	企业专利数量增速	5.0
5	专业服务	14.0	5.1	临床试验机构数量	25.0
			5.2	检测机构数量	25.0
			5.3	动物实验机构数量	15.0
			5.4	认证机构数量	10.0
			5.5	合同生产组织（CMO）机构数量	10.0
			5.6	网络销售平台数量	5.0
			5.7	第三方物流数量	5.0
			5.8	合同研发生产组织（CDMO）机构数量	5.0
6	行业资源	14.0	6.1	三甲医院数量	35.0
			6.2	高校数量	25.0
			6.3	科研机构数量	20.0
			6.4	行业协会数量	20.0
7	产业集聚	12.0	7.1	园区内企业数量	90.0
			7.2	产业集聚度	10.0

本文统计范围包括直辖市在内的全国 306 个重点城市，以及国家规划部署的 19 个城市群[4-5]，分别是京津冀城市群、长江三角洲城市群、粤港澳大湾区城市群（珠江三角洲城市群）、长江中游城市群、成渝城市群、山东半岛城市群、哈长城市群、辽中南城市群、山西中部城市群、中原城市群、粤闽浙沿海城市群、北部湾城市群、呼包鄂榆城市群、宁夏沿黄城市群、兰州—西宁城市群、关中平原城市群、黔中城市群、滇中城市群以及天山北坡城市群。

（二）产业数据

本文数据来源于国家药监局、各省（自治区、直辖市）药监局官方网站，生产企业、经营企业、产品数据、企业专利等数据已更新至 2021 年，上市企业营收数据来源于企业 2021 年第三季度报告。

部分二级指标的具体解释：①产业总值是由已披露的上市企业总营收、新三板挂牌企业总营收，以及全国规模以上企业平均营收与全国规模以下企业平均营收，通过推断统计分析、目标最优化、回归预测等统计学方法测算得到。该测算模型同样适用于本文所列重点城市生产企业总营收；②合同生产组织（CMO）的主要业务是接受医疗器械企业委托，提供产品生产时所需要的工艺开发、临床试验、生产以及包装等服务；③合同研发生产组织（CDMO）是一种新兴的研发生产外包组织，为医疗器械生产企业以及生物技术公司提供医疗器械生产工艺的开发和改进服务及商业化规模生产服务；④园区包括医疗器械生产企业的集聚区、主题园区、孵化器；⑤产业集聚度为某地区的入驻集聚区、主题园区、孵化器的医疗器械生产企业数量占某地区医疗器械生产企业总量的百分比。

表 5-1-2~ 表 5-1-4 为 2021 年我国各城市群医疗器械产业指数二级指标的基础数据对比结果，其中产业规模因 2020 年疫情创历史新高，部分城市群产业规模在 2021 年有所回落。

表 5-1-2　2021 年我国城市群医疗器械产业发展指数体系二级指标基础数据对比——产业规模、行业企业

城市群	产业规模				行业企业							
	产业总值（亿元）	产业总值增速（%）	上市企业总营收（亿元）	上市企业总营收增速（%）	上市企业数量（家）	生产企业数量（家）	生产第二、三类企业占比（%）	高新技术企业数量（家）	科技型中小企业数量（家）	经营企业数量（家）	经营第二、三类企业占比（%）	具备第一、三类产品出口资质企业数量（家）
长江三角洲	2740.6	-3.4	646.9	28.3	84	7912	53.4	2199	2605	169 280	18.7	969
粤港澳大湾区	1903.4	-13.2	622.2	7.4	39	4774	50.8	1562	1711	128 691	6.5	623
京津冀	1210.2	5.7	301.5	52.2	38	3561	51.2	910	762	80 811	20.8	227
山东半岛	905.5	-10.8	344.7	39.7	12	1991	35.6	368	494	43 081	20.6	14
长江中游	875.7	3.6	137.8	8.0	35	2666	55.1	705	691	65 801	32.2	160
中原	571.1	3.8	30.5	29.1	25	1823	48.6	211	327	67 106	20.5	25
粤闽浙沿海	357.8	1.3	39.4	57.0	18	1132	54.5	282	295	42 665	13.5	51
成渝	285.1	-4.4	41.2	13.9	17	918	70.5	271	318	65 664	9.7	63
哈长	218.9	-0.3	6.3	-11.5	11	699	56.4	127	130	34 587	44.8	12

续表

城市群	产业规模				行业企业							
	产业总值（亿元）	产业总值增速（％）	上市企业总营收（亿元）	上市企业总营收增速（％）	上市企业数量（家）	生产企业数量（家）	生产第二、三类企业占比（％）	高新技术企业数量（家）	科技型中小企业数量（家）	经营企业数量（家）	经营第二、三类企业占比（％）	具备第二、三类产品出口资质企业数量（家）
辽中南	216.6	2.5	0.0	0.0	9	705	52.0	121	128	27 388	28.7	9
关中平原	186.5	-0.9	1.5	33.6	11	610	56.6	152	196	25 127	29.0	11
北部湾	97.0	0.3	0.0	0.0	12	313	68.9	75	71	24 174	15.5	16
山西中部	44.3	-8.5	0.0	0.0	8	169	68.3	35	48	10 851	39.2	8
黔中	39.0	-1.1	0.0	0.0	6	139	49.7	21	22	8535	16.1	6
滇中	31.6	-1.9	0.0	0.0	8	115	79.0	21	22	7758	26.3	8
兰州—西宁	26.3	1.7	0.0	0.0	6	85	78.8	19	11	8121	23.6	6
天山北坡	13.6	12.1	0.0	0.0	8	44	68.3	6	6	3533	37.7	8
宁夏沿黄	11.8	7.9	0.0	0.0	10	38	64.1	3	3	2696	4.1	10
呼包鄂榆	7.1	1.1	0.0	0.0	4	36	85.3	3	3	5107	20.6	4

表5-1-3　2021年我国城市群医疗器械产业发展指数体系二级指标基础数据对比——产品注册、创新能力

城市群	产品注册						企业专利数量（个）	企业专利数量增速（%）	创新能力						
	第二、三类产品数量（个）	第二、三类产品数量增速（%）	第二、三类产品占全体产品的比例（%）	首次注册产品数量（个）	首次注册产品数量增速（%）	首次注册产品占第二、三类产品总量的比例（%）			创新审批产品数量（个）	创新审批产品增量（个）	排名全国前三的二级产品类别数量（个）	国产优秀设备产品数量（个）	高新技术企业占比（%）	科技中小型企业占比（%）	上市企业研发费用（亿元）
长江三角洲	26 953	13.9	38.7	3185	-23.8	4.6	151 070	17.4	202	41	887	343	27.8	32.9	32.9
粤港澳大湾区	12 126	19.8	39.0	1832	-12.6	5.9	100 918	15.4	101	12	507	1000	32.7	35.8	48.8
京津冀	12 707	18.6	48.5	2023	0.6	7.7	39 298	15.7	110	8	533	344	25.6	21.4	23.2
山东半岛	3940	14.5	29.6	583	5.2	4.4	27 356	19.7	24	15	265	96	18.5	24.8	12.5
长江中游	9718	40.8	36.6	2909	21.7	10.9	28 494	25.5	45	8	306	98	26.4	25.9	5.1
中原	6575	27.1	44.6	1143	-33.6	7.8	13 843	27.2	3	1	155	47	11.6	17.9	3.8
粤闽浙沿海	2623	20.6	35.6	384	-24.1	5.2	17 473	18.2	7	0	54	96	24.9	26.1	3.0
成渝	3514	17.0	56.1	610	-3.2	9.7	17 985	12.8	19	8	90	55	29.5	34.6	2.4
哈长	1997	9.7	46.1	259	-42.8	6.0	4336	14.9	0	0	38	72	18.2	18.6	0.7

续表

城市群	产品注册						创新能力								
	第二、三类产品数量（个）	第二、三类产品数量增速（%）	第二、三类产品占全体产品的比例（%）	首次注册产品数量（个）	首次注册产品数量增速（%）	首次注册产品占第二、三类产品总品的比例（%）	企业专利数量（个）	企业专利数量增速（%）	创新审批产品数量（个）	创新审批产品增量（个）	排名全国前三的二级产品类别数量（个）	国产优秀设备产品数量（个）	高新技术企业占比（%）	科技中小型企业占比（%）	上市企业研发费用（亿元）
辽中南	1102	9.4	39.6	108	-68.7	3.9	7637	15.1	1	1	41	71	17.2	18.2	0.1
关中平原	992	23.5	33.8	162	-17.8	5.5	5458	18.8	5	0	46	2	24.9	32.1	0.1
北部湾	813	10.9	49.1	127	-62.5	7.7	1770	23.1	0	0	10	3	24.0	22.7	0.0
山西中部	364	20.2	51.3	35	-34.0	4.9	630	20.5	1	0	6	0	20.7	28.4	0.0
黔中	480	36.1	42.5	46	-73.1	4.1	1881	11.7	0	0	1	0	15.1	15.8	0.0
滇中	455	10.4	44.5	34	-67.3	3.3	1456	23.4	0	0	2	0	18.3	19.1	0.0
兰州—西宁	308	25.1	42.1	24	-65.7	3.3	950	15.2	2	0	7	0	22.4	12.9	0.0
天山北坡	226	17.1	64.6	10	-16.7	2.9	202	35.6	0	0	0	0	13.6	13.6	0.0
宁夏沿黄	63	57.1	47.7	7	-53.3	5.3	242	19.8	0	0	0	0	7.9	7.9	0.0
呼包鄂榆	62	18.2	59.6	11	-26.7	10.6	145	5.8	0	0	2	0	8.3	8.3	0.0

表 5-1-4　2021 年我国城市群医疗器械产业发展指数指标体系二级指标基础数据对比——专业服务、行业资源、产业聚集

城市群	专业服务								行业资源				产业聚集	
	临床试验机构数量（家）	检测机构数量（家）	动物实验机构数量（家）	认证机构数量（家）	网络销售平台数量（家）	第三方物流数量（家）	CMO机构数量（家）	CDMO机构数量（家）	三甲医院数量（家）	高校数量（家）	科研机构数量（家）	行业协会数量（家）	园区内企业数量（家）	产业集聚度（%）
长江三角洲	221	120	733	57	91	111	118	26	352	461	76	38	6127	77.4
粤港澳大湾区	96	53	197	15	77	128	100	25	127	129	23	19	2699	56.5
京津冀	134	65	449	34	47	81	8	9	223	278	144	65	2817	79.1
山东半岛	55	28	121	3	6	13	4	0	93	117	11	5	1416	71.1
长江中游	105	28	139	2	28	44	48	7	203	325	13	15	1778	66.7
中原	71	10	102	4	8	6	14	0	133	189	9	8	1137	62.4
粤闽浙沿海	62	11	76	1	15	17	8	0	107	125	3	8	702	62.0
成渝	68	13	184	9	34	31	7	2	139	189	15	15	620	67.5
哈长	35	10	127	0	4	4	2	0	124	128	10	2	464	66.4
辽中南	25	14	43	0	1	16	5	0	84	97	5	5	330	46.8

续表

城市群	专业服务								行业资源				产业聚集	
	临床试验机构数量（家）	检测机构数量（家）	动物实验机构数量（家）	认证机构数量（家）	网络销售平台数量（家）	第三方物流数量（家）	CMO机构数量（家）	CDMO机构数量（家）	三甲医院数量（家）	高校数量（家）	科研机构数量（家）	行业协会数量（家）	园区内企业数量（家）	产业集聚度（%）
关中平原	30	5	28	0	9	6	0	0	68	107	5	3	399	65.4
北部湾	24	10	47	0	3	15	6	0	67	78	0	1	213	68.1
山西中部	17	4	23	0	0	0	0	0	41	56	2	1	87	51.5
黔中	8	3	16	0	2	7	0	0	33	65	1	2	117	84.2
滇中	15	4	57	0	3	0	0	0	37	61	1	4	86	74.8
兰州—西宁	8	5	25	0	1	4	1	0	36	42	1	0	56	65.9
天山北坡	8	4	18	0	0	5	0	0	24	31	1	0	24	54.5
宁夏沿黄	3	2	4	0	0	0	0	0	13	19	1	1	21	55.3
呼包鄂榆	9	4	12	0	0	1	1	0	28	37	0	2	17	47.2

（三）指数结果

本文所涉及的我国医疗器械产业发展指数体系拥有经研究团队探索建立的测算逻辑和计算模型。对于二级指标专项得分，这部分可简单分为存量指标得分、占比指标得分和增速指标得分，研究团队在对比优化后选取基础分 k_1=75 分、附加分 k_2=25 分。其中，存量指标得分测算逻辑为：标准归一化得出数据的相对位置作为附加分的变量，得出结果后，若存在离群数据还需进一步做修正工作。占比指标得分测算逻辑为：将指标数值由高到低排名，得分分为 3 个测算规则，排名第一者得满分，末位者得基础分，中间段的得分是在基础分的基础上增加附加分，而指标数值差值比例为附加分的变量。增速指标得分测算逻辑为：在基础分的基础上增加附加分，而指标数值排名函数为附加分的变量。一级指标专项指数得分为存量指标、占比指标和增速指标三者得分与权重积之和。基于以上基础得出，综合指数得分为 7 项一级指标的得分与对应权重积之和。

表 5-1-5 为 2021 年我国各城市群医疗器械产业指数各项一级指标和综合指数的测算结果。

表 5-1-5　2021 年我国城市群医疗器械产业的一级指标及综合指数数据比较

单位：分

城市群	综合指数	产业规模	行业企业	产品注册	创新能力	专业服务	行业资源	产业集聚
长江三角洲	97.70	98.16	97.27	96.71	97.22	99.83	95.56	99.55
京津冀	87.88	87.14	85.63	88.43	84.83	87.91	94.08	87.47
粤港澳大湾区	87.80	90.74	89.41	87.12	91.53	87.65	81.76	85.53
长江中游	84.29	84.12	84.03	88.88	81.78	82.25	85.84	82.82
中原	80.65	81.75	80.98	83.36	78.13	78.52	81.43	80.17
山东半岛	80.62	82.66	80.62	79.88	81.32	78.90	79.22	81.78
成渝	80.12	77.81	80.81	81.40	79.90	79.78	82.33	78.61

续表

城市群	综合指数	产业规模	行业企业	产品注册	创新能力	专业服务	行业资源	产业集聚
粤闽浙沿海	79.17	79.47	80.34	79.18	78.75	78.12	79.64	78.54
哈长	78.12	77.93	78.94	78.14	76.85	77.11	79.91	77.96
关中平原	77.87	77.53	79.35	78.10	78.02	76.24	78.07	77.65
辽中南	77.43	78.57	78.33	76.45	77.03	76.74	78.49	76.15
北部湾	77.38	77.06	78.50	77.64	77.32	76.56	77.31	77.14
天山北坡	76.75	77.55	78.29	77.79	76.80	75.37	75.49	75.54
滇中	76.74	75.99	78.63	76.26	76.84	75.76	76.56	77.13
山西中部	76.73	75.70	78.61	77.63	77.24	75.61	76.39	75.57
兰州—西宁	76.67	76.87	78.41	76.92	76.45	75.48	75.95	76.42
黔中	76.51	76.18	76.77	77.13	76.07	75.35	76.36	77.87
呼包鄂榆	76.43	76.45	78.44	78.52	75.05	75.35	75.80	75.03
宁夏沿黄	76.25	77.41	77.12	77.67	75.59	75.00	75.11	75.58

注：

TOP 3	TOP 10	其他	

二、我国医疗器械产业分布格局

（一）各大城市产业发展梯队明显

我国医疗器械产业发展指数排名前五十城市如图 5-1-1 所示，目前我国城市医疗器械产业呈阶梯发展，第一梯队为北京、上海、深圳、广州 4 个城市，第二梯队为杭州、苏州、长沙、天津、武汉 5 个城市，第三梯队则是成都、南京、济南等 11 个城市。

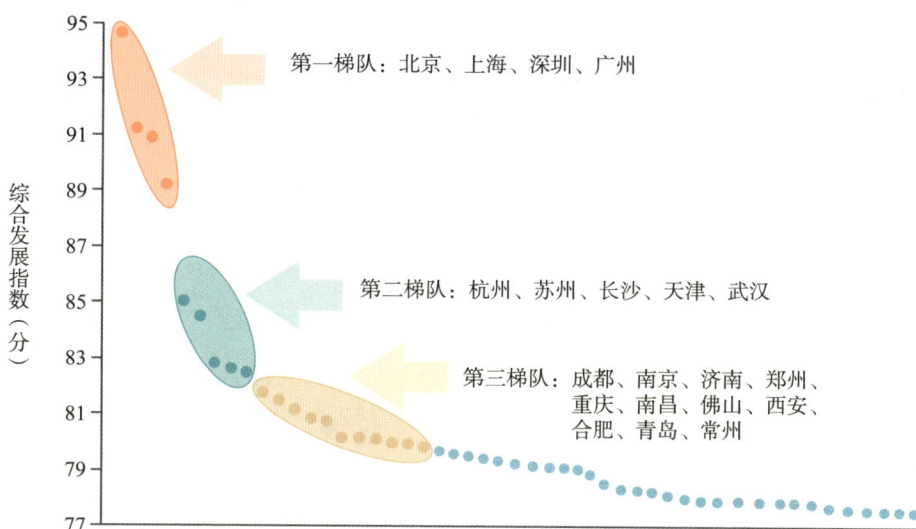

图 5-1-1　全国医疗器械产业城市综合发展指数（Top50）

　　根据 7 个一级指标的结果（表 5-1-6），这 20 个城市的各项指标得分均在基础分 75 分以上，整体发展水平中上，其中位于第一梯队的北京、上海、深圳、广州多项一级指标得分排名前三。

表 5-1-6　全国医疗器械产业城市发展指数排名前二十的各项指标对比

单位：分

城市	综合指数	产业规模	行业企业	产品注册	创新能力	专业服务	行业资源	产业集聚
北京	94.62	90.76	93.40	96.00	89.00	94.73	100.00	99.84
上海	91.20	88.90	92.43	87.62	89.96	96.20	86.87	97.78
深圳	90.87	97.58	94.60	93.08	93.66	84.41	77.58	94.61
广州	89.18	93.69	90.53	83.92	83.63	91.00	87.96	94.69
杭州	85.04	85.81	86.97	83.35	85.57	82.11	81.65	90.51
苏州	84.48	82.38	86.23	85.13	85.33	80.53	78.73	94.32
长沙	82.80	83.34	80.91	89.61	79.82	79.40	81.91	84.72
天津	82.64	81.16	81.96	82.99	79.53	81.28	85.01	87.63
武汉	82.46	82.71	82.41	81.40	78.79	81.68	85.42	85.54

续表

城市	综合指数	产业规模	行业企业	产品注册	创新能力	专业服务	行业资源	产业集聚
成都	81.73	79.94	82.27	81.33	80.14	81.51	84.21	83.12
南京	81.49	81.38	81.89	82.58	79.04	79.75	82.72	83.44
济南	81.15	83.68	81.31	79.15	77.81	79.71	81.90	85.30
郑州	80.82	81.61	80.96	80.85	77.15	78.62	83.91	83.19
重庆	80.71	79.63	80.49	81.78	77.94	78.63	84.79	82.09
南昌	80.13	79.90	81.23	80.00	76.75	78.62	81.33	83.68
佛山	80.13	83.30	81.13	78.48	77.91	76.84	77.38	86.77
西安	80.09	79.34	81.13	79.04	77.24	77.88	83.48	83.24
合肥	79.98	80.65	80.54	79.08	78.23	77.89	81.44	82.45
青岛	79.94	82.47	80.91	78.27	78.08	77.68	78.61	84.19
常州	79.80	79.97	80.35	82.27	78.48	75.97	76.45	85.86

注： | TOP 3 | TOP 10 | 其他 |

（二）城市群一体化发展效果显著

目前，我国在医疗器械产业围绕科技创新、审评审批、流通储备、科学监管、临床资源合作、知识产权保护、重大项目推进、自贸区机制创新等方向，推进跨省域、跨地市一体化发展模式的建设，探索构建互认互信合作机制。同时，鼓励医疗器械注册人引入高新技术产品、开展委托生产，探索飞地"双向共赢"协作机制与跨地区监管机制，提升创新资源转化能力。从我国医疗器械城市群发展指数看，长江三角洲、粤港澳大湾区、京津冀三大区域的生产企业数量、产品数量、产值规模均占全国55%以上。长江中游、中原、山东半岛等城市群也呈现一定的发展规模，区域协作紧密推进。综合各项指标得分最终得出综合发展指数，长江三角洲城市群医疗器械产业各维度发展领先，在全国城市群医疗器械产业综合发展指数排名中，以97.70分排名第一。其余城市群相对自身发展情况来看，京津冀城市群行业资源优异，粤港澳大湾区城市群创新能力突出，长江中游城市群和中原城市群产品注册较优秀，山东半岛城市群创新能力较显著，见图 5-1-2。

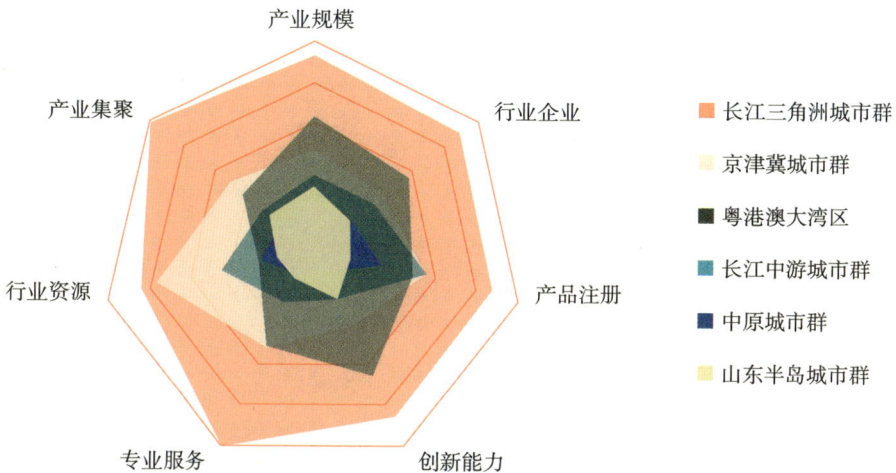

图 5-1-2　2021 年全国医疗器械产业六大城市群发展指数

　　此外，长江三角洲城市群共囊括了 16 个位于医疗器械产业综合发展指数排名前五十的城市，其中上海、杭州更是位列前五，产业发展实力雄厚。其余城市群情况详见表 5-1-7。

表 5-1-7　全国城市群内医疗器械产业综合发展指数前五十城市名单

排名	城市群	Top50城市分布
1	长江三角洲	上海、杭州、苏州、南京、合肥、常州、泰州、宁波、无锡、扬州、徐州、绍兴、南通、嘉兴、湖州、镇江
2	京津冀	北京、天津、石家庄、衡水
3	粤港澳大湾区	深圳、广州、佛山、东莞、珠海、中山
4	长江中游	长沙、武汉、南昌、常德
5	中原	郑州、新乡
6	山东半岛	济南、青岛、淄博、威海、潍坊、烟台
7	成渝	成都、重庆
8	粤闽浙沿海	厦门、福州
9	哈长	长春、哈尔滨

续表

排名	城市群	Top50城市分布
10	关中平原	西安
11	辽中南	沈阳、大连
12	北部湾	南宁
13	天山北坡	—
14	滇中	昆明
15	山西中部	太原
16	兰州—西宁	—
17	黔中	—
18	呼包鄂榆	—
19	宁夏沿黄	—

（三）全国三大城市群产业解析

1. 长江三角洲城市群：上海市高新科技先发引领

长江三角洲城市群包括上海市、江苏省、浙江省、安徽省（简称三省一市）全域，是我国经济发展最活跃、开放程度最高、创新能力最强的区域之一，在国家现代化建设大局和全方位开放格局中具有举足轻重的战略地位。根据医疗器械产业发展指数结果，长江三角洲城市群医疗器械产业发展迅速，在产业规模、行业企业、产品注册、创新能力、专业服务、行业资源和产业集聚等方面，均位于高水平，见图5-1-3。

自2019年国务院正式批准实施《长江三角洲区域一体化发展规划纲要》以来，三省一市协同发展，长江三角洲区域一体化发展取得明显成效，经济社会发展走在全国前列。在医疗器械领域，三省一市积极探索一体化发展模式。2019年，三省一市药监局联合发布了《长江三角洲区域医疗器械注册人制度试点工作实施方案》[6]，明确示范区内医疗器械注册申请人，可以委托长江三角洲医疗器械生产企业生产产品；同时，注册证可以迁移，加速产业转移和产业集聚，助推长江三角洲医疗器械产业高质量一体化发展。2020年，三省一市药监局再次联合发布了《长江三角洲区域医疗器械注册人制度跨区域监管办法（试行）》[7]，进一步规范医疗器械注册人跨区域委托生产的监督管理。2021 年，三省一市发布医疗器械相关"十四五"规划均有点题长江三角洲区域协同发展[8-11]。

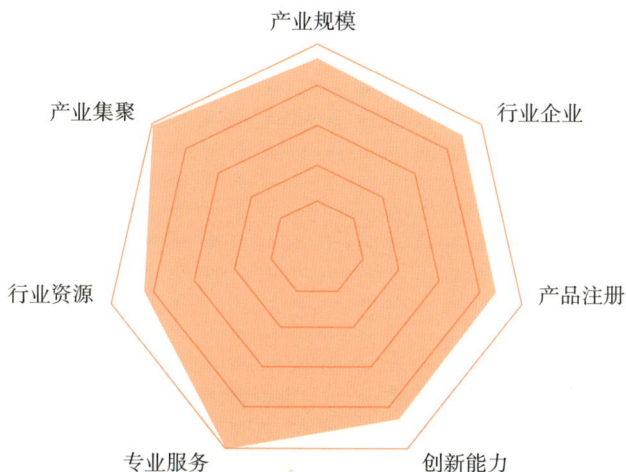

图 5-1-3　2021 年长江三角洲城市群医疗器械产业发展指数

在专业服务方面，长江三角洲城市群作为我国经济发展的重要战略部署区域之一，是我国医疗器械产业政策的重要试点区。2021 年，国家药监局医疗器械技术审评检查长江三角洲分中心正式启动。该中心承担部分医疗器械技术审评业务，为区域内医疗器械生产企业提供更为优质高效的咨询指导，并同步调整国家药监局医疗器械技术审评中心咨询工作安排，积极服务长江三角洲区域医疗器械企业，让服务"零距离"，全面助力长江三角洲区域医疗器械产业健康发展[12]。

在产业集聚方面，长江三角洲城市群医疗器械产业集聚专项指标全国排名第一，区域内杭州余杭经济技术开发区、泰州医药高新技术产业开发区、江苏武进经济开发区、中国（上海）自由贸易试验区、上海松江经济技术开发区等 10 个集聚区均已有超过 100 家医疗器械生产企业；中国医药城、江苏医疗器械科技产业园和苏州生物纳米科技园分别有 130 家、49 家和 43 家医疗器械生产企业入驻。

2. 京津冀城市群：北京市产业转移联动区域发展

京津冀城市群的概念由首都经济圈发展而来，包括北京、天津两大直辖市，河北省张家口、承德、秦皇岛、唐山、沧州、衡水、廊坊、保定、石家庄、邢台、邯郸 11 个地级市和定州、辛集 2 个省直管市以及河南省安阳市。其中，北京、天津、保定、廊坊为中部核心功能区，北京、天津、保定地区率先联动发展。根据医疗器械产业发展指数结果，京津冀城市群医疗器械产业发展底蕴深厚，行业资源优异，产品注册情况较突出，其余方面稍弱于长江三角洲城市群，但总体产业发展实力不容小觑，见图 5-1-4。

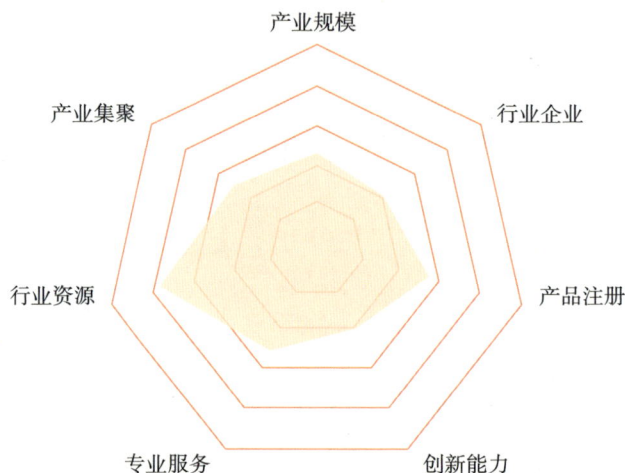

图 5-1-4　2021 年京津冀城市群医疗器械产业发展指数

自 2015 年中共中央正式批准实施《京津冀协同发展规划纲要》以来，北京市、天津市、河北省和河南省安阳市协同发展，河北各地积极承接北京外迁产业，疏解北京非首都功能为"牛鼻子"。在医疗器械领域，北京、天津、河北三地（简称三地）积极探索科学监管、产业健康发展的新模式。2019 年，为统一在医药新产业、新业态、新技术、新模式下的许可审评、注册、许可以及监管标准，共同出台互查互评监督检查细则等制度，三地签署了《京津冀医疗器械科学协同监管区域合作协议》[13]，强化事中事后监管和跨区域联合执法检查，在实施医疗器械注册人制度方面紧密合作。2020 年，三地医疗器械注册人协同监管研讨会在京召开，会议就《京津冀三地医疗器械注册人协同监管办法（试行）》展开讨论[14]。

在行业资源方面，北京汇聚了我国顶尖科研水平的科研院所，如中国科学院、清华大学、北京大学等；拥有 65 家行业协会；同时，还拥有享有"中国硅谷"之称的高新技术产业集群——中关村。此外，为培育创新驱动发展新引擎，拓展京津冀区域发展新空间，我国设立国家级新区河北雄安新区，推动在京高校、科研院所、企业与河北省共建联合研究生院、产业研究院，增强新区对高层次人才的吸引力；重点发展新一代信息技术、现代生命科学和生物技术、新材料等战略性新兴产业，推动雄安新区中关村科技园、雄安新区核电创新中心等一批龙头骨干企业和企业总部落户[15]。

3.粤港澳大湾区：形成深广双核驱动引领效应

粤港澳大湾区是指由珠江三角洲（包括广州、深圳、佛山、肇庆、东莞、惠州、珠海、中山、江门9市）和香港、澳门两个特别行政区形成的城市群，是继美国纽约湾区、美国旧金山湾区、日本东京湾区之后的世界第四大湾区。根据医疗器械产业发展指数结果，粤港澳大湾区城市群医疗器械产业充斥着各种发展机遇，国内外产业资讯、产品多交汇于此，创新能力较突出，其余方面稍逊于长江三角洲城市群和京津冀城市群，但总体产业发展实力亦不容忽视，见图5-1-5。

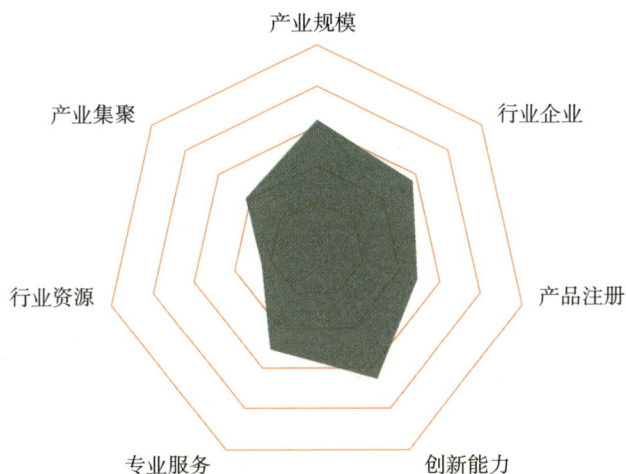

图 5-1-5　2021 年粤港澳大湾区医疗器械产业发展指数

自 2019 年中共中央、国务院正式批准实施《粤港澳大湾区发展规划纲要》以来，广东省 9 市协同香港、澳门发展，共同探索互动互利的药品医疗器械合作新模式，提升监管体系和能力现代化水平。2020 年，国家药监局批准实施《粤港澳大湾区药品医疗器械监管创新发展工作方案》[16]，允许临床急需、港澳公立医院已采购使用、具有临床应用先进性的医疗器械，经广东省人民政府批准后，在粤港澳大湾区内地符合条件的医疗机构使用。同时，支持香港、澳门已获医疗器械进口注册证的医疗器械注册人，将原本在香港、澳门生产的药品医疗器械，转移到粤港澳大湾区内地进行生产和上市。

在创新能力方面，2020 年国家高性能医疗器械创新中心落户深圳，该中心将围绕预防、诊断、治疗、康复等领域的高性能医疗器械需求，聚焦高端医学影像、体外诊断和生命体征监测、先进治疗、植介入器械、康复与健康信息等重点方向，扎实推进医疗器械领域创新体系建设。此外，粤港澳大湾区还拥有多家国内领先的高校、科研机构、国家重点实验室及先进制造企业，创新实力雄厚，如南方医科大学、华南理工大学、暨南大学，深圳清华大学研究院、中国科学院深圳先进技术研究院，国家药监局体外循环器械重点实验室、介入医疗生物技术及系统国家地方联合工程实验室，深圳迈瑞生物医疗电子股份有限公司、深圳市腾讯计算机系统有限公司、华为技术有限公司等。

三、结语

我国医疗器械产业正处于"黄金十年"的发展阶段，各区域结合地方发展特点及优势，着力打造一体化产业环境，实现医疗器械产业协同发展、共同转型升级。同时，利用医疗器械产业大数据将带动管理创新和模式创新，为产业高质量发展赋能，助力政府、企业精准施策。

（关巧贤　王景泰　郑　珂[*]）

引自《中国食品药品监管》杂志 2022 年第 5 期《中国医疗器械产业分布格局》

参考文献
请扫描二维码查阅

医疗器械产业的数字化应用及趋势

一、前言

医疗器械产业是现代制造技术、新一代信息技术、现代材料技术、前沿生物技术等高新技术领域交叉融合的知识密集型产业，已成为我国近年来发展较快的行业之一。随着带量采购、"两票制"等政策的发布实施，医疗器械行业发展模式逐渐由营销驱动向创新驱动转型。在药品领域，大数据已广泛应用于研发、临床、市场等各个环节，但医疗器械领域大数据的应用则相对较薄弱。一方面可能由于医疗器械行业缺乏高质量的数据源支持[1]。另一方面，与其他行业相比，医疗器械产业界的数字化思维整体相对不足，尤其在新冠肺炎疫情伊始，我国医疗器械行业传统发展模式的弊病被迅速放大。面对激增的医疗物资需求，医疗器械行业相关生产、流通、服务乃等上下游衔接存在一定脱节，供应链矛盾凸显。因此，从监管部门到社会各界对于医疗器械的供应链及产业格局等迫切需要从数据角度进行全局性把控。

2021年，工业和信息化部印发《"十四五"大数据产业发展规划》，首次将数据纳入生产要素。一方面要求建立数据要素价值体系，另一方面指出加快建设行业大数据平台，推动行业数据资产化、产品化，实现数据的再创造和价值提升。据众成医械大数据平台统计，2018~2021年，国产医疗器械产品注册总数分别为127734件、149990件、187062件[2]、216768件，年复合增长率高达19.28%，如图5-1-6所示。由于医疗器械行业仍存在规模以上企业占比偏低、产业分散、学科交叉繁杂等特征，且数字化程度低、数据孤岛问题较为严重，使得大数据的应用将成为医疗器械产业转型升级的关键要素。

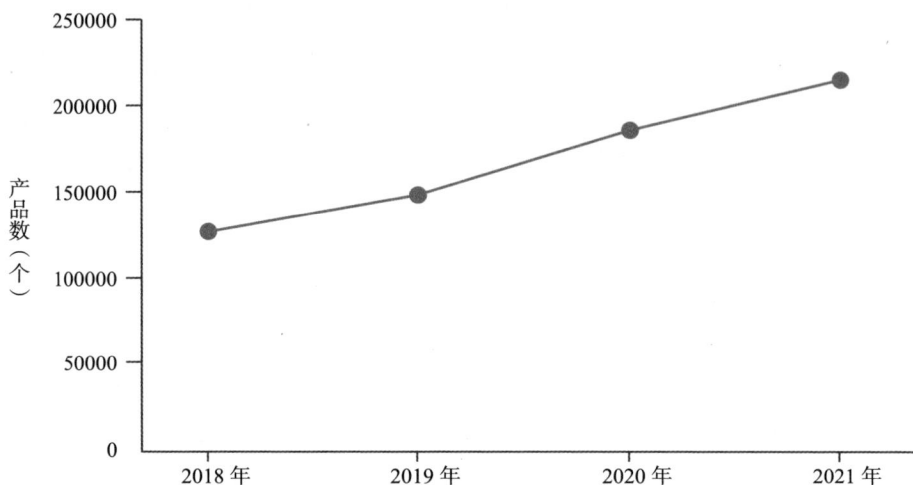

图 5-1-6　2018~2021 年国产医疗器械产品注册总数

二、定义

目前，对于医疗器械产业大数据还未发布确切的定义。笔者认为其定义应包括在医疗器械研发、生产、临床、注册、流通等所有环节产生的数据集合，及由新处理模式所衍生的海量、多样化、高速流转的信息资产。与药品行业大数据的广泛应用相比，医疗器械由于分类复杂、品类众多、缺乏标准、应用场景不明晰，因此在过去多年存在被业界忽视的情况。近年来，随着医疗器械产业的快速发展，以及社会各界对医疗器械产业大数据的需求越发强烈，例如监管部门的产业规划和科学决策、产业园区的精准招商和产业服务、行业企业的创新布局和市场策略以及金融机构的信用评估和风控分析等，医疗器械产品大数据发展成为必然趋势。

三、应用

医疗器械产业大数据根据其数据来源不同大致可分为：研发数据、临床数据、企业数据、市场数据、监管数据 5 种类型。医疗器械产业大数据和药品大数据在数据类型和部分数据来源上大体一致，但在研发数据的来源上有所不同。医疗器械产业大数据和药品大数据存在一定交集，详见表5-1-8。

表 5-1-8　医疗器械大数据与药品大数据的来源对比

数据类型	数据来源	
	医疗器械产业大数据	药品大数据
研发数据	产品技术要求、适用范围、技术特征、生物学特性、检验检测数据等	药理毒理数据、制剂处方、药物分子结构、蛋白结构、晶体结构等
监管数据	产品注册、创新优先审批、不良事件、产品召回、指导原则、审评报告等	药品批文、药品审评、不良反应、一致性评价等
市场数据	招投标数据、耗材挂网、集中采购、全球贸易数据、手术量数据等	终端销售数据、集中采购、全球贸易数据等
临床数据	病历文本、影像图像、病理检测、医学文献、临床指南、流行病学等	基本一致
企业数据	企业的工商、财务、法务、投融资、舆情、产品等	基本一致

经过笔者团队近年研究与探索[2-4]，逐步理清了医疗器械产业大数据面向企业的应用方向，主要包括：研发，临床，合规和市场。本文对药品与医疗器械领域大数据的应用场景进行了对比分析，表明二者在数字化阶段进程和数据应用水平上存在显著差异，同时通过实际案例阐明了未来大数据在医疗器械行业的具体应用方向，说明了大数据的应用将成为医疗器械行业发展的关键驱动因素。

1. 研发创新

医疗器械的研发创新模式与药品存在较大差异。医疗器械研发更多来源于医生在临床治疗、诊断、诊察和检验过程中的工程化需求，而药品则大量存在对于药物结构与靶点的发现，这也导致了大数据在两个细分领域的应用存在较大差异。

首先，我国医疗器械研发尚未达到完全原始创新的阶段，因此医疗器械研发仍依赖于市场信息，主要包括对其他国家和地区的创新产品、国内已上市同类产品的调研、临床经验信息和临床应用的需求反馈等，以及在此基础上的局部创新、微创新、应用型创新。其次，许多医疗器械的研发创新与临床数据关联密切。许多临床数据如医学影像、病理检测等数据大部分是通过检验类、可穿戴类等医疗器械产品进行采集。通过对临床数据的结构化处理，运用人工智能（AI）技术进行机器学习，可以形成能够辅助医生进行治疗、诊断、监察等功能的人工智能医疗器械产品[5]。

近年来，国内外涌现出了诸多人工智能类医疗器械产品，最为典型的是影像辅助诊断软件[6]。这类产品的研发依赖于影像数据的结构化与专业影像师或医生的数据标注，只有大量的优质的影像数据集供 AI 训练，才有可能产生高品质的影像辅助诊断软件。软件仅是 AI 产品的第一步，通过软件与硬件的结合，在未来必定会对医疗器械的产品设计和开发带来更多的创新，如手术机器人等。尽管手术机器人也大量地运用了机器学习的技术，可以帮助医生开展更为精密的手术操作，为患者减少潜在的手术伤害。但现阶段的手术机器人本质上还是属于半智能状态，仍需要医生进行判断和操作。未来，基于海量数据积累结合人工智能应用自主进行病理组织判断的软件，或能研发出全智能的手术机器人类产品。同样的理念，在影像、心电监护等产品上都具有应用的广阔前景。

2. 临床研究

风险较高的医疗器械产品，在上市前需通过临床试验得到能验证其安全性和有效性的临床数据才能进行注册申报。临床试验的过程非常复杂，主要包括机构筛选、项目启动、患者招募、试验监察、数据采集、临床数据报告递交等环节。目前，临床试验的合规管理、数据采集、试验监察等工作仍大量依赖临床研究员和项目管理员，对于人员的专业素质要求较高，因而实施成本也相对较高；同时，由于临床试验的项目实施周期长，存在较大的不确定性，而试验数据质量出现问题或将直接影响试验成败。随着电子病历报告表（eCRF）和临床试验远程电子数据采集系统（EDC 系统）的兴起，临床试验数据正在逐渐结构化，但目前还尚未完全解决临床试验过程中管理成本高、项目管理信息不透明等问题。

将病例入组、项目管理、数据获取、数据处理和数据分析等环节智能化与数字化，是未来临床试验项目管理的发展趋势。通过拆解临床试验的每个环节，将项目管理流程信息化，把日常散落在项目成员交流汇报的邮件、文档整合起来，形成多主体同平台协同合作的形式，将有效解决临床项目管理不透明、不及时的问题。同时，还可通过数据分析帮助管理人员把握项目进度以及进行项目人员管理。

另一方面，随着病历数据、影像数据和检测数据的结构化进程加快，医疗机构端产生了大量的医疗数据，同时也催生出在真实世界研究的应用。真实世界研究作为非干预的临床研究，弥补了临床试验的不足，特别在产品全生命周期监管概念日益加强的背景下，产品的上市后临床评价将会是真实世界研究的主要应用方向[7]。同时，通过对真实世界研究产生的数据进行综合分析，可加快临床试验过程中的中心选择、患者招募等工作的进程。

此外，医疗器械产品还可以通过同品种临床评价的路径进行产品申报，即通过与已上市的同品种产品进行对比从而开展注册申报。然而，医疗器械产品信息相对分散，透明度低，产品信息收集难度大，数据难以统一，对企业注册申报和监管部门审评审批都带来了阻力。运用大数据技术将医疗器械产品的技术特征、适用范围和生物学特征等数据进行结构化，便于对同品种产品的检索和数据对比，并可逐步规范同品种评价所使用的数据，为同品种评价的审评审批提供参考，减少非必要的临床试验，节约临床资源。

3. 合规管理

根据 ISO 13485，企业的质量管理体系需对医疗器械的设计、开发、生产、安装和服务，以及相关服务的设计、开发和提供提出具体要求，企业需要提供实施质量管理活动所需的组织结构、工作流程或程序、过程和资源[8-9]。企业根据既定的质量方针和质量目标，分解产品质量的细化指标，设置企业内的组织架构，明确责任制度，配备需要的物料与人员，使影响产品质量的因素可控。目前，医疗器械生产企业的质量管理体系大部分仍以文件管理为主，文件管理与业务之间是可分离的，因此质量管理体系是否能严格执行，取决于企业的管理水平、员工的质量意识等因素，缺乏有效的贯彻方式容易使质量管理体系的执行成为一种形式。

将医疗器械的质量管理流程固化，通过信息化技术对业务流程进行拆解，可以使医疗器械生产环节中的"人、机、料、法、环、测"等要素有效地串联起来，从而形成协同办公系统。同时，运用大数据技术将研发过程、产品生产、物料采购和检验放行过程中产生的数据进行提取，形成结构化的数据，通过整合数据并进行数据关联，再运用数据分析发现产品的关键质量属性，设置各类警戒线，在产品生产、贮存和流通过程即可提前发现隐患[10]，真正做到整体把控每个产品从研发到上市中各个流程的质量管理，真正实现医药产品的全生命周期管理，实现企业研发到生产上市的数字化管理。

4. 市场调研

对任何一种医疗器械产品而言，针对目标市场的调研将覆盖从产品研发设计前至产品上市销售后的全流程。上市前的调研可以帮助企业更好地了解产品的市场规模，现有及潜在应用场景，竞品的产品设计和使用情况，从而帮助企业更好地制定产品开发计划，拟定上市时间表，做好销售策略部署。上市后的调研则可以使企业了解产品的市场占比和市场份额情况以及产品在各地区的竞争力，以帮助企业适时调整销售策略，为下一代产品的设计和开发做准备。通过采集产品销售数据和招投标数据，进行清洗、标注、归一等数据处理环节后形成结构化数据，再运用可视化的数据分析可以直观了解市面上各大竞品和各个细分领域的动态变化与市场情况。相比传统的研究报告，大数据分析更及时、更精准，能够为企业决策提供更大的支持。

四、结语

医疗器械产业大数据经过近年来的发展，在数据规模、结构化程度、数据关联度等方面已经实现了一定突破，而在数据归一、数据化思维的普及以及监管数据的披露度方面还有待提升。同时，医疗器械产业大数据同样难以跳脱目前整个大数据行业的特点，即重数据、轻应用。一方面是由于数据质量的问题。数据应用覆盖了从信息到知识再到决策的全过程。而相比许多其他行业，医疗器械整体的数据化程度并不高，医疗器械行业从目前整体数据治理程度较低的阶段向后续层次过渡，仍存在大量"基建"工作如数据的清洗、标注、归一、建模等。大部分医疗器械数据处理涉及医学、机械工程、材料学等多种专业领域知识，导致了其数据处理门槛较高。行业整体的数据治理的水平直接决定了产业数据的质量，而数据质量将影响其应用前景。由于医疗器械产业大数据行业的交叉人才严重稀缺，使得医疗器械产业大数据的清洗和处理工作开展存在较大的阻力。另一方面是"数据孤岛"的问题。尽管监管部门出台了一系列的政策措施但整个行业的标准并未完全实现统一，例如从分类和编码的角度，药品监管、医疗保障和临床实际均未完全统一。同时，随着医疗器械唯一标识（UDI）的逐步落地，大量医疗机构、企业等均在积极开展数据化的工作，但目前尚未完全形成合理、有效、市场化的数据共享机制，致使业界部分数据仍处于"孤岛"局面，难以互通互联，也尚未发挥数据的最大价值。

（余耿楠　许佳锐*）

引自《中国食品药品监管》杂志 2022 年第 10 期《医疗器械产业的数字化应用及趋势》

参考文献
请扫描二维码查阅

2021 年高值医用耗材带量采购情况分析

一、政策进展

1. 国采瞄准骨科市场，配套政策陆续出台

近年，医用耗材集中带量采购节奏加快。2020 年 11 月，国家组织冠脉支架集中带量采购报价工作。2021 年 1 月，全国各省市陆续执行 2020 年冠脉支架国家集中带量采购中选结果。2021 年 8 月 23 日，国家组织高值医用耗材联合采购办公室发布《国家组织人工关节集中带量采购文件（GH-HD2021-1）》，正式开启新一轮医疗器械高值耗材集中带量采购，本次采购产品为初次置换人工全髋关节、初次置换人工全膝关节。同年 12 月 27 日，国家组织高值医用耗材联合采购办公室发布《关于开展脊柱类医用耗材相关企业领取数字证书工作的通知》，持续稳步推进我国骨科高值耗材集中带量采购工作。

2021 年国家出台多份关于医疗耗材集采相关文件，主要从制度改革、信息平台、标准规范、监管检查四方面对我国集中带量采购工作进行引导和完善。

（1）制度改革方面。《国务院办公厅关于印发深化医药卫生体制改革 2021 年重点工作任务的通知》指出要推进药品耗材集中采购，常态化制度化开展国家组织药品集中采购，逐步扩大药品和高值医用耗材集中带量采购范围。《"十四五"全民医疗保障规划》提出深化药品和医用耗材集中带量采购制度改革，集中带量采购成为公立医疗机构医药采购的主导模式。

（2）信息平台方面。为了降低信息成本，促进互联互通，给实现价格联动奠定基础，2020 年 9 月 22 日，国家医疗保障局发布《国家医疗保障局对十三届全国人大三次会议第 7133 号建议的答复》，该文件明确要建设全国统一的医

保信息平台并预计该平台将于 2021 年底初步建成。医用耗材招标采购将主要通过该平台进行挂网、采购、支付、评价等全过程服务管理功能。2021 年 8 月 30 日，国家医疗保障局发布《关于印发药品和医用耗材集中采购公共服务事项清单的通知》，其中规定群众可通过登陆全国统一的医保信息平台查询集中采购医用耗材相关信息。

（3）标准规范方面。为了将集中带量采购的成果以更切实明确的形式落实到群众中并提高采购效率，2021 年 11 月 19 日，国家医疗保障局发布《医保医用耗材"医保通用名"命名规范（征求意见稿）》，旨在解决医用耗材识别难、区分难等问题。同时还发布了《基本医疗保险医用耗材支付管理暂行办法（征求意见稿）》，提出要推动类别相同、功能相近医用耗材医保支付标准的逐步统一。

（4）监管检查方面。为了全面落实中选企业主体责任，切实保证中选品种质量安全，2021 年 9 月 18 日，国家药监局发布《加强集中带量采购中选医疗器械质量监管工作方案》，指出要实现中选高值医用耗材集中带量采购企业全覆盖检查和中选品种全覆盖抽检。同时，强调了流通使用环节监督检查、不良事件监测等六方面重点工作。

2. 联盟集采持续发力，主导高值耗材采购

2021 年 10 月，《国务院深化医药卫生体制改革领导小组关于深入推广福建省三明市经验 深化医药卫生体制改革的实施意见》发布，鼓励以省为单位或建立省际联盟对国家组织集中带量采购。2021 年省际联盟带量采购动作频繁，截至 2021 年底，已有 22 个省际联盟开展集中带量采购或执行采购中选结果。省际联盟带量采购涵盖 18 个品种，主要以球囊、吻合器等高值耗材为主，兼有少量新型冠状病毒相关检测试剂及配套耗材、留置针等低值耗材。

集中带量采购次数最多的高值耗材为球囊，共有 6 个联盟开展球囊类带量采购工作，采购品种主要为扩张球囊和药物球囊。吻合器、人工晶体次之，共有 3 个联盟展开采购工作。导引导丝、起搏器均有 2 个联盟进行采购工作，详见表 5-1-9。

表 5-1-9 2021 年省际联盟耗材集中带量采购政策文件

联盟	集采品种	时间	文件名称	联盟地区
"六省二区"省际联盟	冠脉扩张球囊	2021 年 1 月 12 日（发文）	《"六省二区"省际联盟冠脉扩张球囊集中带量采购文件》	四川、山西、内蒙古、辽宁、吉林、黑龙江、西藏、甘肃
粤赣豫联盟	人工晶状体类	2021 年 2 月 22 日（发文）	《人工晶状体类医用耗材联盟地区集团带量采购文件》	广东、江西、河南
京津冀"3+N"联盟	冠脉扩张球囊	2021 年 3 月 12 日（发文）	《关于开展京津冀"3+N"联盟冠脉扩张球囊类医用耗材带量联动采购项目有关工作的通知》	北京、天津、河北、新疆、新疆生产建设兵团
十二省（区、市）联盟	骨科创伤类	2021 年 5 月 14 日（发文）	《豫晋赣鄂渝黔滇桂宁青湘冀骨科创伤类医用耗材采购联盟公告（二）》	河南、山西、江西、湖北、重庆、贵州、云南、广西、宁夏、青海、湖南、河北
十一省（区、市）联盟	新型冠状病毒（2019-nCoV）检测试剂	2021 年 4 月 15 日（发文）	《新型冠状病毒（2019-nCoV）检测试剂联盟地区集团带量采购文件》	广东、江西、河南、湖南、广西、海南、重庆、贵州、云南、甘肃、青海
"八省二区"及部分省份	冠脉导引导丝	2021 年 6 月 25 日（发文）	《省际联盟冠脉导引导丝集中带量采购文件（SJLM-14-HC2021-1）》	内蒙古、山西、辽宁、吉林、黑龙江、海南、贵州、西藏、甘肃、青海、宁夏、新疆、新疆生产建设兵团
京津冀"3+N"联盟	冠脉药物球囊类、起搏器类	2021 年 9 月 8 日（发文）	《关于开展京津冀"3+N"联盟冠脉药物球囊类和起搏器类医用耗材带量联动采购有关工作的通知》	北京、天津、河北、黑龙江、吉林、辽宁、内蒙古、山西、山东、河南、四川、贵州、西藏等
八省（区、兵团）联盟	双腔起搏器	2021 年 10 月 19 日（发文）	《省际联盟省（区、兵团）心脏起搏器集中带量采购公告》	陕西、甘肃、宁夏、新疆、新疆生产建设兵团、湖南、广西、海南

续表

联盟	集采品种	时间	文件名称	联盟地区
渝琼滇黔宁桂新新疆兵团联盟	静脉留置针	2021 年 10 月 22 日（发文）	《渝琼滇黔宁桂新新疆兵团耗材联盟带量采购文件（静脉留置针）》	重庆、海南、云南、贵州、宁夏、广西、新疆、新疆生产建设兵团
渝琼滇桂青豫新新疆兵团联盟	腔镜吻合器	2021 年 10 月 22 日（发文）	《渝琼滇桂青豫新新疆兵团耗材联盟带量采购文件（腔镜吻合器）》	重庆、海南、云南、广西、青海、河南、新疆、新疆生产建设兵团
十二省（区、市）联盟	冠脉药物涂层球囊	2021 年 9 月 23 日（发文）	《关于开展省际联盟冠脉药物涂层球囊带量采购的公告（一）》	江苏、山西、福建、湖北、湖南、海南、重庆、贵州、云南、甘肃、新疆、新疆生产建设兵团
"十省四区"联盟及其他地区	超声刀头	2021 年 11 月 12 日（发文）	《超声刀头联盟地区集中带量采购文件》	广东、山西、内蒙古、福建、江西、河南、湖北、广西、海南、贵州、甘肃、青海、宁夏、新疆、新疆生产建设兵团、安徽省黄山市
鲁晋冀豫联盟	压力泵、可回收腔静脉滤器、腹股沟疝补片、切口保护器、血管结扎夹	2021 年 11 月 19 日（发文）	《鲁晋冀豫联盟高值医用耗材集中带量采购公告》	山东、山西、河北、河南
九省（区、市）联盟	冠脉导引导管、冠脉导引导丝	2021 年 11 月 19 日（发文）	《赣冀鲁豫鄂桂渝滇陕九省（区、市）联盟医用耗材带量采购文件（征求意见稿）》	江西、河北、山东、河南、湖北、广西、重庆、云南、陕西
京津冀"3+14"联盟	吻合器	2021 年 11 月 23 日（发文）	《京津冀"3+14"吻合器医用耗材带量联动采购和使用工作方案》	北京、天津、河北、黑龙江、吉林、辽宁、江西、湖北、广西、山东、陕西、四川、内蒙古、甘肃、宁夏、青海、西藏

续表

联盟	集采品种	时间	文件名称	联盟地区
京津冀"3+N"联盟	人工晶体类	2021年11月24日（发文）	《京津冀"3+N"联盟人工晶体类医用耗材带量联动采购和使用工作方案》	北京、天津、河北、黑龙江、吉林、辽宁、内蒙古、山西、山东、四川、重庆、西藏、河南、贵州等
黔渝琼联盟	冠脉扩张球囊	2021年12月3日（发文）	《贵州省医疗保障局重庆市医疗保障局海南省医疗保障局关于开展冠脉扩张球囊集中带量采购续约工作的通知》	贵州、重庆、海南
十一省（区、市）联盟	新型冠状病毒核酸检测相关医用耗材	2021年（执行）	《新型冠状病毒核酸检测相关医用耗材联盟地区集团带量采购文件》	广东、江西、河南、湖南、广西、海南、重庆、云南、陕西、宁夏、青海
七省（区、市）联盟	冠状动脉球囊、扩张导管类	2021年（执行）	《冠状动脉球囊扩张导管类医用耗材联盟地区集团带量采购文件》	广东、江西、河南、广西、陕西、青海、宁夏
十省（区、兵团）联盟	人工晶体	2021年（执行）	《省际联盟公立医疗机构人工晶体跨区域联合带量采购公告》	宁夏、甘肃、青海、新疆、新疆生产建设兵团、湖南、广西、贵州、海南、陕西
渝滇黔豫联盟	吻合器、补片、胶片	2021年（执行）	《重庆市医疗保障局 贵州省医疗保障局 云南省医疗保障局 河南省医疗保障局 关于组织开展医用耗材集中带量采购的公告》	重庆、云南、贵州、河南

资料来源：广州众成大数据科技有限公司整理

3.省级集采积极开展，创新尝试采购品种

2021年全国共有15个省（自治区、直辖市）开展或执行省级带量采购，涵盖25个品种，约60%为高值医用耗材。其中，球囊带量采购次数最高，共有7个地区开展采购工作。补片次之，单独省级采购次数均为5次；人工晶体、起搏器再次之，单独省级采购次数均为4次。此外，安徽省在全国率先开展大型医用设备、临床检验试剂的带量采购工作，详见表5-1-10。

表 5-1-10　2021 年全国各省（自治区、直辖市）单独省级耗材集中带量采购政策文件

地区	集采品种	时间	文件名称
江苏	胶片、吻合器	2021 年 3 月 1 日（执行）	《关于执行省第四轮医用耗材联盟带量采购谈判结果的通知》
河北	静脉留置针类	2021 年 3 月 2 日（发文）	《河北省医用耗材集中带量采购文件（静脉留置针类）》
河北	一次性使用输液器类	2021 年 3 月 2 日（发文）	《河北省医用耗材集中带量采购文件（一次性使用输液器类）》
山东	球囊、髋关节、补片、穿刺器、起搏器	2021 年 3 月 19 日（发文）	《山东省医保局等 4 部门关于执行山东省首批医用耗材集中带量采购中选结果的通知》
安徽	乙类大型医用设备	2021 年 4 月 27 日（发文）	《安徽省医疗保障局安徽省卫生健康委员会安徽省商务厅安徽省药品监督管理局关于印发完善全省乙类大型医用设备集中采购工作实施方案的通知》
江苏	人工晶体类、冠脉扩张球囊类、双腔起搏器类、冠脉导引导丝类、冠脉导引导管类	2021 年 5 月 18 日（发文）	《江苏省第五轮公立医疗机构医用耗材联盟带量采购公告（一）》
陕西	留置针、泡沫敷料	2021 年 5 月 13 日（发文）	《陕西省医疗保障局 陕西省卫生健康委员会 陕西省药品监督管理局 关于做好省级留置针、泡沫敷料集中带量采购和使用工作的通知》
安徽	骨科植入—脊柱、人工晶体、冠脉扩张球囊、血液透析器	2021 年 5 月 25 日（发文）	《安徽省医疗保障局关于印发 2021 年度安徽省高值医用耗材集中带量采购工作方案的通知》
上海	冠脉球囊类	2021 年 5 月 26 日（发文）	《关于开展上海市冠脉球囊类医用耗材集中带量采购有关工作的通知》
福建	心脏双腔起搏器类、冠脉扩张球囊类、单焦点人工晶状体类、一次性使用套管穿刺器类、吻合器/套扎器类、硬脑（脊）膜补片、腹股沟疝补片类	2021 年 6 月 1 日（发文）	《关于公布福建省第二批医用耗材集中带量采购中选结果的通知》

续表

地区	集采品种	时间	文件名称
北京	冠脉药物球囊类	2021 年 6 月 18 日（发文）	《关于开展北京市冠脉药物球囊类医用耗材带量联动采购有关工作的通知》
湖南	吻合器、球囊	2021 年 9 月 16 日（发文）	《关于做好部分医用耗材集中带量采购中选产品采购和使用工作的通知》
浙江	人工晶体、起搏器、微导管、圈套器	2021 年 9 月 23 日（发文）	《关于发布浙江省公立医疗机构第二批医用耗材集中带量采购的公告》
安徽	临床检验试剂	2021 年 9 月 28 日（发文）	《安徽省探索开展临床检验试剂集中带量采购》
江苏	初次置换人工膝关节，人工硬脑（脊）膜、疝修补材料	2021 年 9 月 30 日（发文）	《关于做好省第三轮高值医用耗材联盟带量采购相关品种第二采购周期协议签订的通知》
湖北	一次性精密输液器、医用胶片	2021 年 10 月 27 日（发文）	《关于做好首批湖北省医用耗材集中带量采购续签次年购销合同工作的通知》
广东	预充式导管冲洗器	2021 年 11 月 12 日（发文）	《关于开展超声刀头及预充式导管冲洗器集中带量采购的通知》
河南	止血材料、防粘连材料、硬脑（脊）膜类	2021 年 12 月 1 日（发文）	《关于 2021 年河南省公立医疗机构联盟带量采购拟中选结果的公示》
天津	新型冠状病毒相关检测试剂及配套耗材	2021 年 12 月 3 日（发文）	《关于开展天津市新型冠状病毒相关检测试剂及配套耗材集中采购工作的通知》
河北	弹簧圈、硬脑（脊）膜补片、疝补片	2021 年 12 月 3 日（发文）	《关于公示河北省弹簧圈、硬脑（脊）膜补片、疝补片集中带量采购拟中选结果的通知》
内蒙古	新型冠状病毒核酸检测试剂及配套耗材	2021 年 12 月 10 日（发文）	《关于执行内蒙古自治区新型冠状病毒核酸检测试剂及配套耗材集中带量采购中选结果的通知》

地区	集采品种	时间	文件名称
青海	一次性使用真空采血管	2021 年 12 月 31 日（发文）	《青海省公立医疗机构采购联盟真空采血管带量采购公告》
	一次性使用高压造影注射器及附件		《青海省公立医疗机构采购联盟一次性使用高压造影注射器及附件带量采购公告》

资料来源：广州众成大数据科技有限公司整理

二、实施情况

1. 集采范围覆盖全国，河南采购次数第一

2021 年全国共有 31 个省（自治区、直辖市）开展并参与医用耗材带量采购工作。除国家集中带量采购外，带量采购工作主要以省际联盟的形式开展，共有 28 个省（自治区、直辖市）参与联盟带量采购工作，15 个省（自治区、直辖市）进行了单独省级的集中带量采购。

从全国各省（自治区、直辖市）开展集中带量采购次数来看，河南省共开展集中带量采购 15 次，数量居全国首位。河北、广西、贵州和重庆位列第二，采购次数均为 12 次。海南以 11 次带量采购次数排名第三。

从各省（自治区、直辖市）参与省际联盟带量采购的次数来看，河南省参与省际联盟次数最多，共 12 次。贵州和广西共 11 次，并列第二。重庆及海南参与联盟带量采购 10 次，位列第三。

从各省（自治区、直辖市）开展的单独省级带量采购次数来看，河北省、江苏省、安徽省均开展 3 次单独省级带量采购，12 省（自治区、直辖市）只开展 1 次单独省级带量采购，如图 5-1-7 所示。

2. 集采品种范围扩大，血管介入品类居多

2021 年全国医用耗材带量采购共涉及 28 个品种，其中高值医用耗材品种 19 种。高值医用耗材品种带量采购聚焦在血管介入、眼科、骨科领域。血管介入类代表品种有球囊、起搏器、导管导丝等；骨科类代表品种有骨科创伤、人工关节以及骨科脊柱类；眼科类主要采购品种为人工晶体。

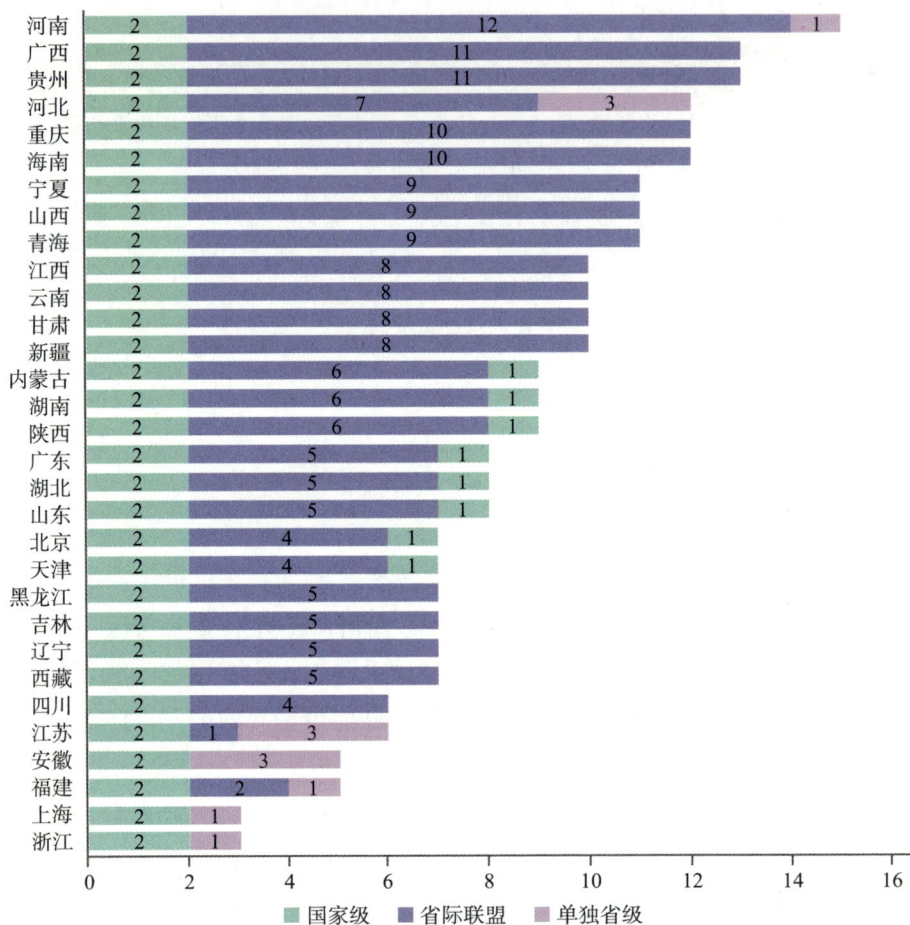

图 5-1-7　2021 年全国各省市开展耗材集中带量采购次数

资料来源：广州众成大数据科技有限公司整理

目前，共有 13 个联盟及省（自治区、直辖市）开展球囊带量采购工作，涵盖全国 30 个省（自治区、直辖市）。起搏器、吻合器、人工晶体、补片亦为带量采购的主要开展对象，开展次数均为 6 次及以上，涵盖范围从 9 至 24 个省（自治区、直辖市）不等，详见表 5-1-11。

表 5-1-11　2021 年国内高值耗材集中带量采购种类及覆盖区域情况

序号	高值耗材品种	项目数	覆盖省（自治区、直辖市）数	省（自治区、直辖市）/联盟
1	球囊	13	30	"六省二区"联盟、京津冀"3+N"联盟（药物球囊）、京津冀"3+N"联盟（扩张球囊）、十二省（区、市）联盟、滇渝琼联盟、七省（区、市）联盟（球囊）、湖南、山东、上海、江苏、北京、福建、安徽
2	起搏器	6	24	七省（区、市）联盟（起搏器）、京津冀"3+N"联盟、山东、浙江、江苏、福建
3	吻合器	6	23	渝滇黔豫联盟、渝琼滇桂青豫新新疆兵团联盟、京津冀"3+14"联盟、湖南、江苏、福建
4	人工晶体	6	20	粤赣豫联盟、京津冀"3+N"联盟、浙江、江苏、福建、安徽
5	补片	7	9	渝滇黔豫联盟、鲁晋冀豫联盟、山东、河北、江苏、福建、河南
6	导丝	3	22	"八省二区"及部分联盟、九省（区、市）联盟、江苏
7	导管	3	11	九省（区、市）联盟、江苏、浙江（微导管）
8	关节类	2	31	国家集采、山东
9	冠脉支架	1	31	国家集采
10	超声刀头	1	14	"十省四区"联盟及其他地区
11	骨科创伤	1	12	十二省（区、市）联盟
12	血管结扎夹	1	4	鲁晋冀豫联盟
13	可回收腔静脉滤器	1	4	鲁晋冀豫联盟
14	压力泵	1	4	鲁晋冀豫联盟
15	骨科脊柱	1	1	安徽

续表

序号	高值耗材品种	项目数	覆盖省（自治区、直辖市）数	省（自治区、直辖市）/联盟
16	血液透析器	1	1	安徽
17	弹簧圈	1	1	河北
18	圈套器	1	1	浙江

资料来源：广州众成大数据科技有限公司整理

低值耗材带量采购品种共10个，主要集中在新型冠状病毒相关检测试剂及配套耗材、留置针、胶片等基础卫生材料类。其中，共有4个联盟及省（自治区、直辖市）开展新冠检测试剂及耗材集中带量采购工作，涵盖全国14个省（自治区、直辖市）。留置针及胶片的项目开展次数均为3次，位居第二。输液器和穿刺器的项目开展次数均为2次，排名第三，详见表5-1-12。

表5-1-12　2021年全国低值耗材集中带量采购种类覆盖区域情况

序号	低值耗材品种	项目数	覆盖省（自治区、直辖市）数	联盟/省（自治区、直辖市）
1	新型冠状病毒相关检测试剂及配套耗材	4	14	十一省（区、市）联盟（试剂耗材）、十一省（区、市）联盟（试剂）、内蒙古、天津
2	留置针	3	10	渝琼滇黔宁桂新新疆兵团联盟、河北、陕西
3	胶片	3	6	渝滇黔豫联盟、湖北、江苏
4	输液器	2	2	河北、湖北
5	穿刺器	2	2	山东、福建
6	切口保护器	1	4	鲁晋冀豫联盟
7	临床检验试剂	1	1	安徽
8	泡沫敷料	1	1	陕西
9	预充式导管冲洗器	1	1	广东
10	止血、放粘连材料	1	1	河南

资料来源：广州众成大数据科技有限公司整理

3. 产品价格降幅明显，球囊最大降幅超90%

国家级和省际联盟带量采购项目中共有17个项目公布平均降幅。其中，国家级带量采购项目降幅均为80%以上，其中冠脉支架降幅均达90%以上。省际联盟带量采购项目中，七省联盟采购的扩张球囊降幅最大，高达92.23%；同为七省联盟开展的药物球囊采购降幅最低，仅为44.45%，详见表5-1-13。

表5-1-13　2021年国家级、省际联盟集中带量采购降幅一览表

类别	联盟	集采品种	省（自治区、直辖市）	降幅
国家级	—	冠脉支架	全国31省（自治区、直辖市）	国内产品92.00% 进口产品95.00%
	—	人工关节	全国31省（自治区、直辖市）	82.00%
省际联盟	"六省二区"联盟	扩张球囊	四川、山西、内蒙古、辽宁、吉林、黑龙江、西藏、甘肃	89.80%
	京津冀"3+N"联盟	扩张球囊	北京、天津、河北、新疆、新疆生产建设兵团	90.00%
	十二省（区、市）联盟	骨科创伤类	河南、山西、江西、湖北、重庆、贵州、云南、广西、宁夏、青海、湖南、河北	普通接骨板系统87.05% 锁定（万向）加压接骨板系统89.45% 髓内钉系统89.12%
	十一省（区、市）联盟	新型冠状病毒（2019-nCoV）检测试剂	广东、江西、河南、湖南、广西、海南、重庆、贵州、云南、甘肃、青海	72.68%
	"八省二区"及部分联盟	导丝	内蒙古、山西、辽宁、吉林、黑龙江、海南、贵州、西藏、甘肃、青海、宁夏、新疆、新疆生产建设兵团	61.57%
	渝琼滇黔宁桂新新疆兵团联盟	静脉留置针	重庆、海南、云南、贵州、宁夏、广西、新疆、新疆生产建设兵团	72.50%
	渝琼滇桂青豫新新疆兵团联盟	腔镜吻合器	重庆、海南、云南、广西、青海、河南、新疆、新疆生产建设兵团	79.20%

续表

类别	联盟	集采品种	省（自治区、直辖市）	降幅
省际联盟	十二省（区、市）联盟	药物球囊	江苏、山西、福建、湖北、湖南、海南、重庆、贵州、云南、甘肃、新疆、新疆生产建设兵团	70.00%
	"十省四区"联盟及其他地区	超声刀头	广东、山西、内蒙古、福建、江西、河南、湖北、广西、海南、贵州、甘肃、青海、宁夏、新疆、新疆生产建设兵团、安徽省黄山市	70.11%
	鲁晋冀豫联盟	压力泵、可回收腔静脉滤器、腹股沟疝补片、切口保护器、血管结扎夹	山东、山西、河北、河南	70.79%
	京津冀"3+14"联盟	吻合器	北京、天津、河北、黑龙江、吉林、辽宁、江西、湖北、广西、山东、陕西、四川、内蒙古、甘肃、宁夏、青海、西藏	管型/端端吻合器 86.89% 痔吻合器 88.09%
	黔渝琼联盟	扩张球囊	贵州、重庆、海南	85.32%
	十一省（区、市）联盟	新型冠状病毒相关检测试剂及配套耗材	广东、江西、河南、湖南、广西、海南、重庆、陕西、云南、宁夏、青海	核酸提取试剂 80.00% 采样器具 76.00%
	七省（区、市）联盟	扩张球囊药物球囊	广东、江西、河南、广西、陕西、青海、宁夏	扩张球囊 92.23% 药物球囊 44.45%

三、未来趋势

1. 采购产品扩围，联合采购加速

2021年6月4日，《关于开展国家组织高值医用耗材集中带量采购和使用的指导意见》发布，明确要逐步扩大集采覆盖范围；《关于深入推广福建省

三明市经验 深化医药卫生体制改革的实施意见》（简称《意见》）同样强调要常态化、制度化开展集中带量采购工作，并逐步扩大采购范围。2021年我国采购品类为27种，包含血管介入治疗类、眼科材料、修补材料、吻合器及附件等。但心脏外科类材料、血液净化材料等用量大、金额高的高值医用耗材品种集采工作尚未形成规模，集采品种还存在一定的优化空间。此外，《意见》中还提到要鼓励以省为单位或以省际联盟的形式开展带量采购工作。目前，医用耗材集中采购逐渐从国家集采慢慢过渡到联盟集采、省级集采、地市集采等形式。国家及各省（自治区、直辖市）部门在探索中发展、完善相关政策制度，集采的常态化、规范化以及制度化势在必行。

2. 细化评价规则，完善采购机制

考虑到高值医用耗材的产品特性以及转化成本，集中带量采购前需要对产品安全性、市占率、临床价值等因素，以及企业的生产能力、供应稳定性以及企业信用等方面进行综合评价[1]。采购过程中，由于医用耗材具有种类繁多、功能复杂的特点，医用耗材的一致性评价工作开展面临困难。采购执行后，还需要继续对带量采购医疗耗材的产品质量评价。采购品种的评价贯穿集采始终，因此全面且系统的评价规则对集采常态化、规范化和制度化开展具有重要意义。

国家医保局已出台了《医保医用耗材"医保通用名"命名规范（征求意见稿）》等一系列文件，旨在为医用耗材开展集采工作提供支持，解决医用耗材统筹规范难的问题。医疗器械唯一标识工作的全面开展也将为医用耗材的一致性评价工作添砖加瓦。此外，全国各省（自治区、直辖市）均已启动阳光挂网集采平台建设工作，将逐步实现阳光挂网、价格透明、在线交易、实时监管，最终实现互联互通、价格联动。

3. 创新管理体系，强化医保职能

2021年11月26日，《国家医疗保障局关于印发DRG/DIP支付方式改革三年行动计划的通知》发布，明确要求到2025年底，DRG/DIP支付方式覆盖所有符合条件的开展住院服务的医疗机构，基本实现病种、医保基金全覆盖。DRG支付改革的前提是明确病种的预付费标准，医保就预付费标准向医院支付费用，医院承担超额部分，改革旨在促使医保控费向精细化、科学化、合理化方向发展[2]。

集中带量采购信息平台的搭建不仅降低了交易成本，提高监管效率，同

时也赋予集采"价格发现"的功能，为制定医保支付价格奠定基石。随着集中带量采购的持续推进，耗材的生产、流通、价格将逐渐纳入检测范围并实现全流程监督，医保支付也将被重新定义。DRG 支付改革背景下，医保支付将从被动转变为主动，进而承担起引导、制约、监督、考核的职能。

（周明珍　杨　霁　张兴强）

引自《中国食品药品监管》杂志 2022 年第 4 期《2021 年高值医用耗材带量采购情况分析与趋势展望》

参考文献
请扫描二维码查阅

2021年获批上市创新医疗器械盘点

《创新医疗器械特别审批程序（试行）》（2018年修订为《创新医疗器械特别审查程序》）的发布施行，为创新医疗器械设置了快速审批的"绿色通道"。2021年，我国有35个创新医疗器械获批上市，是"绿色通道"开辟以来创新医疗器械获批数量最多的一年。这些产品接近或者达到国际先进水平，临床应用价值显著，更好地满足了人民群众对高质量、高水平医疗器械的需求。截至2021年底，累计有134个创新医疗器械通过特别审批或审查程序获批上市。

1. 髂动脉分叉支架系统

注册人名称：先健科技（深圳）有限公司

该产品是我国自主研发的第一款重建髂内动脉医疗器械，也是我国自主研发的、具有完全自主知识产权的首个髂动脉分叉支架系统，可以适应更多临床解剖结构，为国内腹髂动脉瘤及髂总动脉瘤患者带来新的治疗选择。

2. 锚定球囊扩张导管

注册人名称：湖南埃普特医疗器械有限公司

该产品是国内首个导引导管内采用球囊锚定方式进行导管交换的创新医疗器械，用于冠状动脉粥样硬化等疾病导致的冠状动脉狭窄介入手术治疗。相较于目前其他的临床操作方式，该产品预期可减少血管并发症，缩短手术时间，提高手术成功率。

3. 一次性使用血管内成像导管

注册人名称：苏州阿格斯医疗技术有限公司

该产品的免冲洗设计在保证成像质量前提下，更方便医生使用并节省宝贵时间；在成像导管的开发上，降低了制作成本，减轻病人经济负担，能够推动血管 OCT 技术的临床应用。

4. 一次性使用电子输尿管肾盂内镜导管

注册人名称：北京北方腾达科技发展有限公司

该产品采用一次性使用方式，用于人体尿道、膀胱、输尿管、肾盂的观察成像，降低了因重复使用导致的交叉感染等风险，减少了清洗消毒灭菌等重复使用过程，同时避免了因产品老化性能下降而带来的观察效果不佳。

5. 幽门螺杆菌 23S rRNA 基因突变检测试剂盒（PCR–荧光探针法）

注册人名称：上海芯超生物科技有限公司

该产品是国内上市的首个幽门螺杆菌 23S rRNA 基因突变检测试剂盒，用于幽门螺杆菌克拉霉素耐药的临床辅助诊断，为临床医生评估个体中幽门螺杆菌的耐药特性提供参考。

6. 冠状动脉 CT 血流储备分数计算软件

注册人名称：深圳睿心智能医疗科技有限公司

该产品的 CT 血流储备分数的诊断性能满足稳定性冠心病成人患者冠状动脉病变血管功能学评价的临床需求。

7. 经导管主动脉瓣系统

注册人名称：沛嘉医疗科技（苏州）有限公司

该产品是我国自主研发的创新医疗器械，用于需要接受主动脉瓣置换、但不适合接受常规外科手术置换瓣膜的重度主动脉瓣钙化性狭窄患者，能显著改善病人生活质量，提高病患生存率。

8. 临时起搏器

注册人名称：深圳市先健心康医疗电子有限公司

该产品是国产首个临时心脏起搏器，既可用于对心动过缓患者进行临时起搏，还可作为一台起搏系统分析仪使用。该产品可降低医院的设备使用成本，促进起搏疗法在我国的应用。

9. 紫杉醇洗脱 PTCA 球囊扩张导管

注册人名称：浙江巴泰医疗科技有限公司

该产品通过球囊充压扩张，机械性扩张再狭窄部位，同时药物涂层中紫杉醇快速释放，起到抑制血管内膜增生的作用，预期提高靶血管远期通畅率，提高患者生活质量，为冠状动脉支架内再狭窄患者提供了新的治疗选择。

10. 周围神经套接管

注册人名称：北京汇福康医疗技术股份有限公司

该产品用于非病理性神经损伤的上肢正中神经、尺神经、桡神经离断伤（神经缺损长度不大于 2cm），进行神经断端的端对端无张力套接缝合修复。该产品采用的经乙酰化的壳聚糖材料可降解并被人体吸收，该材料在国内已上市神经修复产品中尚无应用。

11. 三维电子腹腔内镜

注册人名称：微创（上海）医疗机器人有限公司

该产品核心技术已获国家发明专利授权。操作者佩戴 3D 眼镜可观察到立体效果图像，使解剖层次更明显，有利于完成各项手术操作。

12. 经导管主动脉瓣系统

注册人名称：沛嘉医疗科技（苏州）有限公司

该产品用于经心脏团队评估认为需要接受主动脉瓣置换、但不适合接受常规外科手术置换瓣膜的重度主动脉瓣钙化性狭窄患者。其输送器具有可回收和重新定位功能，有助于解决"定位难"的问题。

13. 自膨式动脉瘤瘤内栓塞系统

注册人名称：思坤医疗有限公司 Sequent Medical Inc.

该产品采用微创介入方式植入动脉瘤后，植入物自动膨胀，通过机械阻塞防止血液流入动脉瘤，为治疗破裂和未破裂的宽颈分叉动脉瘤提供新的治疗手段；且术后无需使用双重抗血小板治疗，提升安全性。目前国内外市场尚无设计和预期用途相似的其他同类产品上市。

14. 陡脉冲治疗仪

注册人名称：天津市鹰泰利安康医疗科技有限责任公司

该产品为首个利用不可逆电穿孔原理治疗肝脏肿瘤的国产医疗器械。该产品有利于临床应用推广和降低临床治疗费用，使肝脏肿瘤患者受益。

15. 冠状动脉 CT 血流储备分数计算软件

注册人名称：北京心世纪医疗科技有限公司

在冠状动脉 CT 造影（CCTA）检查基础上，该产品可无创评价病变血管功能，既能够从解剖结构方面评估病变血管的狭窄程度，又能够从血流动力学方面反映临床当前情况下心肌灌注 / 缺血程度，改善了 CCTA 检查特异性不高的情况。

16. 颅内药物洗脱支架系统

注册人名称：赛诺医疗科学技术股份有限公司

该产品用于治疗颅内动脉粥样硬化性狭窄，可降低支架内再狭窄发生率，从而减少远期再发卒中的风险。目前国内外市场尚无设计和预期用途相似的其他同类产品上市。

17. 腔静脉滤器

注册人名称：科塞尔医疗科技（苏州）有限公司

该产品为首个国产伞状结构的可回收腔静脉滤器，用于预防下腔静脉系统栓子脱落而引起的肺动脉栓塞（PE）。其回收期达到 3 个月，确保血栓充分过滤，提高了滤器的回收率，为临床治疗提供更多选择。

18. 单髁膝关节假体

注册人名称：北京市春立正达医疗器械股份有限公司

该产品与骨水泥配合使用，适用于膝关节单侧髁置换，能够有效治疗膝关节单侧间室疾病，并能够很好地恢复膝关节下肢力线，为临床提供更多治疗选择。

19. 内镜用超声诊断设备

注册人名称：深圳英美达医疗技术有限公司

该产品为首个国产内镜超声诊断设备，产品采用自主开发的高频超声硬件、微型成像探头以及高性能软件构架和图像处理新技术，可以提升内镜下超声影像质量，有助于发现早期消化道肿瘤，提高患者的生存率。

20. 机械解脱弹簧圈

注册人名称：上海沃比医疗科技有限公司

该产品适用于颅内动脉瘤瘤内栓塞、动静脉畸形和动静脉瘘填塞，以及外周血管系统动脉、静脉病变的填塞。产品可防止动脉瘤再破裂，同时有助于提高解脱成功率，使操作更安全、方便，为临床提供更多治疗选择。

21. 经导管主动脉瓣膜及可回收输送系统

注册人名称：上海微创心通医疗科技有限公司

该产品的输送系统可实现瓣膜在体内未完全释放的情况下重新回收并再次定位和释放，适用于有症状的、钙化的、重度退行性自体主动脉瓣狭窄，且不适合接受常规外科手术置换瓣膜，年龄大于等于 70 岁的患者。

22. 口腔种植手术导航定位设备

注册人名称：雅客智慧（北京）科技有限公司

该产品为具有自主知识产权的国内首创医疗器械。其核心技术包括空间映射、手术路径规划和手术路径定位，具有种牙手术视觉导航的配准方法及电子设备、种植手机夹持装置、口腔种植手术定位装置及手术路径规划方法的发明专利，其临床优势主要为保证种植体植入精度。

23. 一次性使用清创水动力刀头

注册人名称：惠州海卓科赛医疗有限公司

该产品与水动力治疗设备配合使用，用于伤口清创（急性和慢性伤口、烧伤）、软组织清创。产品采用专利技术，实现连续精细水流控制，将压力控制在较高的精度范围内。两种不同结构的刀头可分别实现高效和精细切割，以适应不同临床需求。

24. 水动力治疗设备

注册人名称：惠州海卓科赛医疗有限公司

该产品为首个利用高压水动力进行清创治疗的国产产品。水动力清创满足精准外科的要求，降低了手术难度，最大限度保留伤口正常组织，促进伤口快速愈合。

25. 医用电子直线加速器

注册人名称：苏州雷泰医疗科技有限公司

该产品用于对肿瘤患者进行三维适形放射治疗、调强放射治疗、旋转放射治疗、图像引导放射治疗。其采用的正交双层多叶准直技术，属国内首创。该产品可更好地保护危及器官，更好地满足临床对复杂病例精准治疗的需求。

26. 球囊扩张血管内覆膜支架系统

注册人名称：戈尔及同仁有限公司（W.L. Gore & Associates, Inc）

该产品用于治疗髂总动脉和髂外动脉的原发闭塞性病变，包括主髂动脉分叉部位的原发闭塞性病变。球囊扩张支架的设计有助于提供较好的径向支撑力、提高直径的可调节性及放置的准确性。该产品为髂总动脉和髂外动脉的原发闭塞性病变患者提供了新的治疗选择。

27. 腹腔内镜手术设备

注册人名称：山东威高手术机器人有限公司

该产品为国内首个采用主从控制进行腹腔手术操作的设备，用于胆囊切除术、腹股沟疝手术、食道裂孔疝修补及胃底折叠术、肝囊肿开窗术、阑尾切除术和袖状胃切除术。该产品上市有利于减少手术并发症，提升患者生活质量，缓解医生疲劳，降低应用成本。

28. 胚胎植入前染色体非整倍体检测试剂盒（可逆末端终止测序法）

注册人名称：北京中仪康卫医疗器械有限公司

该产品通过胚胎植入前染色体非整倍体检测，有助于减少植入染色体数目异常的胚胎，减少因植入异常胚胎而造成的反复种植失败、反复流产、出生缺陷等。

29. 持续葡萄糖监测系统

注册人名称：深圳硅基传感科技有限公司

该产品基于新型氧化还原反应原理，传感器采用新型聚合物设计，属国内首创，其临床优势为 14 天的使用期限内无需指尖血校准。该产品的核心技术包括基于新型葡萄糖检测原理的传感器电极制备技术、基于工厂校准传感器技术，实现持续葡萄糖监测系统免指尖血校准功能。

30. 持续葡萄糖监测系统

注册人名称：微泰医疗器械（杭州）股份有限公司

该产品的核心技术主要为采用的抗干扰电极设计和阻抗校正算法的电流／阻抗双模监测技术、高分子葡萄糖渗透膜材料合成技术、单工序传感器电极加工和葡萄糖氧化酶固化工艺，属国内首创，其临床优势为可实现最长 14 天的使用期限内无需指尖血校准。

31. 生物疝修补补片

注册人名称：卓阮医疗科技（苏州）有限公司

该产品为天然组织来源的生物再生材料，用于开放和腹腔镜术式腹膜外修补腹股沟疝和股疝，植入人体内后可完全降解。其结构设计为"黏膜下层＋基底膜"的仿生结构，组织相容性较好；贯穿整个材料的孔洞，加速周围组织细胞长入，有利于组织液流动。此外，产品的复合结构可以提升水化后补片的操作手感，有利于缩短手术操作时间。

32. 植入式左心室辅助系统

注册人名称：苏州同心医疗器械有限公司

该产品用于心脏移植前或恢复心脏功能的过渡治疗。其核心技术主要为全磁悬浮血泵技术，目前已取得中国和美国多项专利，属于国内首创医疗器械。与国际同类产品相比，其关键性能指标已达到同等水平，血泵尺寸更小，植入侵犯性更优。该产品可满足我国在心衰外科器械治疗领域的临床需要，具有重要的社会效益。

33. 人工角膜

注册人名称：北京米赫医疗器械有限责任公司

该产品是采用人造材料制成，无需供体角膜，有助于缓解我国角膜供体稀少的现状。该产品可减少植入手术对患眼造成伤害的风险，有助于提高产品的在位率，为传统角膜移植术禁忌证患者临床治疗提供了新途径。

34. 分支型术中支架系统

注册人名称：上海微创心脉医疗科技（集团）股份有限公司

该产品是国内批准上市的第一款分支型外科手术专用支架，其侧支结构可便于支架植入左锁骨下动脉，降低手术操作难度，减少因深度游离和吻合左锁骨下动脉带来的相关风险，让更多主动脉夹层疾病患者受益。

35. 经导管主动脉瓣膜系统

注册人名称：美敦力公司 MEDTRONIC INC.

该产品适用于经心脏团队（包括心脏外科医生）评估为外科手术高危或更高危的、有症状的钙化性重度主动脉瓣狭窄患者。其人工生物瓣膜在完全释放前可以回撤或回收，以便术中重新定位，减少人工生物瓣膜定位不佳导致的瓣周主动脉瓣反流等风险。

（闫若瑜整理）

附 录
重要法规文件

医疗器械监督管理条例

医疗器械生产监督管理办法

医疗器械经营监督管理办法

医疗器械临床试验质量管理规范

医疗器械注册与备案管理办法

体外诊断试剂注册与备案管理办法

医疗器械注册自检管理规定

加强集中带量采购中选医疗器械质量监管工作方案

医疗器械分类目录动态调整工作程序

医疗器械应急审批程序

国务院关于改革药品医疗器械审评审批制度的意见

关于深化审评审批制度改革鼓励药品医疗器械创新的意见

医疗器械优先审批程序

国家食品药品监管总局关于调整部分医疗器械行政审批事项审批程序的决定

医疗器械分类规则

医疗器械通用名称命名规则

医疗器械临床试验质量管理规范

体外诊断试剂注册管理办法修正案

医疗器械标准管理办法

医疗器械唯一标识系统规则

医疗器械分类目录

医疗器械分类目录动态调整工作程序（征求意见稿）

医疗器械生产监督管理办法

医疗器械经营监督管理办法

药品医疗器械飞行检查办法

医疗器械使用质量监督管理办法

医疗器械召回管理办法

医疗器械网络销售监督管理办法

医疗器械不良事件监测和再评价管理办法